戲非戲120

東周列國那鍋粥

Eastern Zhou

—第一碗—

天際孤鴻

高寶書版集團

戲非戲 DN120

東周列國那鍋粥

第一碗

作　　者：天際孤鴻
編　　輯：李國祥
出 版 者：英屬維京群島商高寶國際有限公司台灣分公司
Global Group Holdings, Ltd.
地　　址：台北市內湖區洲子街88號3樓
網　　址：gobooks.com.tw
電　　話：（02）27992788
E-mail：readers@gobooks.com.tw（讀者服務部）
pr@gobooks.com.tw（公關諮詢部）
電　　傳：出版部（02）27990909　行銷部（02）27993088
郵政劃撥：19394552
戶　　名：英屬維京群島商高寶國際有限公司台灣分公司
發　　行：希代多媒體書版股份有限公司發行/Printed in Taiwan
初版日期：2010 年 7 月

本書繁體字中文版由鳳凰出版傳媒集團北京鳳凰天下文化發展有限公司授權出版

國家圖書館出版品預行編目資料

東周列國那鍋粥. 第一碗 / 天際孤鴻著. -- 初版. -- 臺北市 : 高寶國際出版 : 希代多媒體發行, 2010.06
面； 公分. -- (戲非戲 ; DN120)

ISBN 978-986-185-473-1(平裝)

1. 東周史 2. 歷史故事

621.1　　99008505

目次

導言　史上最香的一鍋粥

本來，開門見山的方式也是我所喜歡的，讓讀者直接進入作者所營造的奇妙意境，是一件可以稱得上享受的事情，因為這不是一本單講歷史的書，這還是一本讓你忍俊不禁的書。作者有著汪洋恣肆、天馬行空的想像力，使你從隨便一頁的隨便一句話讀起來，都能邂逅一個個蘊含著戲謔能量的快感炸彈！在一個欲言又止的時代，這種肆無忌憚的能量是駭人的，能讓你在喧囂的凡俗裡穿越兩千多年的時空，獲得充滿歷史感的滄桑之樂！

更妙的是，對於現實的適度調侃，讓你在進入歷史的同時還能產生奇妙的、正在發生的現場感。

而我這裡想說兩句的目的是試圖打消一些方面的顧慮。有人說，歷史就應該表現興亡之際改朝換代的滄桑感，過於調侃會造成讀者對歷史產生虛無感，會讓後世的讀者以為歷史真的只是「很有趣」；其實應該是歷史可以講得有趣，而征戰殺伐、血淚滿紙的歷史真相卻未必就真的有趣。我認同這樣的觀點，我們當下的時空，現存的一切，都是過往的歷史雲煙散盡的一個因果，我們之所以如此，是因為注定如此！所以，體察歷史以看清當下，不失為對待歷史的一種態度。然而，對於遙遠的東周，一個金戈鐵馬、烽火連天的時空，當時發生的驚天動地的歷史事件，究竟對兩三千年之後的芸芸眾生有著怎樣的價值？

我覺得歷史一直在輪迴，無所謂什麼借鑑。這正是歷史之所以可悲的地方，也是其真正荒唐可笑的地方。

「朝菌不知晦朔，蟪蛄不知春秋」，做為身處浩渺歷史時空的一個短暫生命，我們沒有深邃的眼光去梳理歷史，也沒有勃勃的野心去征服世界，那麼，那些決勝千里的運籌帷幄，那些機關算盡的陰謀陽謀，對我們有什麼用呢？何不放下自己功利的心，端著歷史當一盤下酒小菜——說下酒菜都有點造作——或者乾脆也不要什麼酒和菜，就是一鍋米粥，咕嘟咕嘟熬出幾碗來，人生在世難得糊塗，墊墊文字飢渴的肚子才是硬道理。千年一嘆多假模假樣啊，當年紛爭割據的諸侯多麼威風，那些氣壯山河的征伐，縱橫捭闔的謀略，如今看來，不過是幾粒米在歷史的這口大鍋裡蹦幾下，如此而已！而對於東周，天子衰微，群雄爭霸，權力紛爭之下，倒是給了每一粒米散發自己異香的絕好機會，比起以後的「醬缸」，何止判若天淵！

東周列國這鍋粥的每一粒米都是精挑細選，顆顆飽滿，粒粒黏稠，尤其加上具有多年冬瓜粥熬製經驗的御膳房天際孤鴻大師傅的精心烹製，你會發現粥不光色澤鮮亮好看，而且入口別樣爽滑，實在是居家休閒、外出旅遊之必備佳品。所以，我可以很不負責任地告訴你：這是中國歷史上最香的一鍋粥！保你三月不知肉味！

其實，咱們咕嘟兩千年，就圖一個樂。要是您能在噗嗤一樂的當下，還能明白些咱們這片土地上最屌時代的前世掌故，那麼作者也就不算白忙一場了！

0 先聊聊傳說

開天闢地，盤古掄板斧

故事還得從傳說說起。所謂「傳說」就是傳著說。一傳十、十傳百，即使是最荒誕的故事，只要三人成虎，就會有信者千千萬，說起來還繪聲繪色，而且非常適宜下酒。

咱們先人的傳說能和現實迷迷糊糊地映襯起來。

傳說在你爺爺的爺爺的爺爺的n次方年以前，世界像個大雞蛋。可能雞蛋過期了，蛋黃和蛋白已經混交在一起，渾沌不清。蛋殼厚且密，不透一點光，不進一絲風。就在這種黑暗、悶熱、渾濁的惡劣環境裡，有一個生命孕育了足足一萬八千年。

他就是盤古大神。性別：男。

有一天，盤古終於睜開了雙眼。儘管他有黑色的眼睛，卻無論如何也看不到光明。漸漸地，他滿頭大汗，呼吸不暢，快要缺氧了的時候，竟然在身邊摸到了一把板斧。盤古赤裸裸地活在黑暗深淵中，一無所有，了無牽掛。「無產者失去的只是枷鎖，得到的卻是整個世界！」於是橫下一條心，凜然曰：「砸了！」板斧一掄，開天闢地。很好很強大！

鼓掌！

於是，「清」上升為蛋清，就是天；「濁」下沉為蛋黃，就是地。盤古同志「破殼而出」。這也象徵著體外繁殖的蛋生動物向更優秀的體內繁殖的哺乳動物進化。撇去感情色彩，從理論上講，盤古同志可能屬於第一個蛋生哺乳動物。不過大家也無需驚訝，即使是現在也存在下蛋繁衍的哺乳動物，比如鴨嘴獸，屬於單孔目哺乳動物。

從此世界便劃分為天與地。有點像富人區和貧民窟：天上住高貴的神仙，地上住低賤的蒼生。

從天上到地上叫作「下凡」。

有微服私訪的，像觀音菩薩點化唐僧去西天取經，於是唐僧偷渡出國，去印度留學。

有體驗生活的，像織女下凡。不過牛郎這小子竟然趁仙女下河洗澡時偷走人家的衣服，害得仙女沒法按時返回天庭。估計仙女跟他要衣服的時候多少春光乍洩，畢竟那時候男女授受不親，看到手臂都是非嫁不可的，更何況神仙要當人類的表率。所以織女同志遺愛人間也有些許無奈吧。不過我們可以同時總結出一個久經考驗、顛撲不破的真理——「男的不壞，女的不愛」。

有因罪流放的，像捲簾大將沙悟淨打破了琉璃盞。為了個破燈也要流放人間，上司發話，小弟無奈，只好因罪下界當個吃人肉的和尚。

有作惡作亂的，像無數隻神仙的寵物下界當大王。天上地方大，神仙癖好多，什麼都能養——阿貓、阿狗、兔子、鯉魚、老虎、獅子、大象、猩猩。

有掛職鍛煉的。像下界降妖啦、輔佐君王啦，功成之後返回天庭領賞。

當然也有學《無間道》搞暗算的，比如附在蘇妲己身上的狐妖，也是不勝枚舉。

從地上到天上叫作「上訪」。

上風上水上天堂，好是好，就是比較困難些。雖然動態的CPI（消費者物價指數）不高，但是房價物價本來就是天價，去不起的。即使有錢有權，不能飛也白搭。那個極樂世界，連高僧玄奘沒有到印度取得真經之前也飛不了，何況我輩凡夫俗子呢？

只不過，那時候的天價房子只在天上，如今地上的房子也都天價了。

據說盤古同志為防止天地再次合併，肩挑天腳踏地，一扛又是一萬八千年。最後筋疲力盡，倒在工作崗位上。輕輕地他走了，正如他輕輕地來。仰面倒地，奉獻了一切所有。他軀體的各個部位分別幻化為了日月星辰、大地山川、花草樹木、風雷雨露、金銀玉石，等等等等。

盤古同志開闢的這塊大地被後世尊為「盤古大陸」。挾洋自重地提一下，這個名字是由德國的阿弗雷德・魏格納（Alfred Lothar Wegener，一八八〇—一九三〇）提出的。一九一〇年，他住院的時候沒有護士小姐陪，只能天天盯著地圖沒事幹，最後終於頓悟，創立了大陸漂移學說。不過，本人沒讀書的時候就覺得地球的大陸能拼在一起。可惜啊，生不逢時。

且說天地分家，當地上還在鬧地震、火山、海嘯的時候，天上的甲烷早已散盡。夠環保了，可以住神仙了。

這神仙打哪來呢？

傳說開天地、創世界的時候，盤古不是一個人在戰鬥！一起幫工的還有幾個徒子徒孫。這些人最後都飄然上天做了遠古大神。梁山聚義免不了擺幾把紫檀木的椅子，按資排輩起來。盤古逝去之後，原來神神平等的天庭多了個為眾神服務的老大，叫天帝。可自認為功勞最大的刑天同志卻名落孫山。

他覺得這些年都白幹了，被糊弄了，終於出離憤怒了。說道：「反了！」

天帝說：「你敢！」立馬拉將出去，把刑天的頭砍了。

神仙就是神仙。無頭的刑天含恨誓師，把雙乳當眼睛，肚臍當嘴巴，外加有一個大規模殺傷性武器「干戚」，繼續上山打游擊，戰鬥到堯帝時才被西王母捉拿歸案。算來足足撐了二百七十多萬年。

陶淵明說的「刑天舞干戚，猛志故常在」指的就是這個典故。所以，造反從來就不是那麼容易的。不過刑天做反政府武裝頭目的時候，據不那麼靠譜的記載，說他還不忘培養後輩，那就是徒弟蚩尤。

這裡要加一句。砍掉刑天腦袋的是天帝。正如「美國總統」不是人，是一個國家機關，同樣「天帝」也不是一個神，是天界頭把交椅的名稱罷了。好比東瀛動漫《火影忍者》中，「火影」死了，即位的還是叫「火影」。一代傳一代，傳到「昊天金闕無上至尊自然妙有彌羅至真玉皇上帝」的時候就成了我們現在熟悉的玉皇大帝，小名「玉帝」。

可以說，玉帝是最新一屆的主宰神，如果天庭沒有因為現在的衛星上天和星球大戰計畫受損傷的話，估計他應該現在還在辛勤地「為神民服務」。

那麼，人類又在哪裡？

事實證明，盤古大神是有先知般的預見性的。傳說盤古的筋脈化成了道路。可是當時大地還沒有人煙。世上本沒有人，造的路多了，也不會有人。這不是浪費嗎？

不要急，這叫「規劃」。

獨家揭露：女媧同志的七天工作日誌

哲學上，不知先有蛋？先有雞？

傳說裡，倒是先有路，再有人。

看，女媧娘娘飄然而至。

鏡頭跟上！

對，造人的就是她。

女媧娘娘據說是發明八卦的伏羲的妹妹。哥哥最後娶了妹妹。至於其他履歷就不贅述了。本來就是傳說，誰也說不準。就連文化人說了千百年的「三皇五帝到如今」，結果連哪三個算三皇，哪五個算五帝都說不清楚。

且說西方的上帝用七天建造了世界。

第一天造光和宇宙；第二天造天和地球；第三天造陸地和植物；第四天造太陽和月亮；第五天造海洋生物和空中生物；第六天造陸地生物，包括一個男人和一個女人；第七天非常滿意自己的作品，躺著就呼嚕呼嚕地睡覺了。

中國的開天大神盤古則用長達一萬八千年造完了天地萬物，可謂慢工出細活。而人類以及人類最親近的六種動物，還是之後女媧娘娘七天不眠不休才創造完成的。

西方的上帝造人只造了兩個，東方的女媧則造了兒女一籮筐。

自古以來，中國人民就是勤勞勇敢、吃苦耐勞的，連神仙都是。

正月初一創造雞；正月初二創造狗；正月初三創造羊；正月初四創造豬；正月初五創造牛；正月初六創造馬；正月初七創造人。

因為女媧是黃皮膚，所以女媧用黃土和水，仿照自己的樣子捏出一個個小泥人，後來覺得太慢，乾脆用一根籐條，沾滿泥漿，揮舞一下，點點泥漿灑在地上，都變成了人。標準化作業，極有效率。這種法術最後演變為「撒豆成兵」。臨行前女媧還不忘教會人們嫁娶之禮，讓人們懂得「造人」的方法，並告知大家沒有「耕耘」不會有收穫，要憑自己的力量傳宗接代。

大家喝粥的時候聽這個也不要不好意思。他國的起源神話的H色彩更是強烈。比如AV大國日本，它的自傳史書中寫道，大和民族的起源是貌似亞當和夏娃的一男一女見了面。

男說：「我這多一塊。」

女說：「我這少一塊。」

男女齊聲：「還等什麼，來吧！」

在送子觀音之前，中國的鄉親們都是到女媧廟裡求男求女的。家族和種群的繁衍是社會持續發展的基礎，不光是平凡百姓，王公貴冑也要去女媧廟裡求福，包括盛氣凌人的商朝紂王。不幸的是，卻因此埋下亡國孽緣。這是後話。

有人說，西方的上帝真有能耐啊，造世界都是按科學步驟來的。豈不知女媧的工作流程也是大有講究。看完女媧同志的工作日誌，咱們會發現，留下的六種動物都是為人創造的。

第一天

雞原來是鳥，並且已經證明前身是恐龍。

雞除了肉能吃，還能下蛋，蛋孵化了是小雞。總之都能吃。人拿了雞毛還能當令箭。最重要的是，雞有報時功能。第一天造了雞，女媧的工作也就有了時間觀念。

第二天

狗原來是狼。黃鼠狼給雞拜年，那是要放點血的。當然，黃鼠狼不是狼，要是換作狼，被放的血肯定更多。當女媧造完了報時的雞，第二天卻憤怒地發現雞被狼偷食，少了一半。

還我的雞！

她老人家順手抓了一把狼崽子，剃毛拔牙扯尾巴，最後教育了一下，你要管好這些雞，別被叼了去。

女媧大概也不會想到，這種被人類第一個馴化的動物會忠誠踏實地陪伴在人類左右，長達千年之久。

你願意陪伴這些人類嗎？愛她、忠誠於她，無論她貧困、患病或者殘疾，直至死亡。

你願意嗎？

小狗的眼中飽含著淚水，用力搖起尾巴來。Yes, I do!

「你就是我的一條狗。」人們常用這句話來表明隸屬關係。狗也沒反抗，搖尾乞憐罷了。雖然還時常被捕狗隊莫名其妙地抓走，但就算是流浪狗，在大地震中遇到素不相識的老人被壓在石塊之下，也會鼓勵地舔舐老人的臉龐，不離不棄。只不過，總有些事讓人感慨——其實有些人還不如狗。

第三天

工作室裡終於安全之後，女媧放心地造了羊。

羊是個好東西。羊肉可以吃，羊奶可以喝，羊毛可以取暖。這樣，以後人類的「溫飽」問題都將解決。

女媧娘娘心說，明天就可以造人了。

第四天

正當女媧造人的時候，突然發現羊群裡開始死羊了。

是被狼咬了？不可能啊。這裡都是喜羊羊，沒有灰太狼。再說昨天造的小狗威武不能屈，恪盡職守。仔細一調查才發現，原來是羊沒得吃，餓死了。正月裡來是新年，雖然因溫室效應沒下雪，但是地上沒長幾棵草，能吃的都吃了。羊餓得開始翻地啃草根，最後連草根都沒了，只好嗚呼哀哉。從此羊還養成了一個啃草根的惡習，直到現在，每一根羊毛身上都沾染了沙塵暴的罪孽。

計畫趕不上變化。只有造一種動物又便宜又好吃，關鍵是好養，給牠吃什麼都行。這就是豬。女媧就把人形的半成品改成了豬。心已經大致造好了，稍微改改就得了，智力不用高，塊頭大就行。所以豬就成了典型的身體發達、頭腦簡單，但豬心和人心卻最為相近。其實人和豬還有更多、更廣泛的相似點。到了二〇〇七年，為了趕上金豬年生產的媽媽們更是擠破了婦產科的大門。

第五天

女媧意識到造人不是那麼簡單的。一不做二不休，就再多給人類的生活創造點有利條件吧。女媧開始造牛。

牛可以耕地，人們就有了長期的食物供給。

第六天

這下差不多了。可令人驚奇的是，女媧又造起了馬。

先知啊！太有才了。

人可不像神仙，飛來飛去。食不果腹的蠻荒時代裡，哪有那麼多的腳力？除非是《無極》世界中的雪國人。

因此，女媧堅定地造了馬。寶馬已就，就等美女和英雄。

第七天

終於一切齊備，造人運動火熱地開工了。最後女媧還教授血脈傳承之術，從此人類開始自生自滅，自給自足。

而前六天造出來的雞、狗、羊、豬、牛、馬從此成了人類祭天的「犧牲」。史稱「六畜」。

值得深思的是，西方的傳說裡，造物和造人的是一個人，男性，而中國的傳說裡頭，開天闢地的是男性，造人的卻是女性。畢竟男人有力氣，女人懂養育。

另外，西方的傳說，上帝造完了男人亞當，又怕他獨處太孤單，於是催眠了亞當，撅折了他的一根肋骨造了個女人。這樣男人少了女人就再不完整。當初如果用頭骨，顯得女人地位高；如果用腳骨，又顯得女人地位低，上帝精心選取了離男人的心臟最近的肋骨。不過，上帝讓女人做男人的助手，做順服丈夫的妻子。而中國的傳說似乎是在製作材料和斤兩上力求做到了男女平等，童叟無欺。

雖然舊社會的中國婦女受到的壓迫一直和西方女性半斤八兩，但是自從三八婦女節放假之後，畢竟還是比西方享受了一些。雖然假日還不是法定，範圍也不是全部，而且有人認為放假屬於「積極歧視」（誰放假，誰三八），但畢竟誰休息，誰舒服。

這也算是回歸了女媧造人時候的初衷吧。

七天工作結束後，女媧娘娘說了句“I'll be back!”便駕雲而去。

莫非還有續集？

果不其然。

續集：女媧補天

事件的起因是後來水神共工和火神祝融為了爭一個天鵝蛋而反目成仇。按理是水剋火，可是偏偏水神輸了。共工心想：「難道科學都錯了嗎？」懊惱地想尋死，忿然曰：「撞了！」結果，擎天之柱不周山被撞折。喜馬拉雅山開始抬升，中華大地西高東低的地貌開始顯現，大江大河最終確定了向東流的走向，客觀上為億萬年之後的蘇軾們提供了創作靈感。

大家都知道，房梁要是塌了，天花板也會陷落。天庭的構造也是一樣的，天庭得靠天柱支撐，換句話說，神仙們不過是我們這些芸芸眾生睡上鋪的兄弟。共工的一撞除了自己頭破血流之外，也捅了一個天大的窟窿。神仙們惶惶不可終日了。

這可怎麼得了！神仙想飛也得做做準備活動，運運氣，然後擺個pose。要是一個不小心，沒防備地從窟窿裡掉下來，摔不死也會嚇個半死的。

從此，天庭極樂世界也都大多搬家到了西邊，因為西邊已經變得崇山峻嶺，雲霧繚繞，人跡罕至。關鍵是有群山撐著天庭，安全！

有人要問了：「不周山傳說就在大西部的崑崙山附近，那麼破洞也該在西方，為什麼天庭還要搬到西邊？」

豈不知最危險的地方就是最安全的地方。

好比你家門口有個人孔蓋被偷了。市政府就在洞口四周拉上一圈警戒的黃帶子，然後樹個“STOP”的大紅牌子，你還會摔下去嗎？

可要是你家住城東，城西有個井蓋被偷了，你去城西玩的時候怎麼辦？豈不是要步步提心吊膽，舉目四望心茫然：「傳說中的大紅牌子在哪兒呀？怎麼還沒看到？娘的，誰這麼不道德，偷人孔蓋去賣！掃興，還讓不讓人活了？」

當大部分先民都在中部和東部墾荒的時候，對西部的雲山霧罩就越發覺得可望而不可即了。要的就是神祕感。桂林山水甲天下，遊客趨之若鶩。但是天天看著雲貴美景的人們還是義無反顧地背起行囊去外頭打工了。美景和美女一樣，天天看總會疲勞的。所以後人常說「西方極樂世界」，這個西方不是歐洲，更不能成為所謂的「文明西來說」的佐證。這只是距離產生美感。

不過，天還是早點補的好，畢竟臭氧層破洞不是鬧著玩的。

擎天柱死後，補天士上場。

果不其然，女媧娘娘又飄然而至。看來終結者和造物者都不會食言，片尾說完"I'll be back!"就真有下一集。女媧她跑到天臺山煉石補天。注意，這個天臺山不是現在浙江的天臺山，而是山西長治的天臺無影山。事實證明，只要功夫深，「天大的窟窿」都能補上。這貌似還是現時不少貪官汙吏們的精神動力。

順便提一下，補天的石頭中有一塊「有三丈六尺五寸高，有二丈四尺圍圓」的大頑石生出了靈性，偷偷地從山西一溜煙跑到了江蘇連雲港，吸收天地之氣，最後蹦出了個大鬧天宮的美猴王！不要逼我算到底石頭有多大，你只要知道很大就可以。中國古代的尺寸每個朝代都不同，好比現在人說「堂堂七尺男兒」就有點離奇。

要用商代標準計算，一尺合今十六・九五公分，就是一百一十八・六五公分，比小朋友還小；要用秦代標準計算，一尺合今二十三・一公分，就是一百六十一・七公分，這也有點遜色；要用宋代標準計算，一尺合今三十一・六八公分，就是二百二十一・七六公分，比姚明還姚明。

還有，我們總說男的是「大丈夫」。一丈是十尺，只有商代的一百六十九・五公分還湊合，別的越算越離譜，否則ＣＢＡ絕對超過ＮＢＡ。

古人自有古人的道理。現在連標準都不清楚的情況下，還是不要妄下推斷。所以說，秦始皇的度量衡統一工作真是非常必要的。

另外還有一塊補天石，最後竟然化作一塊玉石，出現在一個新生兒的口中。這個嬰兒就是《石頭記》也就是《紅樓夢》裡的賈寶玉。不過要是賈寶玉泉下有知，知道如今《紅樓夢》都快拍成《金瓶梅》了，估計吞玉自殺的心都有吧。

現在有科學考證，女媧補天的傳說極有可能是源於距今四千至五千年間地球遭遇的一次隕石雨災害。轟隆隆的火石飛落，天塌了一般。

Anyway，傳說中的女媧娘娘又是造人，又是補天，從此人人敬仰，祭祀的香火裊裊不滅。

扒一扒禪讓制

祭祀某個神仙就好比點擊某個帖子一樣，祭祀得多，相當於點擊率就高了。帖子能進精華區或置頂，神仙也能獲得連綿不絕的豐厚祭品。只要牙齒好，胃口就好，身體自然也健康。你要是香火不好，進南天門的時候都不好意思跟人家打招呼。

你說祭祀的祠堂神廟有多重要？

之前提到，可惜的是，商紂王卻不知羞恥，不好好祭祀也就算了，竟然貪戀起女媧娘娘的美色。結果呢，人家是天上的大神，你不過一個地上的君王。好比進了人家的論壇，你不頂也就算了，非要調戲一下壇主。回帖被刪了不要緊，被永久浸水桶就不好玩了，畢竟當時做老大的也沒想著弄個分身ＩＤ。亡國喪命的根已經埋下了。紅顏禍水啊。看來不是自己的，連想想都不行。

女媧娘娘恨恨地說：「想端掉你還不容易？」

還真不容易。俗話說，現官不如現管。司值的神仙說紂王氣數未盡，不能馬上約談到案，需要從長計議云云。

女媧感嘆自己這麼大一個主管還不如一個小科員，想端掉這個不肖子孫（畢竟是她老人家完成的造人工程），也只能自己動員各路神仙幫幫忙，並許以成功之後就能封神的好處。於是就有了轟轟烈烈的《封神演義》的故事。堂堂大商的紂王就如書中所述，被下界來掛職鍛煉的神仙們搞死了。說起來，冠冕堂皇的《封神演義》所描述的大周滅殷商，無非是一個地方起兵滅了中央的故事。這段歷史一直被稱為「武王伐紂」。

所謂的「伐」多少有點正義勢力對邪惡勢力討伐的意思。比如國民革命軍對北洋軍的北伐一樣。

夏商周三代，先有商「伐」了夏桀建立商，再有周「伐」了商紂建立周，如出一轍。其後的改朝換代也大抵以前朝的黑暗為口實，以替天行道為己任，以黃袍加身為結局。所有造反的「口實」，骨子裡講，其實就是根據遠古的「禪讓」制度而來。「禪讓」算得上廣義化的開明君主制意識。這種思想稍微解釋一下，便是——天下是天下人的天下。你行就讓你當老大，要幹就好好幹，最後主動傳位給其他賢者。所謂「陳力就列，不能者止」，別占著茅坑不拉屎。一旦幹不好，治下黑暗無比，當朝的就該自動下臺。

理論上講，「禪讓」當然的、絕對的、肯定的、毫無疑問的是個好東西。可惜，就怕被一小撮野心分子給利用了。

古往今來，新朝之君哪個不盼望搭上「禪讓」的順風車。比如王莽代漢、曹魏代漢、晉代曹魏等等。即便背後全是武力所致，也希望臺前能高掛「禪讓大會」的大紅布條。反之，遇上不肯和平移交政權的傢伙，那就只能「被迫」開打了。

傳言，禪讓制在上古時代得到了完美的實踐。

話說女媧造人後，為了生存，相同地區的泥人互相結成部落。期間與天鬥、與地鬥、與其他部落鬥，養成了有共同的語言文化、共同的生活習性。最後由小變大，由大變更大。世事變遷，新舊交替。原來的老大——炎帝部落做事不守規矩，欺負別人。後又日漸沒落，小弟鬧事也管不了。人心散了，隊伍不好帶了。眾人的期望如股災大跌一片慘綠。這時，出現了黃帝這個強勢部落。黃帝該出手時就出手，該做多時就做多。他大興義兵，阪泉之戰吞併炎帝，坐上老大的位子。後有涿鹿之戰，大敗蚩尤，確立一統。

華夏民族隨之形成，血脈與文化一直延綿至今。

我們的民族融合和統一戰線政策一直做得非常好。畢竟活並快樂著才是最重要的。前世種的孽、上輩子的仇都可以一笑而泯。

比方說，雖然我們認定黃帝才是中華始祖，可以做到「我以我血薦軒轅」，但自古都約定俗成，自稱為「炎黃子孫」，而不說「黃炎子孫」。再者，黃帝費了好大的勁才滅了蚩尤，最後肢解了他的屍體，身首異處，給的待遇與他的師傅刑天一樣。刑場就設在解縣（今山西運城）。所以，自古辭書上「解縣」的「解」讀音通「大卸八塊」的「卸」。即使是在成王敗寇大行其道的文化環境下，這位敗軍之將依然被人們尊稱為「戰神」。戰神的英魂千年不朽，解縣附近隨後誕生了多名大將：范蠡、廉頗、薛仁貴。還有一人成了武聖，祭祀他的廟宇成為全世界信仰人最多、也是數量最多的廟宇。那就是關公。

黃帝這邊大統既定，為了大部落的發展，採用眾望所歸式的推舉制度，和平交接權力。一代一代地傳，史上留大名的有「五帝」，與另外「三皇」一起，並稱「三皇五帝」。不過，版本著實太多。其中便有一版，將黃帝、顓頊、帝嚳、堯、舜列位五帝。我不敢反駁太史公「史家之絕唱」般的筆錄，不過《史記》上記載的顓頊、帝嚳、堯、舜、禹的祖上卻都是黃帝。問題來了——倘若禪讓制真是全心全意為人民服務般的無私無畏，五帝為什麼都是自家人？

俗話說：「人不可貌相，海水不可斗量。」翻一翻《史記》，總結一下太史公的文字，我們會發現：

黃帝有一兒子叫昌意。昌意給老爸生了個孫子，就是顓頊；黃帝還有兒子叫玄囂。玄囂生了兒子叫蟜極。這父子倆都沒啥名氣。不過蟜極有一兒子叫嚳，所以帝嚳是「黃帝之曾孫也」；再來說堯，他要管帝嚳叫一聲「爸爸」。得了，他與黃帝的關係就不言自明了；然後是舜。舜他爸叫瞽叟，瞽叟他爸叫橋牛，橋牛他爸叫句望，句望他爸叫敬康，敬康他爸叫窮蟬，窮蟬他爸叫顓頊。又得了，說累了，也說明白了；最後是禹。他爸是鯀，鯀他爸就是顓頊。所謂「黃帝之玄孫而帝顓頊之孫也」。

有些離奇，靠！熱熱鬧鬧地禪讓了半天，領導人的位子還在自己家裡轉著。

為了消除疑問，筆者自我釋疑了一下，想來應該可能有如下原因：

一

部落酋長的生活條件要好一點，女人也多一點，子孫也多一點，所以血緣綿延得又長又廣。從概率上講，傳來傳去極有可能都是自己人。

二

部落時期，打仗就跟打架一樣，靠的是氣勢強、人數多，而且是男人，所以強勢部落中，男性肯定比女性多。

家庭這個社會細胞已經出現，但是一夫一妻的人數都不夠配的，何況那時候還有一夫多妻的好事。當時類似一夜情的走婚還是比較盛行的。孩子有可能只知其母，不知其父。唯獨地位較高的酋長家血緣關係才會比較清晰。

非我族類，其心必異。不搞清楚祖宗八代，怎麼可以？但是能搞清楚血脈傳承的估計也沒有幾支吧？

三

自古以來總是宣揚「禪讓制」是如何的無私無欲，以能力優先，不考慮裙帶關係。可怎麼仔細一看，他們之間又都是自己人呢？想必是為了後世的所謂正統學說服務的吧。

這是皇帝在告訴天下人，連上古五帝之時都是家族企業那般，就別想著皇帝的位子輪流做，明天到你家了。

最後還有一個唐突的假設，便是或許根本就沒有那麼美好的「禪讓制」。

你瞧，母系社會的老大如果想萬世一系，考慮到古代條件下孩子的存活率和生產的死亡率，她自己得痛苦地冒險生下多少個孩子才有可能維持？父系社會就簡單得多，多配點女人就行。一分耕耘一分收穫，反正快的十幾分鐘就能搞定。懷胎十月的不是自己，到時候點點孩子的人數就可以。這就是權力不流失外姓的客觀條件。

事實上，黃帝是起兵兼併了種田的炎帝，也是短兵相接才搞死了蚩尤，並沒有絲毫和平的氣息。想必那個時代早已不是伊甸園了。長矛桿子裡出政權！從那時起就已經確立了正統，黃帝這一支做為真正的黃金家族，最高權力也只能在黃帝一脈的子孫中傳承。

問題到此就不再深究了。退九千九百九十九步，就算真有和諧的禪讓制，在大禹的兒子啟即位之後也實際消亡了。

前面說過的共工同志撞山之後依舊不依不饒。報仇要「不等不靠」，因為自己是水神，就公器私用發起威來。據說共工其實是炎帝的後裔，對農業生產非常在行。也難怪他對黃帝一支還有世仇。於是從搶了祖宗天下的黃帝後裔堯帝開始，水神共工就搞得天下鬧大水了。

西方洪荒的時候沒能耐，只能弄個大船，號稱「挪亞方舟」，每種動物都上船留個種，躲到鴿子銜回橄欖枝才敢出來。而東方人卻能在領袖的一元精神下，堅信人定勝天，堅持治水。

大禹的老爸因治水九年都沒搞定，被賜死，倒在水利工作崗位上。俗話說「上陣父子兵」，前赴而後繼。大禹疏導洪水，八年抗洪，三過家門而不入，一直堅守在治水的第一線，終於成功疏浚洪澤，功德圓滿。

後來舜帝南巡時病逝於湖南，大位傳給禹。

禹勘察全國，鑄九鼎，分九州：冀、兗、青、徐、揚、荊、豫、梁、雍。古中國的國家版圖由此正式確立。行政區劃之後，大禹東巡到魯迅老家浙江紹興。紹興古稱會稽，會稽就是會計的意思。大禹會集各路諸侯於會稽城，便是為了討論國家財政與預算問題。

大禹最後病故於會稽，埋骨於會稽山。後來越王句踐被吳王夫差打敗，逃到此山，最後出降，國破人為奴。這是後話。

禹死後把位子讓給了伯益。老爺子算得很準，沒什麼人望的伯益沒堅持多久就不堪重負，知趣地還位給了禹的兒子啟。從啟開始，夏朝正式建立。以血脈傳遞君位成了國之法定，他人就別想和平地坐上第一把交椅了。

打那時候起，古人一再思念的五帝禪讓的歷史終於如同昨夜的星辰般墜落，消失在遙遠的銀河。不禁讓人想起一句話：「從來就沒有什麼救世主，也不靠神仙皇帝。要創造人類的幸福，只能靠我們自己！」

1 西周的前塵往事

西元前八四一年之前的西周

現在起，我們可以拋開朦朧的傳說，開始談一些實際的歷史了。

雖然西元二〇〇〇年，中國就發布了夏商周斷代工程年表，但是質疑聲仍然不絕於耳，啟真是人如其名，夏朝的生意沒放鞭炮就開張了。

連夏朝是否真的存在都在討論範圍內。暫且用這個年表計算，那就是四百年之後夏的末代王孫桀，自我感覺太良好，忘了君權神授是說給老百姓聽的，自己飄飄然起來了，結果老百姓恨不得和他玉石俱焚。

商趁勢起兵滅了夏。

世事輪迴，又過了五百年，商的末代王孫紂也自我感覺超好，飄飄然意淫起女媧娘娘來，最後落得自焚於鹿臺。興，百姓苦，亡，百姓更苦。那些可憐的商民只能流亡於天下。所幸，頓失京城戶口的人們非常會做買賣，左手買右手賣，買空賣空，「商人」應運而生。

既然周伐商是有道伐無道，那「無奸不商，無商不奸」的說法就更加有力了。

伐商的周王是開國之君武王姬發，他老爸就是有一百個兒子的傳奇男人周文王姬昌。順便插敘一下，周朝姓姬，同黃帝姓。天子大位果然還是在黃帝家族手裡。

周武王姬發建國後四年就死了，即位的周成王和周康王在忠臣能士的幫助下，守業成功。創業難，守業更難，之後的周昭王南征荊楚，結果兵敗漢水，周室由盛轉衰。而荊楚日漸勢大，幾百年後終於創立楚國霸權。南邊打不過就打北邊吧。隨後周穆王兩次起兵征伐北方的犬戎，收穫不小。可是誰又能想到，這個少數民族之後卻成為周王朝的噩夢。

周穆王是個傳奇人物。在位五十五年，還登上崑崙和西王母共進燭光晚餐。真是大有十全老人的感覺！可惜跟兩千七百多年之後的清帝乾隆一樣，享受的是自己，受苦的是兒子和孫子們。

天下沒有免費的午餐，也沒有免費的晚餐。明星陪吃飯是要給錢的，何況是西王母！

周穆王的打架鬥毆、吃喝玩樂最後清空了周王朝的國庫。到了兒子周共王的時候，只能用國都邊上的土地獎賞諸侯大臣，就差沒拆房子、賣老婆了。地方諸侯的勢力反而越來越充盈。

之後的周懿王、周孝王、周夷王也是「巧男難為無米之炊」。

周朝的危機終於在周厲王身上爆發了。周厲王的成名歸功於西元前八四一年的國人暴動。其實，暴動是次要的，「西元前八四一年」才是主要的。

「西元」是西曆紀元的簡稱。以傳說中耶穌基督的生年為西曆元年。

因為西學東漸，西方獨大，這種明顯帶有宗教色彩、甚至殖民色彩的紀元方式成了世界通用，跟英語一個待遇。這可不是我危言聳聽，豈不聞滿清入關之後的《明史》冤案嗎？都說是文字獄，又是什麼文字可堪成「獄」呢？就是因為老莊家❶在書裡用了前朝年號做紀元。

滿清史官哆哆嗦嗦地記下「七十個人頭落地，二百多人受牽連」。哆嗦的不是因為冤魂太多，而是擔心昧著良心瞞報了死亡人數會不會被冤魂索命。還有就是，即使寫了這麼少，會不會哪天「上不悅」，引火燒身。畢竟自己連打工的都不如，只是一個奴才。

在血淋淋的歷史面前，誰能說紀元方式不重要呢？

---

❶ 指莊廷鑨。

民國初期，除了西元之外，中國還用過一段時間「黃帝紀元」，但最終還是銷聲匿跡。按黃帝紀元，北京奧運會的二〇〇八年就是黃帝紀元四七〇六年。

新中國的紀元方式是在建國前幾天的政協會議上鼓掌通過的（那時還沒有人代會）。從此規定中國「使用西曆紀元」。畢竟全世界都通用了，大勢所趨，你不用也不行。不過現在日本還是天皇的年號紀元和西曆紀元並存，比如二〇〇八年，是日本的「平成二十年」。

也許西方傳教士看到滿地球的人都在說公元、過聖誕，一定是激動萬分。殊不知中國人過聖誕節只圖開心，連「誕」的是何方神聖都不關心。如果傳教士們收到「生蛋快樂」的祝福短信，估計會吐出血來。

公元不公，西元罷了。中國人只要還有這分娛樂心在，那麼崖山之後還是有漢的。

巧的是，西曆元年正好是中國西漢的漢平帝元年。當年的年號就是「元始」，一元初始，新時代開始的意思。

在國人暴動的共和元年之前，歷史記錄往往只有人物、地點、事情，時間卻很模糊。雖然有天干地支，也有農曆。記錄上最多告訴你：「甲子年三月小王子尿床了。」拜託，六十年一個甲子，甲子年多得是。要是算錯一個時間就錯六十年。接著算要是一錯再錯，那就錯上加錯，最後錯無可錯了。何況很多記錄連「歲在甲子」、「陽春三月」都沒有寫。那就只能說「很久很久以前，有一個……」或者「在你爺爺的爺爺的爺爺的n次方年以前……」了。慢慢地現實終於就成了傳說。所以讀者們要注意了，做人要有時間觀念，約會不要遲到。

可喜可賀的是，國人暴動的當年終於被定為「共和元年」，以後的記錄也採用編年體形式。那時，史官大致記載，共和元年，國人暴動，厲王出走，周召行政。之後，史官們每次記錄都寫上「共和某年」。雖然王朝更替，也會寫上「共和某年改元為某某」，然後開始新的計算。

簡單說，如果一直不改元，當史官寫到「共和二八四九年」的時候，抬頭一看，桌曆正好是二〇〇八年。那我們就可以把二〇〇八減去二八四九，得出負八四一，追溯出「共和元年」等於「西元前八四一年」。

從此，中國的歷史不再是傳說，而是在確切的年代發生的真實事情。

國人的暴動源於周厲王的殘暴。雖說哪裡有壓迫哪裡就有反抗，不足為奇。但這次的暴動還是相當不同的。

周厲王跑路

周厲王那時就大搞專利制度，表示此路是我開，此樹是我栽，要想過此路，留下買路財。

那條河是我的，要釣魚？交錢！

那座山是我的，要登山？交錢！

老百姓心中鬱悶了，上網發個帖子發洩就會被抓，從此只能潛水。路上見面就更不敢說話了，只能「道路以目❷」。

這個擠擠眉毛：「哥兒們，吃了嗎？」

那個弄弄眼睛：「吃個屁，錢都套牢了。」

有大臣勸厲王，做人要厚道，做事不要太絕，出來混遲早要還的。「防民之口，甚於防川」啊。厲王不聽，心想：「普天之下，莫非王土，率土之濱，莫非王臣。我保護專利都錯

❷用眼神指路。

了嗎？」

人的想法總是很好的。但是別忘了，說到底，系統是你開發的，但是電腦不是你買的。用你這個系統要收專利費，我用盜版軟體不行嗎？終於京城百姓上街遊行了。和平的遊行竟被一小撮破壞分子利用，最後演變為暴力奪權。

格式化開始。

暴動後，厲王撒腿就跑，連兒子都沒顧上。逃跑就要六親不認，何況那些只能算第十族的門徒學生。周厲王就成了逃跑者的模範和祖師，人稱「範跑跑」。

當初周朝的首都在鎬京，差不多就是今天的西安。「範跑跑」越過高山，越過平原，跨過奔騰的千里黃河，一直跑到了山西臨汾的霍縣。現在霍縣已經撤縣建市，叫霍州市了。當時卻因為境內有條河叫彘水，所以叫作「彘」。「彘」就是豬的意思。這裡沒有絲毫貶義。豬是女媧娘娘造的神獸，資格比人還老。漢武大帝小名就叫彘。而且在大漢朝，這附近還出了一個少年英傑——霍去病。

不過，厲王逃跑後心灰意冷。他沒有接受任何採訪，也沒有寫文章辯解自己為什麼先跑。

兩千八百五十一年後，又一個「范跑跑[3]」橫空出世。

那一刻，他彷彿厲王的靈魂附體；那一刻，他繼承了厲王的優良傳統；那一刻，他就是一個人在跑。

不同的是，他很開心，他很驕傲。他接受了採訪，他辯解了，他說自己才是「真實」的人。

祖師爺厲王爬起來說：「徒兒啊，人可以無恥，但不能無恥到這個地步。」

---

[3] 指二〇〇八年四川汶川大地震發生時，先學生而逃，時任光亞學校教師的范美忠。

當厲王的兒子靖孤零零地被遺棄在王宮的時候，當他聽說群眾找不到厲王，就想找厲王兒子出氣的時候，他覺得自己是世界上最悲慘、最無辜的人了。但是幾個時辰之後，最悲慘、最無辜的人卻成了召公虎的兒子。

之前勸說厲王做人要老實的大臣就是召公虎。在群情激憤的壓力之下，召公虎竟然把自己的親生兒子裝作厲王的兒子交給了暴民。

歷史雖然沒有交代「虎子」的結局，自然也好不到哪兒去。而臣下為了君主把自己的孩子交出去替死的「事例」，在今後的歷史中比比皆是。本想寫「事蹟」，但是於心不忍，只能寫「事例」二字。再過兩百四十四年，發生在河北邢臺的「趙氏孤兒」的故事更是家喻戶曉，婦孺皆知。

事發之後，召公和另一個大臣周公一起出來收拾爛攤子，暫時代替天子行政，有點「攝政王」的意思，史稱「周召共和」。

「周召共和」中的這個周公已經很了不起了。不過，他不是會解夢的那位。如果佛洛伊德搞錯偶像沒關係，咱們炎黃子孫就不能拜錯神了。何況著名的周公應該是全中國男人的偶像。因為春宵雲雨之事，自古都叫「行周公之禮」。

解夢和教禮的那個周公是武王姬發的同母之弟，文王姬昌「兒子連」中的佼佼者，名叫姬旦（不許笑，嚴肅點，看書呢）。他助武王伐紂，分封在周地（在周朝分到了周地，可見地位不同一般），是為周公，也可以說是第一代周公。

先前說過，天妒英才，武王在位四年就死了，兒子成王尚年幼。周公旦倒是很合適老大這個位置，但是當時「兄終」已經不能「弟及」了，必須要兒子才行。於是他攝政六年，培養成王，最後和平還政。

周公一生為國為民，嘔心瀝血，為尋人才不惜「一沐三握髮，一飯三吐哺」。意思是說，洗澡洗一半，聽到有人才來投，握著沒乾的頭髮就出來了。還好古代人不用會起泡沫的沐浴乳，但是古代講究「正衣冠」，不梳頭髮、不帶帽子是失節的表現。但，失節事小，人才事大！

還有，吃飯吃一半，聽到有人才來投，來不及嚥下就吐出來，趕緊接見新人。現代人面試講究預約。櫃檯小姐問，預約了嗎？你說沒有。那就只能走了。何況是吃飯時間？更何況講究禮法的古代？更何況是一個高階主管？

一個人做好事不難，難的是一輩子做好事。「三」是多次的意思。等面試完幾輪人才再回來洗澡吃飯，也水涼飯冷了。

重來！

另外周公行仁政，孔子是他的忠實粉絲。

「共和」的周公就是這位周公旦的後人。

周厲王「範跑跑」跑路十四年之後，病死客鄉。周朝的「共和」時代隨之落幕了。曾經在牆角顫慄的靖太子繼承大寶，史稱周宣王。終於，他成為了當時最幸福、最走運的人。

他可曾想到過「虎子」呢？

周宣王發威

周宣王一登場，東周就快到了。由明朝大才子馮夢龍潤筆的《東周列國志》也是從宣王說起的。

有東就有西。不然就不是東西了。雖然從武王開始，周天子大旗上只會大寫一個「周」

字，後人還是喜歡把它攔腰截斷，分為了西周和東周。東西之分源自都城。西周建都鎬京，即唐時的西都長安；東周建都雒邑，即唐時的東都洛陽。

為什麼要遷都呢？

不是天子不想守國門，而是實在守不住了。這是宣王孫子的後話。

「宣王」是死後人們給他的謚號，有蓋棺定論的意思。宣王在世的時候你絕不能叫他「宣王」。

第一，說了也沒人明白，你叫誰呢？

第二，萬一哪個天才竟然聽明白了，那你就死定了。盼天子早死嗎？

不過現在的清宮辮子戲似乎做到了。大臣山呼「孝莊太后」，連太后都自稱「我孝莊」。莫非她也是穿越來的？

按照古代君王謚號的取名手冊，「聖善周聞曰宣」。不用過多解釋，一看就明白「宣」是個好名。我倒有另一個解釋——「宣德宣武」。都快沒落到東周了，還能「宣」嗎？能。因為，民主是個好東西，共和也是。

共和治國十四年之後，一個千瘡百孔的國家從暴亂中平復、發展，最後政通人和。原來燙手的山芋傳到宣王手中時，已然是一個香噴噴的烤地瓜了。宣王接班的時候，周召兩公教誨道：「國家尚未中興，天子仍需努力。」宣王不負眾望，周朝果然中興了。

謎之聲——

在場的人聽著：我幫潦倒破敗的時候，外頭有人來砸場子，本幫的幾個舵主也不聽話。現在幫主要重振我幫聲威了！

打仗了。

上回說到，周昭王伐荊楚、周穆王伐犬戎，其實只是重點強調而已。中國歷史就是一部戰爭史。堂堂大周，戰爭又何止這幾次呢？雖然《史記》強調說犬戎也是黃帝的後代，但是依然沒有意義。一家人又如何？縱然龍生九子，天子只有一個。正統也只有一支血脈，族內旁支和族外旁人沒有區別。

歷史悠久是我們的優勢，也是我們的負擔。說歷史總是繞不開現實，說民族總繞不開感情，這也是最頭疼的地方。「天下之說」、「華夷之辨」雖然早已分別被「國家」、「國籍」的現代概念所替代，但現世的歷史論總想把這片土地上的歷史統稱為「兄弟內鬥史」，於是造成了古時再輝煌的精神也失去了發揚光大的理由，再無恥的行為也獲得了借屍還魂的動力，最終意外地戴上了一個「中國人就愛窩裡鬥」的緊箍咒。

從某種程度上講，歷史就像一塊泥。如何拿捏，就要看水平了。「把手握緊，裡面什麼都沒有；把手放開，將會得到一切！」但歷史從來沒有那麼簡單。

無論如何，該打的、不該打的，為了活著總要打。畢竟人權首先是生存權。

古人說的「天下之說」和「華夷之辨」是指：「天子是華，居中國；蠻夷是夷，居四方。」所謂四方蠻夷包括：南蠻、北狄、西戎、東夷。整個周朝，這些人一直時不時地來砸場子，有贏有輸。宣王中興了，說：「打！」於是又全面開戰了。

宣王在位四十六年，和這四家都打了。他的一生完全配得上「武王」的諡號，可惜這個用戶名已經被註冊過了。

當然，不完美的地方也有。人之子老了，會變得固執，認死理。天之子也是一樣。

比如，晚年的宣王就是打心眼裡喜歡魯國的王二麻子，不顧王一麻子才是法定繼承人的事實，硬是要廢長立幼。魯人不服。

不服？

打！

最後，王二麻子真的即位了，是為魯孝公。

再比如，後來一個叫杜伯的大夫為了一件屁大的事就被宣王砍了。當時杜伯的知己好友左儒在場。

左儒勸宣王：「老大，不要濫殺無辜啊。」

宣王回答：「老子就要殺，你能把我怎麼樣？」

左儒說：「那你把我也殺了吧。」

宣王怒了：「你唬我啊。老子是被嚇大的！我殺他，就是不殺你。看你能怎麼樣！」

於是，杜伯冤死。士為知己者死，左儒也在家中自刎。

宣王怒氣消散之後，終於後悔起來，最後得了重度抑鬱症。睡不好，吃不下。那就出去散散心吧。結果在旅遊的路上突然大叫一聲，死了。

傳言是杜伯和左儒的陰魂索命。

非著名的宣王死後，大名人幽王即位了。

周幽王發傻

人想出名要嘛特別好，要嘛特別爛。周幽王這位老大就是後者。他終於亡掉了祖宗和各路神仙辛辛苦苦搞死紂王才打下的大周江山，還因此造就了一個「烽火戲諸侯」的著名典故，並最終改編為媽媽教育孩子不要撒謊的《狼來了》的故事。

「烽火」就是烽火臺上著的火。那時候萬里長城還沒修好，但是用來傳信的烽火臺還是有的。其實火是其次的，一個小小的烽火臺如何能做到火光沖天呢？煙才是重點，就是常說的「狼煙」。據說燒狼糞的煙可以直沖雲霄，不易被大風吹散，所以狼煙是狼糞燒的。但是聽說「其實狼糞是點不著的」。現在狗比較多，狼很少見，不太好試驗。不過想來，即使是古代，狼糞也應該不是那麼好找的。

見到狼最好抓活的，關著讓牠多拉點屎？不過這樣也不行，古往今來，再有狼性，被關久了也就變成了狗。所以，如果材料如此局限，那麼找狼糞豈不是要成為重點國防事業來抓了？

也有人說，「狼煙」一詞不過是中原百姓心中對蠻族恐懼的表現。北方蠻族大多以狼為圖騰。直到大宋年間，遼國的喬峰身上還有狼的紋身。煙起就是有戰事，狼人來了，鬼子要進村了。於是乎，那種煙就被喚作「狼煙」。

恐懼也是正常，誰不怕打仗？「大炮一響，黃金萬兩」說的是那頭，而你我是站在被轟的這頭。不過有人聯想到，說人家是狼是示弱，認為自己是羊才會這麼說。這就可以討論一下了。畢竟，《小紅帽》故事裡的大野狼可是不得善終的。

無論如何，烽火只有外敵來犯的時候才能點。點烽火就像發信號彈一樣。《魔戒》裡的剛鐸被圍之後，烽火一直傳到了洛汗國。洛汗國王看到烽火就知道剛鐸有事，馬上提兵來救。這就是烽火臺的國防作用。點著之後一傳十，十傳百，成了全國皆知的事情。該封城戒嚴的封城戒嚴，該出兵勤王的出兵勤王。可是呢，幽王竟然為了讓自己的女人笑，就光天化日之下放起火來。這個女人就是先秦三大紅顏禍水之一的褒姒。其他兩個是夏桀的妹喜和商紂的妲己。

古有云：「婦人之見。」意思就是說，婦人沒讀過書，不識得字。她們的想法不實際，不用聽。騙騙人還行，辦不成大事。

那行啊。誰說女子不如男，讀書不就行了。

結果古又云：「女子無才便是德。」就是，好了好了，湊什麼熱鬧。女孩子就應該沒腦子、沒文化。

那也行啊。不去管你們男人的吃喝嫖賭、打打殺殺，你們說什麼就是什麼，我聽你們的。唉，都說眾口難調，高湯粉、雞湯塊也沒用。

褒姒全聽幽王的安排，結果還是滿足不了「悠悠眾口」。

幽王問：「老婆，妳為啥不笑呢？」

褒姒說：「我不喜歡笑。除非你能讓中國男子足球踢進二〇一〇年世界盃。」

幽王面露難色，答：「除了這個都可以，總有妳喜歡的東西吧。」

褒姒想了想，說：「我原來聽到過撕綢緞的聲音，這個倒還不錯。」

幽王大喜：「這個要求比剛才那個簡單多了。我這就拿綢緞來撕給妳聽。」

褒姒說：「好的，我聽你的。」

幽王糟蹋完綢緞，褒姒只笑了一下，又不笑了。幽王無奈了，「千金易得，一笑難求」啊。有個腦子進水的大臣提議：「點烽火，戲諸侯，娘娘必笑。」

發傻的幽王大喜，對褒姒說：「走，咱們去烽火臺一趟。」

褒姒說：「好的，我聽你的。」

結果烽火一舉，勤王之兵即到。當時，褒姒還不知道是怎麼回事，幽王自己在一邊一個勁地得意笑了好一會兒，然後和盤托出。

褒姒也終於樂得不禁大笑起來。

後來外敵真的犯邊了。烽火再舉，無人相助。天子幽王、太子伯服（褒姒的兒子）雙雙被殺，國遂滅。於是，古再出來云了一下：「紅顏禍水！」

做女人難，做名人的女人更難。你又不讓她讀書又要她考大學，縱然考一百年也做不到。

就說國滅之事，當初提議的不是她，是個男的；誆她去烽火臺是幽王，也是男的；點烽火又不是大樓落成的剪綵儀式，應該不用她這個夫人親自上陣點火，估計是一個小兵，也是男的；來勤王的諸侯們吵得面紅耳赤的，也是男的；後來外族入侵，騎著馬過來滅國的也是男的；吃著皇糧不出兵的諸侯，還是男的。

集權的社會，有問題不找天子，天下的權力都在你手上，你不為民作主，又不回家賣紅薯，何怪女流乎！

何況褒姒差不多十六歲進宮，二十歲「戲諸侯」，亡國時也才二十三歲。這年齡是推算的，不過不會差太多。按現在的說法，正好是個七年級後段班或八年級的小女生。即使放到現在，不管是不是「草莓族」，有多少懵懵懂懂、半推半就地被「包養」了的，不也正是這個年紀嗎？古往今來，男權的霸道其實沒有實質的變化。現在的女權也只能無奈到靠袒胸露背來伸張，同時讓男人獲得千百年間不曾享受到的待遇。身為男人，生活在這個時代，我很幸福。但還是想在偷樂之餘云一句：「男人何苦為難女人。」畢竟，牛郎織女的故事不會再發生。因為仙女已經沒有必要為了稍洩的春光而一世在人間了。

滅周的就是那個和西王母一起握過手、吃過飯、合過影的穆王同志曾經征伐過的犬戎。

順便說一句，據考證，所謂的「西王母」應該是一個在青海湖西畔（現青海海西蒙古族藏族自治州天峻縣一帶）生息的母系社會部族的頭領。她和穆王聚餐的地方可能是在一個深十幾公尺的山洞裡。名字都有了，叫「西王母石室」。

之前，穆王兩伐犬戎頗有收穫，是抓了五個王。

現在，犬戎征周朝也頗有所獲，是滅了一個國。

不過，西周滅國的過程似乎有很大的問題，甚至可以說是一個大陰謀。

中華第一賣國賊

犬戎不是一個人在戰鬥，也並非不請自來。

周幽王的死、大周朝的亡可能是一個天大的陰謀。

古代取名的時候按兄弟年少，依次取名「伯仲叔季」。比如現在常說有兩個人「不分伯仲」，指的就是這兩人能力數一數二，水平難分上下。另外，「孟」和「伯」意思相同，都是老大。比如孟姜女，便是姜家大閨女的意思。還有，「季」是家中最小的孩子，有沒有「叔」倒不一定。比如後來有個劉姓之家，家裡有三個兒子，最小的便不叫劉叔，而是叫劉季，這便是大名鼎鼎的漢高祖劉邦。

之前有說，天子幽王和太子伯服雙雙被戎兵所殺。這個太子雖然叫伯服，奇怪的是，他卻不是大兒子。伯服是褒姒的兒子。褒姒得寵之後奪了原來正宮娘娘的寶座。老媽被廢，原來的太子宜臼也就被廢了。「子以母貴，母以子貴」，褒姒的這個寶貝伯服最後坐上了太子寶座。

謎之聲——

幽王這不是廢長立幼嗎？

怕什麼，老爸宣王就幹過。

原太子宜臼被廢出奔，跑回了外公家——申國。

也怪周幽王太目中無人，正宮娘娘好歹也是申國分舵舵主的千金，太子又是申國的明日之星。打狗看主人，總要知會家人一句吧。人家本來恨不得把你的謚號都想好了，就等著自家人做天子呢！一言不發就把母子都辭退了，哪有那麼便宜？做男人要負責任，把別人的肚子搞大，總要給點違約金的。沒想到，這個違約金竟然是一個二百七十六年的祖宗基業和無數老百姓鮮活的生命。幽王的那條命死得是情理之中，自不在話下。

果然，探子回報，申國要反！真反假反已經不重要了。說你是小偷，越看你越像小偷。得了，不廢話了，打吧。

申國，姜姓。時任申國分舵舵主的申侯（這麼有名的人物到底叫啥名字，竟然沒記載）聽說女兒被人踹了，外孫被人廢了，申侯很生氣，後果卻未必嚴重。畢竟自己是小胳膊，也就擰毛巾還湊合。有反心很有可能，但是磨刀霍霍就未必了。周天子離心離德是真，可哪個中原諸侯敢做第一個吃螃蟹的人[4]呢？不過，等周天子的大軍兵臨城下的時候就沒得選擇了。束手就擒就是必死無疑，而且會死得很慘。當年一位齊侯就是被周夷王扔到鍋裡煮了，後世只能哭著給了一個「齊哀公」的謚號。

這時候手下人攛掇道：「哥哥，反了吧！殺到鎬京去，奪了那個鳥天子的位子。」

「不是我不想反，國小兵微，我拿什麼反？」

有人突然腦子被門擠了，提議說：「可以向犬戎借兵。」

於是，申侯的腦子也被門擠了一下，說了句：「好，就這麼辦！」

申侯的腦子一短路，「中華第一賣國賊」的帽子就扣上了。受之不愧。

---

[4] 魯迅嘗謂：「第一次吃螃蟹的人是很可佩服的，不是勇士誰敢去吃牠呢？」

申侯啊申侯，人家是出主意的，你是拿主意的。你不知道犬戎和大周百年交兵嗎？枉費組織培養你多年，連這點政治覺悟都沒有。千萬別狡辯說你想曲線救國，寫《申侯日記》也沒用，屁話就是屁話，千年之後還是臭的。

狗急跳牆的申侯就像拿到了一根救命稻草。一方面鼓動其他分舵，發現繒國分舵願意聯手。另一方面外聯犬戎，相約出兵。此等沒買彩票就中五百萬的好事，犬戎自然欣然同意。

於是，就在幽王舉兵南下伐申的時候，意外發生了。犬戎叩關，王師不得不回軍救援，同時點烽火待救兵，可是救兵以為那小兩口又鬧著玩呢，片甲未至。

申繒聯軍倒是來的。可惜是反動派，更可惜不是紙老虎。

鎬京終於被革命聯軍攻破。天子幽王、太子伯服和娘娘褒姒都跑到了驪山行宮，最後被犬戎亂刀砍死。想來，驪山雖說風水好，畢竟龍子龍孫慘死之地，後來秦始皇卻把墓地選在這裡，大秦不亡才怪。這個非著名的「圍周救申」的故事，可能還是著名的「圍魏救趙」故事的母版。不過說出去太丟臉罷了。

申侯的舊麻煩解決了，可是新麻煩又來了。

戎兵怎麼辦？

鎬京城破，浩劫開始。犬戎縱兵燒殺劫掠，申侯束手無策。

申侯終於發現當初確實很傻很天真，怎麼想出這麼個餿主意。本來想著把幽王打服了，然後城下之盟，復立太子。這下倒好，天子死了，國都裡頭都是戎兵。天子死了不要緊，這戎兵不退，外孫也當不了天子了。沒辦法，只能發動其他諸侯幫忙，早點打發戎兵回家。

這回發動諸侯不能靠點烽火了，只能密寫書信。諸侯看了天子的烽火沒有來，看了申侯的書信倒是來了。來的有衛國、晉國、秦國、鄭國。四路大軍外攻，申繒聯軍內應，一舉搞定犬戎。

首都光復。逝者已矣，天子立誰？

申侯拉出準備好的寶貝外孫：「太子因褒姒這個禍水而被廢，現在理應復歸原位。」來勤王的幾個諸侯想都沒想，這個可是原始股啊，堅決買入，就是他了。可是等召告天下之後，有些諸侯卻不服。「你為了自己的外孫就敢引來犬戎把天子滅了，你有罪，你外孫也有罪！」

申侯搖搖頭說，「你們這些人啊，老土！」

沒多久，一部分反對的諸侯也想通了，忍不住抽了自己一個大嘴巴。天上掉餡餅都不要？還不明白嗎？天亮了，翻身了，解放了，發財了！

這原因就要從大周朝的建立說起了。

有人說，世上本沒有夏朝，是周滅商的託詞。也有不少聲音說：「周以臣伐君，取天下不義。」可是只要有了夏朝，外加真真假假的禪讓制，事情就好解釋多了。你瞧，上古聖君都是以德服人，以禪讓傳天下。所以，「殘暴」就是天子的催命符。夏桀殘暴了商能「伐」夏，商紂殘暴了周當然可以「伐」商。

這點扒過了，就不多說了。

西周滅亡的陰謀論

老百姓也許好糊弄，或者說老百姓也無所謂你怎麼說，裝聾作啞罷了。

豈不聞總誇讚古代某某君王「愛民如子」？

唉，你我皆凡人，憑什麼我就成了你兒子？「愛民如兄弟」還差不多。

所以，大抵在百姓沒有解放，人性沒有覺醒的古代等級社會中，「交租納糧，給誰都一樣」的思想還是很有市場的。在胡蘿蔔加大棒子之下，「民心」不斷地被用來用去。舊中國一盤散沙的現象也就可以理解了。

可是各國諸侯都是道上混的，那就打開天窗說亮話吧。

西部小國周滅了中原大國商之後，該封神的封神，該封地的封地。整個周天下稱王朝，天子居中央，管天下；諸侯到地方，守四方。諸侯也分等級，「公侯伯子男」。比如申侯的申國就是侯國。這個封爵的傳統比較長。比如到清康熙年間有「欽賜領內侍衛副大臣兼驍騎營正黃旗都統賜穿黃馬褂巴圖魯勇號一等子爵」的韋小寶，最後又成了「鹿鼎公」。

「公」做為天子以下的最高級別，一直都成為大家的夢想。不管有沒有被封爵，說你是某某公，就是極為尊敬的意思。比如前面的周公和召公就是「公」，後來的周恩來同志也被尊稱為「周公」。世事變遷，「相公」、「老公」，除了母的都成了「公」。不過更逗的是，沒有下半身的太監們執意要反覆強調自己是公的，遂造就了「公公」的稱呼。

天子賜予土地和人民給王國，王國進貢財物和糧食給天子。對天子而言，這是個永遠的財源；對諸侯而言，這是個永遠的負擔。

所謂人往高處走，人見人愛；水往低處流，水滴石穿。時間一長，諸侯的翅膀一硬，百年前天子的賜予變得越來越抽象，現如今王國的進貢變得越來越現實。於是，中央和地方的暗戰開始了。

危險的是，周天下的身世本來就不乾淨。諸侯都是明白人，位置決定大腦，誰不能當天子？以前雖然周室衰微，可是槍打出頭鳥，誰也不敢做第一個吃螃蟹的人。現在，申侯不就是第一個嗎？

天子死，周室亡，大道崩。還不來個「非吾輩所能為也」，順水推舟，自在逍遙。

現在有人懷疑，所謂的「烽火戲諸侯」僅是後世捏造，做為諸侯拒絕出兵，袖手旁觀的藉口。按理說，這麼一件大事，為什麼連發生的年分都沒有。幽王在位時，古希臘的歷史就準確記錄下了第一屆古代奧運會開幕！

如果是這樣的話，周滅過程的概況大體就是：

一群小弟們想整死老大。一個小弟把殺手引到老大家中。老大呼救，沒人相助。殺手得手之後竟然賴著不走。小弟們只能合力趕跑這個不知趣的無賴，然後立了個傀儡做新老大。為了防止閒言閒語，於是編造了老大荒淫無度的流言，並告訴大家，那時候還以為老大在叫床呢。

豈有此理？

欲加之罪，何患無詞！

想來即便是真的舉了烽火，也並不是太大的問題。居安思危，搞軍隊集結演習也不是沒有道理。幽王大表滿意的同時，大不了讓傾國傾城的褒姒站在高處，甜甜地問：「有沒有人想看看我這件衣服下面穿的是什麼？」

一切搞定，票房大賣。

無論如何，申侯的外孫宜臼果然被諸侯立為新的龍頭老大，史稱周平王。而申侯引狼入室的罪過竟然沒人追究。

周平王即位的時候，鎬京已經因為兵禍破敗不堪。天子自己的部隊也死光光了。諸侯們確定沒有大規模殺傷性武器之後總要撤兵回家的。沒辦法，那就遷都吧。

於是，都城遷到東邊的雒邑。東周的歷史正式拉開序幕。

後來發生的事情讓人覺得這個周平王也實在窩囊。

沒辦法，畢竟世道變了，能給個名譽董事長做做已經不錯了。

2 鄭莊公小霸的熱身運動

鄭桓公匆忙搬家

如果說西周之滅確實是「小弟合謀殺大哥」的陰謀，那這個陰謀就有一大敗筆——多死了一個人。

那就是鄭桓公。

鄭桓公是周宣王同父異母的弟弟，在哥哥宣王任期內被分封到鄭國，鄭國由此開國。最初的鄭國是在鎬京附近，大抵在陝西渭南市華縣。華縣在一五五六年也就是明嘉靖年間，發生了一次八級以上的特大地震，據統計有八十三萬人喪生。

當時宣王肯定有讓鎬京邊上的鄭國拱衛京畿的意圖。結果，在犬戎入侵的前幾年，鄭國竟然自行主張，遷到了東邊的河南滎陽。況且新家原本不是桓公地盤，是借來的。

話說鄭桓公有一天和太史伯一起聊天。太史伯有一個工作是掌管書籍，可以理解為藏經閣的掃地和尚。以下這段對話再次證明，藏經閣的掃地和尚真不是蓋的！大家以後去圖書館看書的時候可得對工作人員客氣一點。

鄭桓公嘆氣道：「看來這個老大實在是扶不起。」

太史伯也嘆氣：「嗯，老大要玩完了。」

鄭桓公請求說：「我們這些小弟總不能陪他死吧。太史伯啊，你可要拉兄弟一把啊。」

太史伯說：「我看你還是搬家吧。」

鄭桓公問：「搬哪兒？」

太史伯說：「往東。我看洛河以東、黃河濟河以南是塊寶地。」

鄭桓公問：「可那是東虢國和鄶國的地盤。」

太史伯笑著說：「這有何難？你是老大的叔叔，這些小舵主能不給你面子嗎？只要你捨得花錢，自然會把地盤讓給你。」

鄭桓公覺得不大可靠，再問：「那個地方地勢平坦，四方交會，肯定是兵家必爭之地。後世子孫恐怕不得安寧。你說我去長江南邊如何？或者去西方？」

太史伯搖搖頭：「長江南邊不行。那裡離荊楚太近，楚舵主一直覬覦總舵主的位子。只要總舵主一死，楚國必興。至於西方，那裡的人素質太差。你就不用考慮了。」

鄭桓公又問：「那你說老大一死，誰會起來爭這個位子？」

太史伯回答：「可能是齊國、秦國、晉國、楚國這幾個分舵吧。」

鄭桓公拱手稱謝：「太史伯對本幫形勢真是瞭如指掌啊。」

要是鄭桓公再活五百年，估計會拜太史伯為老師。果不其然，之後齊桓公、晉文公、宋襄公、秦穆公、楚莊王稱霸中原，史稱「春秋五霸」。太史伯竟然說對了四個！堪比「隆中對」。

於是，鄭桓公讓自己的兒子掘突，也就是後來的鄭武公，拿著現金去了東虢和鄶，說要借地。虢鄶心想，手上的土地本來就是原始股，還不知道將來行情如何，不如早點套現。

其實，鄭桓公還是非常擔心這個地方將來會成為兵家必爭之地，害得子孫不得安寧。最後也不幸一語成讖。但眼下已經顧不上可持續發展了，逃命要緊。鄭國終於搬家成功，在滎陽的新家當時叫京城。

鄭桓公死得蹊蹺

鄭國搬家了。

犬戎入寇了。

兵戈起，看烽煙，與我何干。

可惜的是，破城之時，鄭桓公竟然被犬戎所殺！

按理說，兒子鄭武公在鄭國，看到烽火知道鎬京有難，老爸又從鎬京沒回來，總該出手相助。可是他一直按兵不動，直到申侯發了郵件過來才知道老爸慘死，這才起兵替父報仇。除非鄭武公存心要害死他父親，不然，原計畫很有可能是：

大家讓鄭桓公留在王都，做內應看住幽王也好，躲在家裡不出門也罷，總之是可以確保他的安全。可是，事態發生了變化。借來的犬戎兵不聽安排，濫殺無辜，還要殺幽王全家。也許當鄭桓公親眼看到犬戎兵的時候，他就改主意了。他不能對不起祖宗！他知道世上沒有神仙，但犬戎蹂躪的是祖先千辛萬苦打下的基業。

「申侯誤我！」

鄭桓公拿起長矛，掩護幽王、伯服、褒姒從王宮逃出，一直到了驪山。山下是敵人的鐵桶陣。

叔叔鄭桓公看大勢已去，向姪兒周幽王提議：「殺回鄭國，留著命在，還能打回來。」一行人突下驪山，沒走半里地，就被犬戎圍住。

再突圍。

又被圍住。

鄭桓公讓手下帶著幽王等人先走，自己留下親自斷後。

敵兵將桓公團團圍住。

桓公英勇，長纓在手，誰敢殺我！

敵人近戰不行，只能射箭。

可憐桓公，萬箭穿心而死。

犬戎踏過桓公的屍體，追上幽王。

殺！

殺！

殺！

我們無法知曉鄭武公到了鎬京，抱著老爸屍身時的喪父之痛。當時鄭國剛搬進新家，立足未穩，國力不強，武公又能如何？即使想發作，估計也不會有好結果。

贖罪也好，籠絡也罷，最後申侯把女兒姜氏嫁給了他。如果陰謀論還在繼續，那麼這個姜氏後來又挑動了鄭國內亂也是計畫之中。

不過，鄭武公不會忘記，周平王的天子位上沾染著老爸的鮮血。欠債還錢，天經地義。鄭國終於成了東周歷史上第一個敢跟天子真刀真槍對著幹的諸侯國。

東周之春秋戰國的亂世風雲，也由鄭國發端。

叔段反政府事件

周平王，這個曾經的廢太子獲得了天子大位，從破敗的鎬京搬家到了嶄新的雒邑。也許他還會意氣風發地想，新時代開始了，「春來我不先開口，哪隻蟲兒敢作聲？」可惜實際卻是「春眠不覺曉，處處蚊子咬」。

周平王在洛陽，鄭武公在滎陽。天子腳下，誰敢放肆?

哪知眼皮底下的鄭武公一下子就把曾經借他地的東虢和鄶國滅了，後來乾脆把國都從滎陽京城遷到鄶國故土，也就是現在的鄭州新鄭市附近。新鄭是塊風水寶地，這裡是黃帝的故里，之後還誕生了韓非子、張良、白居易、高拱等曠世奇才。

原來的京城也沒有荒廢，反而日漸繁榮，大有「一國建兩都」的意思。後來秦朝建立，想把這個地方降為縣城，但是規模實在太大，不合縣制，只能在城市裡頭建了道東西走向的「柏林圍牆」，一分為二。

更加難能可貴的是，真正的民心所向。大家以鄭為榮，紛紛改姓「鄭」，終於有了現在的「天下鄭氏出滎陽，滎陽鄭氏遍天下」！如果大家現在去滎陽，可以看到一座三人並立的高大青銅像，上書「鄭氏三公」。

「鄭氏三公」就是鄭桓公、鄭武公和鄭莊公。

鄭莊公是武公的大兒子，他媽就是申侯的女兒姜氏。

鄭莊公人送外號「鄭莊公小霸」。他的霸氣自打出娘胎就開始了。話為什麼這麼說呢？

鄭莊公全名姬寤生。姬是老爸的姓。人家鄭武公有房子有車子有銀子，不刷卡不做卡奴，不背貸款不做房奴，自然不用入贅女方家。但是「寤生」這個名字就解釋多種多樣了：

莊公是姜氏睡覺的時候生的；莊公生下來的時候沒有哭；莊公出生之後，馬上能張開眼睛；莊公是倒著生的，就是先出腳再出頭。

不過無論是哪種，莊公都算得上神人吧。可是母親姜氏怎麼看莊公都不順眼。反而十分疼愛後來正常生出來的小兒子叔段，疼愛的程度讓人無法理解。

武公在世的時候，姜氏就再三勸武公改立叔段做接班人。從白天說到晚上，從禮拜一說到禮拜天，最後武公被說得頭暈腦脹，死了。

姜氏眼巴巴地看著寤生做了鄭國老大。按理，事到如今都塵埃落定了，你還想怎樣？

也許我們這些獨生子女是不會了解多個孩子的家庭有多複雜。有時候家長對某個孩子的特別關愛會近乎偏執。這個姜氏就是。她又是從白天到晚上，從禮拜一到禮拜天，翻來覆去地勸鄭莊公把京城分給弟弟。莊公才登大寶，好日子沒過夠呢，要是一不小心步老爸的後塵被活活說死了，該多冤。最後終於答應了。

大夫祭足站出來勸阻：「老大，萬萬不可。要是封了京城，一山就有兩隻老虎了。」

鄭莊公搖頭道：「老媽的主意，就這麼辦吧。多行不義必自斃，等著瞧吧。」這便是「多行不義必自斃」的出處。

叔段終於如願被封到了京城，結果姜氏還沒完，真是唯恐天下不亂。臨走的時候竟然告訴叔段：「你哥哥太小氣，我求了半天才封你一塊地。你走之後好好準備，將來我倆裡應外合，鄭國都是你的。聽媽媽的話，媽媽織給你的毛衣，你要好好收著。你要是坐上了大位，我就死而無憾了。」

估計叔段都搞不明白上輩子做了什麼好事，讓這個老媽對自己這麼好。

仗著老媽的溺愛和老哥的放縱，叔段到了京城之後馬上招兵買馬，最後堂而皇之地開始搶起地盤來。

莊公手下的大夫公子呂氣憤不下，忍不住說了句：「陰謀分裂國家！該殺！」

鄭莊公笑著說出了心裡話：「法治社會，要輕口供、重證據。」

證據馬上就有了。

一天，鄭莊公跟老媽請假，說要去周朝見太子。因為鄭武公當年又有功勞又有苦勞，所以和衛武公一起被周平王封為卿士，可以理解為「雙核心」。不過是個超級老少配，當年衛武公已經八十多歲，而鄭武公才二十出頭。厲害的是，衛武公又活了十三年，害得鄭武公熬到了快四十歲，才在周王室中做到一人之下萬人之上。

武公死後，莊公繼承了卿士的位子。因為上班方便，也就沒住宿舍。按理，莊公說要去周朝，也有可能去去就來。可是這個姜氏坐不住了。她覺得小兒子搶班奪權的機會終於到了。她寫信給叔段，相約起事，以為內應。城內舉旗為號，大軍進城即可。

莫非定律教導我們：「凡是可能出錯的事，一定會出錯。」可惜姜氏和叔段母子都沒這個覺悟。她的書信被公子呂截獲，郵遞員也被殺了。莊公看完書信內容後大呼過癮，拍著公子呂的肩膀說：「哥兒們，有活幹了。」

那時候的書信是寫在竹簡上的。寫好之後，外頭蓋上兩塊木板當作信封，用繩子捆起來，打上結，然後在紮結的地方貼塊黏土，蓋上私章。破解這種加密手法不難，直接換個信封就可以，如果竹簡或者木塊有髒汙，費點心思也能清理乾淨。不像後來的紙張，髒了就不好弄了。最關鍵的章也不難，用蘿蔔刻個章就可以假亂真，反正最後按在泥上也看不大清楚。雖然話說得輕巧了點，不過莊公就是換了個人拿著解密重封的書信去了京城，叔段大喜過望，馬上回覆郵件。回信自然又到了莊公手中。他拿著證據對公子呂說：「哥兒們，開工。」

公子呂悄悄領兵埋伏在京城外。叔段如期領兵出城。自己去和老媽會合，兒子去衛國借兵。

結果不言而喻，京城被公子呂拿下。老革命區的老百姓覺悟就是高，紛紛擁護莊公。叔段被圍在鄢，史稱「克段於鄢」。後來叔段是死了還是逃了，說法不一。不過跟李自成是死了還是當了和尚一樣，結局未必重要，總之是一個「輸」字。

大家問莊公，為什麼先前如此讓著自己的弟弟。莊公抹了把鼻涕說：「他畢竟是我的弟弟啊。」

說的倒很好聽，其實鄭莊公無故縱容的背後，隱藏的是請君入甕的陰謀。

莊公欲叔段滅亡，必先使其瘋狂。

叔段確實瘋狂，連老媽給他的那封反書都留著。要說宋江潯陽樓題反詩，那是喝多了。叔段留著信，莫非是覺得百分之百能奪權成功，留著做革命文物？就這樣，老媽給他的信和他給老媽回的信又都回到了莊公的手中。

「去，拿給老太太看看。再捎去一句話，」莊公把兩封信交給大臣祭足，就是先前反對把叔段封到京城的那位同志，「老太太移宮潁地。不及黃泉，無相見也！」

姜氏看到兩封信也就什麼都明白了，只好去了潁地。潁地在現在的河南登封附近，就是嵩山少林寺附近。

不同媒體對同一事件的解讀是不同的。這件事從公孫滑的嘴巴裡說出來，莊公就成了大逆不道的「殺弟囚母」。

公孫滑是誰？他就是叔段的兒子，當時離了京城之後，他拿著巨款去衛國借兵。哪知從此一別，父子天各一方。不過原來借兵只能打經濟牌，現在多了一張感情牌。在名利雙收的誘惑下，衛桓公終於被說動了。這個衛桓公就是上回裡頭的不死老人衛武公的孫子。

接下來事情的發展澈底反映了通訊設備的重要性。

衛桓公出兵了。

鄭莊公知道衛桓公自以為師出有名，於是在公子呂的提議下，寫了封信給衛桓公，把老媽縱容和弟弟謀反的故事原委說了個明白。

衛桓公這才發現公孫滑人如其名，狡猾狡猾的，竟敢糊弄自己。原來想替天行道，轉眼變成助紂為虐了。於是下令退兵。可是命令還沒到前線，前線早就打起來了。

鄭莊公怒了：「什麼素質啊？都說明白了還來打我。」

反擊！

於是鄭莊公派遣高渠彌領軍，直搗衛郊。這個高渠彌確實是個人物，可惜後來下場慘了點。

這下，衛桓公著急了，偷雞不成蝕把米啊。只好開會討論：

主戰派，代表人物：州吁。「兵來將擋，水來土掩。要打就打。」

主和派，代表人物：石碏。「我錯在先。修書一封，可退鄭兵。」

衛桓公採納了石碏的建議，寫了一封道歉信。當然信不是自己寫的。古往今來，領袖的文章大抵是祕書代勞，鄭莊公也明白，不忘誇了句「祕書的字不錯」。一打聽方知是石碏所書，點頭道：「石碏是個人才。」看完衛國的道歉信，回書一封「奉教退兵，言歸於好。滑雖有罪，乞留上國，以延子嗣」，隨即心滿意足地撤兵了。

古往今來，愛國不分主戰主和。主戰的未必愛國，主和的未必賣國。這個州吁和石碏將來的表現也證明了這一點。不過諸如秦檜汪偽之流，漢奸就是漢奸。

鄭國「叔段反政府事件」的掃尾工作就此告一段落。這才是熱熱身而已，鄭莊公的故事才剛剛開始。

3 小霸王，其樂無窮啊

東周創意大賽金牌獎——君臣交質子

看了半天鄭莊公的風光史，別忘了他是周天子的朝中大臣，還是個副手。好歹是個國家公務員，只管家事不管國事怎麼行？

上班打牌玩遊戲倒也罷了，現在竟然曠工！當老闆的周平王很生氣。

「當這兒是公共廁所嗎？想來就來，想走就走！」

這時候正好虢公忌父來朝覲見。

虢公忌父是誰？往前數三代可是個名人。

就是之前那個腦子進水，勸幽王烽火戲諸侯的西虢國君兼王室重臣——虢石父，在犬戎破鎬京的時候被殺。

更要命的是，勸幽王廢申后、廢太子宜臼的也是他。完蛋了，這下站錯隊了。

先前也說到，平王即位之初，有人反對。領頭的就是虢石父的兒子虢公翰，看來也是情理之中的事。

按理說，西虢是西周的罪人，是平王母子的大仇人。但平王即位之初既然沒把西虢滅了，也就是說他有「冤家宜解不宜結」的心態。如今已過三代，這回，周平王發現這個虢國忌父的行政能力測試和申論水平的確不錯，於是打算用他來替代鄭莊公。

可是虢國忌父堅決不願意做職場空降兵。不是忌父如何高風亮節、寵辱不驚。要知道，自從衛武公西去之後，鄭桓莊父子在這個老二的位置上已經有四十多年歷史。人脈夠廣、耳目眾多，可不是一句話就能扳倒的。忌父不想當炮灰。何況自己的祖先曾留下案底。突然來這麼件好事，也要提防一二。

果不其然，王宮的耳目把這件事彙報給了鄭莊公。這下莊公急了，這個「急」不是著急的急。他的眼裡本來就沒有平王。他是霸氣十足，急火攻心：「大不了老子不幹了！」

莊公開車到了平王那裡。畢竟起碼的禮數還是要的。莊公裝模作樣、斯斯文文地說：「臣實不才，有忝職位。枉費天子苦心，臣願辭官歸國。」

平王起初還不明白，問：「朕有卿，如魚得水，卿何出此言？」

莊公底氣十足地回答：「臣因國內逆弟之變，曠職日久。道聞吾王有委政虢公之意。臣不敢尸位。」

平王心中一驚，連這事你都知道！只好給自己圓謊：「朕別卿許久，欲使虢公權管數日，以候卿來。虢公再三請辭，朕已任其還國。卿又何疑？」

莊公去意已決，堅決地回答：「王之政，非臣一家之政。今虢公賢明，可堪大用。臣理當避讓。不然，群臣必以臣貪戀權柄。惟王察之！」

平王臉皮薄，再勸。

莊公臉皮厚，再推。

這一來一去，可把在場的群臣累壞了。還吃不吃飯了？

最後平王無奈長嘆：「卿有疑朕之心，朕何以自明？」

終於有個肚子餓得咕咕叫的大臣忍不住了，提議說：「莫若君臣交質，兩釋猜忌，方可全上下之恩。」

君臣交質？讓天子把兒子放到大臣的家裡當人質？

真有創意！

全場幾秒的寂靜。

平王傷透了心：「你們吃我的穿我的，胳膊肘竟然往外拐！」

莊公來了精神：「天上掉餡餅，不錯不錯。」

群臣摸摸肚子：「好主意。終於可以吃飯了。」

群臣紛紛附議。

平王騎虎難下，無可奈何地說：「如此甚善！卿治國有方，朕正欲使太子觀光於鄭。」

於是，曠世未有的「君臣交質」成為了現實。

鄭莊公下班回家的時候，心裡樂開了花：「這下賺翻了！」

東周創意大賽銀牌獎——小弟搶老大

西元前七二〇年二月二十二日，黑暗籠罩大地。

天文奇觀——日全食。

不久，周平王生命也被吞噬。第一代東周之主總計在位五十一年。

在鄭國做人質的太子一路哭著奔喪回家，還沒換上天子的衣服就因過分悲痛而亡。最後只能讓太子的兒子，也就是平王的孫子即位，史稱周桓王。在登基大典上，鄭莊公從周桓王的眼裡分明地看到了兩個字——仇恨。

果然，登位不久，周桓王在朝堂上瞥了一眼鄭莊公，說：「卿乃先王之臣，朕不敢用。」

莊公說了句「ＯＫ！」扭頭就走。

上不上班不要緊，可惡的是，新老闆竟然當著大家的面羞辱自己。打工的也有尊嚴！莊公怒了，見人就說：「那小子太沒良心，不值得我費心。」活活地罵了一路。回國之後，大臣們也都忿忿不平。

主戰派，高渠彌：「天下諸侯，誰不畏鄭？打了！換天子！」

主和派，潁考叔：「君臣之禮，比於母子！只能暫且忍耐。」

這個潁考叔又是何許人也？潁考叔是一個大孝子。當年在潁地當邊防小隊長的時候，正巧鄭莊公的老媽被「發配」到此。考叔嘆息道：「就算老媽做了出格的事情，做兒子的也不能這樣。」於是下定決心要去勸說莊公。可是國家領導人不是想見就能見的。就算自稱世上最民主的美國也不例外。據說九一一之後，白宮的對外開放日縮減為一年一次，不過總統辦公室是萬萬去不了的。當然做為世界上唯一免費向公眾開放的國家元首官邸，相比其他國家還是不錯的。

且說潁考叔只好藉著獻寶的機會見了莊公。估計寶貝還不錯，莊公不僅賜宴，還同席。吃著吃著，莊公發現這個潁考叔只吃菜，不吃肉。

素食主義者？

潁考叔回答說：「我的母親只吃過我的東西，沒有吃過大王賜的。所以想帶回去給母親大人吃。」

莊公感慨萬分，不禁說了句：「你還有母親可以給，我連母親都沒有啊。」

潁考叔假裝不知道，莊公就把來龍去脈說了一遍，越說越傷心。其實莊公早就後悔了，只是礙於自己那句「不及黃泉，無相見也」。

衝動是魔鬼。現在後悔也來不及了，莊公本來就是好面子要強的人，一言既出，就什麼馬也難追了。

誰知，穎考叔卻平靜地說：「這有何難？只需掘地見泉，泉上建一個小屋，先把母親接入，然後您再進屋，不就可以做到黃泉上相見了嗎？」

莊公大喜，讓穎考叔全權安排，最終掘地見母，如願以償。

「黃泉路」上相見的那一幕還是讓人感動不已的。

莊公跪地，說：「孩兒不孝，母親大人恕罪。」

姜氏大哭，說：「不怪我兒，都是為母的錯。」

最後母子攜手同歸，一路百姓鼓掌。

百善孝為先，善之善也！

其實在那封鄭莊公給衛桓公的回信中，之所以求他收留公孫滑，也是為了照顧老太太對孫子的感情。不然按照公子呂的意思「斬草不除根，春風吹又生」，一百個公孫滑都死了。

穎考叔就是因為這個功勞，才醜小鴨變成了白天鵝，小隊長變成了大將軍，跟公孫閼同掌兵權。不過他是萬萬想不到自己最後竟然死在這個同事手裡。這是後話。

也正是因為穎考叔是個孝子，才會有「君臣之禮，比於母子！只能暫且忍耐」這樣的想法。可是按照鄭莊公的脾氣，穎考叔的「忍耐說」是絕對不可能的。至於高渠彌的「變天說」就太過激進了。

還是祭足想出了個創意十足的歪主意：「我們可以去割周地的莊稼。要是天子怪罪下來，我們可以說自己遭了災，沒辦法才出此下策。這樣，又出氣又不至於一下子鬧得太僵。」

莊公說：「此計甚妙，就這麼辦。」

於是莊公派祭足去搶天子的糧食。還先後兩次，次次滿載而歸。周桓王知道後勃然大怒，咬牙切齒道：「地主家也沒有餘糧啊。」要不是大臣力勸，說不定就真的起兵問罪了。

所以說祭足的創意是不錯，不過也是僥倖成功。也不想想這個周桓王是新君登位，新主管最恨手下的人挑戰權威，所以才有了「新官上任三把火」的傳統。

就這樣，鄭莊公和周桓王這對冤家的梁子是越結越深了。

鄭齊兩小霸結盟

鄭莊公在家裡把悔過書、道歉信都寫好了，結果遲遲沒看到周桓王有什麼反應。

正在納悶的時候，齊國有使臣來訪。

第一代齊侯就是大名鼎鼎的姜子牙。子牙建國時，因其赫赫武功和耿耿忠心，被賜予一道上諭——「五侯九伯，實得征之」。雷同於一柄尚方寶劍，昏君未必敢動，讒臣肯定能殺。齊國就憑姜太公留下來的政治優勢，在東周初期實現了「莊僖小霸」。

齊莊公和齊僖公是父子倆。齊莊公在位長達六十四年，比康熙都長。齊僖公也夠長，總計在位三十三年，現在給鄭莊公寫信的便是他。這次他派遣使臣來鄭，是相約石門一會。

石門是山東的一個地名。

對於東方大國齊國的來訪，鄭莊公自然高興萬分。看來這些年果然沒白忙，越來越有老大的樣子了。鄭莊公欣然答應石門之約。雖然談不上「遠交近攻」，但是多個朋友總比多個敵人強，何況還是個有權有勢的朋友。

不久，齊鄭兩國共赴石門，賓主雙方舉行了熱情友好的會談。

齊僖公對鄭莊公處理「叔段反政府事件」採取的果斷措施表示讚賞，並表示會堅決支持「一個鄭國」的政策。同時，歡迎鄭國人民前往齊國旅遊觀光，投資興業。

鄭莊公則對齊僖公的真誠邀請表示感謝，並邀請齊僖公訪問鄭國。

齊僖公表示，會認真考慮鄭莊公的邀請，並在方便的時候訪問鄭國。

兩國隨後簽署了戰略合作夥伴協議。

就此，鄭莊公和齊僖公倆小霸握手結盟。

光結盟還不夠。

齊僖公知道鄭莊公的大兒子世子忽還沒有訂婚，所以想把小女兒，也就是後來的文姜嫁給他。鄭莊公覺得可行，畢竟能與齊國這樣的大國聯姻，對鄭國、對世子忽都是好事。不過世子忽這位男同志志氣很大，反覆強調：「大丈夫行事，怎麼能仰仗婚姻！我要靠自己。」

聯姻之事只能作罷。

這次聯姻失敗，從政治上講確實失策，但從家庭生活來講，倒十分萬幸。因為這個文姜可不是什麼大家閨秀。這是後話。

鄭齊一結盟，劍拔弩張的鄭國有了強力外援，而地處東海之遠的齊國也終於有機會插手中原事務了。

東周第一次大規模國際戰爭——鄭國東門之役

鄭莊公訪齊回鄭不久，突然接到衛國使臣遞來的衛桓公病逝的訃告。

訃告上寫的是自然死亡，但是莊公不信。再三逼問下，衛國使臣只好交代。原來在得知平王死桓王立之後，衛桓公決定讓弟弟州吁攝政，自己去周室探望。哪知州吁夥同石碏之子石厚，擺下送行酒，刺殺衛桓公。

刀從背部入，斜穿心肺，已是致命的創傷。

事發之前，石碏早已辭官回家，朝中大臣見狀又敢怒不敢言。

鄭莊公一聲嘆息：「看來州吁要和我們打仗了。」

群臣不解。

莊公說：「轉移國內矛盾。」

事實證明，莊公很有遠見，沒多久州吁果然領著衛軍打過來了。不過莊公沒有猜到衛國竟然還拉來了宋國、魯國、陳國、蔡國，組成了五國聯軍。

州吁篡位之後，國內人心不穩。那就打個勝仗立立威吧。想到鄭國原來為了公孫滑曾經兵臨城下。既然衛國受過鄭國的氣，那就打鄭國了。不過州吁也不是傻子，知道自己的斤兩，於是找來最佳拍檔石厚。

石厚說：「鄭國有齊國做幫手，我們也可以拉宋魯陳蔡入夥。」

州吁說：「陳蔡小國，呼之即來。宋魯大國，不給面子怎麼辦？」

石厚說：「大王放心。魯國現在是公子翬說了算，此人貪財，給錢就出兵。至於宋國，原來的宋宣公死後把位子傳給了弟弟宋穆公，宋穆公為了報答大哥，死前又把位子傳給了宣公的兒子與夷，自己的兒子公子馮逃到了鄭國。與夷就是現在的宋國老大，他一直都擔心公子馮會回來搶位子，所以說服他出兵也不難。只要派遣一個能言善辯之人即可。」

石厚推薦一人，姓甯名翊，前往公關。果然說動宋君。就這樣，一切按照石厚分析，五國都出兵，把鄭國的東門圍得水洩不通。

自周東遷以來，這還是第一次大規模的「國際戰爭」，也是第一次鄭國保衛戰。鄭國大臣沒見過那麼大的場面，戰前討論會上亂成一鍋粥。混亂中，只見鄭莊公微微一笑：「陳蔡和我無怨無仇，魯國公子翬向來拿錢不辦事，宋國也就為了公子馮，四國無非跟風而已。大家不要怕，只有衛國一個敵手，況且反動派都是紙老虎。」

於是鄭莊公和大家開始討論戰略戰術，命令得力幹將公子呂出城迎戰衛軍，只准輸不准贏，將衛軍引到城下即可，到時候埋伏一出，四面一圍，打個防守反擊，衛軍必敗。衛軍敗了，其他國家也就撤兵回國了。

同時，鄭莊公把公子馮從新鄭搬到長葛，然後告訴宋殤公，也就是與夷，意思是公子馮在長葛，要人自己去打，別湊熱鬧打東門。果然宋軍轉而去圍長葛。可憐公子馮，就這樣成了誘餌，也算是報答了鄭國收留之恩。

陳蔡魯一看宋國軍隊拔營而去，以為撤軍了，心想這宋國也太不仗義，跑了也不叫兄弟一聲。後來才知道宋軍是去打長葛。只恨自己也沒個「公子馮」逃在鄭國，不然這回也有藉口開溜了。

衛國一瞧宋國走了，也直罵宋國沒義氣。可是畢竟自己才是活動發起人，就算其餘三國也都跑了，衛國總不能不打吧。這時候鄭國公子呂依計過來挑戰，石厚就帶兵出營接戰。打了沒多久，堂堂公子呂就裝孬開溜。

公子呂跑啊跑，石厚追啊追，鄭莊公笑啊笑。

可是眼看著要進包圍圈的時候，石厚停止了追趕，下令士兵割走路邊的莊稼，然後收兵回營。石厚見到州吁之後，說了句：「立威目的已經達到，見好就收，回國要緊。」於是衛國就開拔回家了。陳蔡魯國也完成了政治任務，一哄而散。

這邊城上的鄭莊公翹首以盼，城下的公子呂望穿秋水，更可憐的是趴在城外打埋伏的士兵直罵娘，怎麼衛軍還沒來？後來才知道敵人都撤回家睡覺了。

沒想到敵人這麼沒出息，那麼大的陣勢，最後收點麥子就知足了。鄭莊公欺負周天子的時候用過這一招，怎麼玩盜版啊，太沒職業道德了。

鄭莊公的報復

嚴格說來，只算打仗時間，原以為轟轟烈烈的東門之役總共才五天。

戰前討論的腦細胞就這麼白白浪費了嗎？

不！

你當鄭國什麼地方？想來就來，想走就走？

霸王不是王八烏龜，從來不受窩囊氣，沒那麼容易！

這時候公子馮回來了。原來，其他四國是走了，宋國倒真的兢兢業業地打起長葛來。可是公子馮大難不死，又從長葛逃了回來。這下弄得鄭莊公不好意思了，只好吩咐下去給公子馮設宴壓驚。

就在鄭國戰前動員，要搞打擊報復的時候，衛國傳來爆炸性新聞——州吁和石厚雙雙被殺，新君衛宣公即位了！

事情是這樣的。下野大臣石碏看逆臣州吁和逆子石厚這麼瞎搞，心裡本來就很不爽，結果這個不孝兒子還在州吁面前極力推薦自己重出江湖。一把老骨頭眼看就要晚節不保了，一不做二不休，託人和陳桓公密謀幹掉州吁和石厚。陳桓公本來就討厭州吁，特別是前兩天被逼著和鄭國交兵，最後只分了點莊稼做獎勵。於是兩人分工合作，陳桓公負責抓人，把人勾引到陳國，五花大綁，聽候發落；石碏負責殺人，懲惡揚善，另立新君，是為衛宣公。

州吁之死不足為奇。可是別忘了，揮淚斬馬謖，畢竟也不是自己的兒子。石厚可是石碏的親生兒子！

石厚死前對劊子手討饒：「讓我見一次老爸吧。」

劊子手回答說：「放心，我會提著你的頭去的。」

怪只怪兒子石厚劣跡太斑斑，老爸石碏為國為民也只能把他殺了。這就是「大義滅親」的成語典故。

石碏果然是個好同志。

不過——很悲哀。

既然如此，鄭國就不用打衛國了。陳蔡是小國，打了沒有教育意義。魯國公子翬貪財，有奶便是娘，根本不用打，剩下就是宋國了。可是直接打宋也不行，畢竟曾經有過五國進攻聯盟，現在鄭伐宋，必然人人自危，說不定又來個五國防守聯盟。

鄭莊公想，這個陳桓公既然滅了活動發起人州吁，也就沒法在道上混了。估計陳國比較容易策反。一旦陳國策反成功，別人就會明白我鄭莊公口碑超好，不是不講理的人。

可惜，熱臉蛋貼了冷屁股。陳國嚴詞拒絕和鄭國復交。

莊公怒了：「給臉不要臉，打！」

結果陳國快被打殘了也沒看到救兵。

鄭莊公眼瞧著打得差不多了，派遣潁考叔去陳國送信。說什麼「陳侯同志啊，不打不相識，兄弟我是想和好的。如果你也有這個想法，咱倆就此罷兵，同歸於好，如何？」

陳桓公感動得眼淚都要掉下來了，趕緊派弟弟公子佗出城簽署停戰協議。

最後，雙方領導人親切握手。

鄭陳復交。

接下來就打宋國吧。

祭足出來相勸：「宋國強，伐宋是大事。不如見見周天子，然後假託王命，伐宋也可以師出有名。」

於是莊公和祭足去了天子朝堂，周桓王一看堂下來了莊公，真是氣不打一處來。

周桓王問：「你那兒收成如何啊？」

鄭莊公答：「託您的福，五穀豐登。」

周桓王說：「可我自己差點沒吃飽！」

莊公一聽，這不就是在說我收莊稼的事情嗎？還好寫過悔過書，那就背一遍吧。

哪知還沒等他開口，周桓王大手一揮，說：「我再賞你十車糧食，免得以後餓著。」

莊公的臉噌地綠了。

桓王還沒說完：「順便通知一下，朕決定用虢公忌父做右卿士，你做左卿士吧。」

都說古時候男尊女卑，座位的表現也往往是「男左女右」。現在的辦公室洗手間和路邊公共廁所也大體如此安排。

不過先秦那時候，以右位尊。這右卿士才是真的，左卿士不過是個虛職。

虢公忌父這回發現確實是天降大任，就欣然接受了。

回到鄭國駐京辦事處，莊公劈頭蓋臉地罵祭足，「你出的餿主意！早知道不來了。」

祭足只好說：「多多少少，好好壞壞，也是天子所賜。」

這時，正好周公送來一批絲綢錦緞，祭足心生一計：「把綢緞蓋在糧食上頭，一路謊稱是天子送了十車上等絲綢給鄭國，讓鄭國替王伐宋。這樣我們就師出有名，來京的目的也達到了。」

莊公轉陰為晴，「還是祭足聰明！」

真的很聰明嗎？你鄭國有駐京辦事處，別國就沒有嗎？明明被天子嘲弄得都成了笑話，竟然還想著能瞞天過海，矯稱王命？

回國之後，沒想那麼多的鄭莊公激動地謊稱王命，矯製了天子的詔命，廣發英雄帖，行動目標——伐宋。

令人掉眼鏡的是，英雄帖發給了齊、魯、蔡、衛、郕、許等國，最後卻只有齊、魯兩國來會。齊國是因為有盟約，魯國是因為貪財。

蔡、衛因為有東門之役，也看到了陳國的下場，不光沒改過自新，反而更加堅定不移地和宋國站在一起。

郕、許乾脆把英雄帖當柴燒了。

莫非王命才這麼點感召力？

沒辦法了，這回輪到鄭國做活動發起人，箭在弦上，不得不發。

三國大軍也算浩浩蕩蕩。

宋殤公有點害怕。主管軍事的司馬孔父嘉的胸裡有竹子，安慰殤公：「咱們的駐京辦主任說了，本來就沒有王命，而且蔡衛已經說好會去打鄭國。這樣鄭國本國受襲，必然回師去救。鄭國一走，齊魯也就撤兵了。」

宋殤公哆嗦地說：「我看蔡衛未必敢動手，還是你親率一支軍隊和他們會合，領著他們打吧。」

孔父嘉一看這個宋殤公實在沒膽，只好領軍出城和蔡衛兩軍相會。

就這樣，那邊鄭國領著齊魯在打宋國，這邊宋國領著蔡衛在打鄭國。要是玩遊戲，大不了各自打破，互相換基地就得了。現實裡可不行。男人打仗，老婆、孩子、爸爸、媽媽、爺爺、奶奶、三姑、四嬸、五姨媽還有自己的寵物狗都在家裡呢。所以，雖然潁考叔和公孫閼已經打破宋國防線，鄭國也只好退兵。宋國孔父嘉這邊也怕兩面被圍，先撤了。

本來打完六國邀請賽，各自坐車回家就沒事了。可這個宋蔡衛三國覺得賊不走空，路上又打起了戴國。戴國沒招誰沒惹誰，平白無故就來了災禍，真夠冤枉的。更冤枉的是，鄭國派公子呂假裝來救戴國，賺開城門後就把戴國滅了。

宋蔡衛好不容易打了大半天，最後竟然被鄭國兵不血刃地占了便宜。

狹路相逢，那就亮劍吧！

鄭莊公哈哈大笑，「打就打，你們退二十里地，我們出城列隊和你們打。」

於是孔父嘉領著大夥乖乖地退二十里紮營。可是這邊剛勞動完，鄭國不打招呼就殺過來了。三國連戰前動員都沒做，自亂方寸，結果大敗，孔父嘉只領著二十幾個小兵逃回宋國。

這個孔父嘉的六世孫就是大名鼎鼎的孔老夫子。

鄭莊公回國開慶功宴，自己用妙計一國幹了三國，還併了戴國，有點得意忘形。「我戰則必勝，和古代的方伯相比如何啊？」方伯可以簡單地理解為諸侯的老大。

大臣們自然都說莊公好。也算不上阿諛奉承，畢竟大家開心。

這時候潁考叔站出來說：「您比方伯差遠了。這回大王傳檄四方，來者只有齊魯，蔡衛反倒幫了宋，郕許連理都沒理。這還算方伯嗎？」

莊公收斂笑容，認真地說：「你小子就是老實。放心，看著吧，霸業未成，我心裡有數。」

是的，鄭莊公霸業的高潮馬上就到了。

可惜，潁考叔沒福氣感受到。

高潮之前的戲——伐許

鄭莊公本來就是個眼裡揉不進沙子的人，蔡衛幫宋、郕許不來的現實，是他萬萬也不會接受的。現在蔡衛幫宋，軍隊被一舉殲滅，算是自投羅網。郕許該如何教訓？

潁考叔建議：「郕近齊，許近鄭。我們可以再和齊國一起出兵，先打郕，打下歸齊；齊自然願意幫我們打許，打下歸鄭。」

於是莊公派公子呂聯齊攻郕。兩軍開到郕國，郕國就開門投降了。

可惜的是，莊公接到郕國已破的捷報之後還沒開心多久，就收到了得力幹將公子呂的死訊。公子呂是在歸國途中不幸染病，未幾即逝。莊公大哭一場，命人厚葬之，還將其子公子元升為大夫，就列朝堂。

公子呂當時位列正卿，就是鄭國的老二。現在大位空缺，選誰合適？

祭足？

祭足為人圓滑，小聰明有點，但不堪大用。

潁考叔？

雖然素有孝名，但德才無法兼備。

公孫閼？

人長的是比較帥，武功上乘，但是腦子不好使。

高渠彌？

有謀有武，做事拚命，有時還夠狠，比較對莊公胃口。

那就高渠彌做正卿吧。且慢，世子忽不同意。他覺得高渠彌這個人做人太貪，做事太狠，要是管不住會出亂子。於是莊公也只好作罷，畢竟百年之後是世子忽做鄭國老大，他覺得不好就不用，免得日後真出什麼亂子。

要怪就怪那時候的房子隔音措施不好。所謂「隔牆有耳」，世子忽的這個勸阻最後傳到了高渠彌的耳朵裡，估計還是八卦版。於是他和世子忽之間就有了隔閡。最後這種隔閡引發了一場血案。

先說莊公不用高渠彌做正卿，又實在捨不得他。於是讓祭足為正卿，高渠彌為副卿。公子呂的亡故造成的權力真空就算解決了。可以發兵打許國了！

既然是同盟活動，還得和齊僖公見個面，討論討論、研究研究。而且不止齊國，魯國也來湊熱鬧。自然不必多說，還不是公子翬又拿人錢了唄。鄭、齊、魯三國訂立完發兵時間，就各自回家準備去了。

鄭國這邊開了個誓師大會。大會上展出了一面軍旗，名曰「蝥弧」，上書「奉天討罪」四個大字。這面旗其實在假託王命伐宋的時候就用過，但這回把旗幟加寬為一丈二，旗桿加高為三丈三。開篇解釋過古代尺寸的表述不一，這裡就權且按普通男同志的「丈夫」之說來簡單類比，那就是旗幟長約一人，旗桿高約三人。

鄭莊公說：「哪個能舉起如此大旗，步履如常，我就拜他做先鋒！再送車一輛。」

大夫瑕叔盈往前一步：「這有何難！」

立馬舉起旗桿，往前走兩步，再走兩步。拐了，拐了，接著走。大旗不落，大氣不喘，眾人喝采。瑕叔盈非常滿意，自以為先鋒和香車非他莫屬了。跳上車，大叫：「司機呢？我的司機在哪裡？快給我開車！」

這時，又有一人邁步上前，高聲喊道：「且慢！舉旗邁步算什麼能耐，我還能舞旗！」只見那人一把抓住旗桿，左翻右翻，旌旗或舒或捲，舞得大風起，雲飛揚。

鄭莊公定睛一看，此人乃是潁考叔。大聲誇道：「虎將！虎將！先鋒就是潁考叔。送車！」

瑕叔盈只好讓賢。誰知潁考叔剛上車，校場上同事公孫閼高聲喊道：「不光你潁考叔，我也能舞，把車留下！」

潁考叔一看有了對手，也沒管司機，自己開著車就跑了。

潁考叔開車跑，公孫閼抬腳追。駕著「寶馬」的車子一路「奔馳」，普通「大眾」自然是追不上的。

公孫閼心裡很不爽，一個表現的機會都沒給，還讓我吃著塵土追了好長一段，丟大臉了。公孫閼命屬鄭國宗族，生來就是鄭國上流社會的人，潁考叔是個從地方提拔上來的幹部。兩人從來就是誰也不服誰。公孫閼嫌潁考叔出身不好，潁考叔嫌公孫閼除了出身好，沒別的本事。

鄭莊公勸道：「二虎不要相爭，我各有用處。」

於是先鋒和車子都歸了潁考叔。

所以說，考駕照很重要。

到了鄭齊魯約定的伐許之日，三國按時率兵來圍許國。這個許國只是個男爵國。之前說過「公侯伯子男」的爵位順序，許國的層級是最低的。可是許國時任老大許莊公是有道之君，素得民心，所以奈何民心所向，小小許國卻也急攻不下。直到第三天，舉著蝥弧大旗的潁考叔看著許國的圍牆低，奇思妙想地來了個撐桿跳，果然一躍就上了許國城上。

潁考叔立功了！

可是，城下的公孫閼一看潁考叔又做了先鋒、又拿了頭功，新仇舊恨，腦子瞬間一熱，氣血上湧——

彎弓。

搭箭。

瞄準。

射！

箭矢直插潁考叔後心，連人帶旗從城頭上翻下，登時氣絕而亡。

可憐大孝子兼伐許大先鋒潁考叔，最後竟死在自己同事手裡。

當是時，眾人還以為先鋒是被許國守軍所殺，瑕叔盈大呼：「為潁考叔同志報仇！為了新鄭國，衝啊！」自己也學潁考叔的撐桿跳，一躍上牆。眾人只見城上蝥弧大旗招展，知道鄭軍已經攻上城樓，於是信心飽滿，勇氣百倍，以一當十，一鼓作氣攻下許國。

三國入城。

鄭莊公一心想要許國土地，可是畢竟三國合力、取之不易，也不好意思明說，於是假意讓給了齊，齊又推給了魯。鄭莊公就等魯國推還給鄭，這樣就可以說句：「真是受之有愧啊，那我就恭敬不如從命了。」誰知，這時候冒出一個許國大夫，引著一個小孩子，哭著喊著要見三國國君。一問才知道這個小孩就是許國老大的小弟弟新臣。許國大夫冒死諫言，希望能留下許國的祠堂，讓新臣延續許國血脈。

鄭莊公一聽，想到了自己的弟弟叔段。

無數思緒，才下眉頭，卻上心頭。

最後鄭莊公和齊魯合計了一下，決定把許國一分為二，一半歸新臣，一半由鄭國代為管理。當然，這種國土給第三方託管實際上就是吞併了。

不過事情畢竟沒有做絕，鄭莊公也就有了仁義的虛名。

鄭莊公伐許回國之後，把女媧娘娘造出來的六畜殺了當祭祀品，給烈士潁考叔招魂治喪。還自以為是地辦了件傻事。

潁考叔有一個妹妹，鄭莊公原本擔心兄長死後，小妹無依無靠，就把潁考叔的妹妹下旨嫁給了一個貴族帥哥。這個帥哥就是殺人者公孫閼。公孫閼字子都，時人感慨他是男子中的第一美色。後來有人評價他的男色時，也不禁感嘆道：「不知子都之姣者，無目者也。」說這話的是亞聖孟子。

理論上講，公孫閼的一時衝動並不代表他是個壞人。這個就像狗急了會跳牆，兔子急了會咬人，平時唯唯諾諾的人被逼急了也會瘋狂到舉刀殺人一樣。

衝動是魔鬼。

公孫閼終於後悔了。

可是，貴族不一定真高貴，帥哥不一定是真男人。他沒有勇氣承認自己才是罪魁禍首。他在自責自悔之中，還是如約參加了考叔的追悼會，步入了考叔妹妹的洞房。

進入洞房，潁妹坐在床頭。

公孫閼舉杯獨飲，鬱鬱寡歡。做還是不做，這是個問題。

公孫閼半醉中，端起潁妹的手。

涼涼的。

「攤開妳的掌心，讓我看看妳，玄之又玄的祕密。」

誰知，掌心中竟然攥著一枚箭鏃。

對，就是那個奪命的箭鏃。

公孫閼崩潰了。他終於趁著酒力說出了真相。

穎妹自殺了。

公孫閼自殺了。

次日，兩具屍體擺放在鄭莊公的面前。莊公仰頭掩面。如此這般，如何是好，禍不單行，嗚呼哀哉。公子呂走了，穎考叔走了，公孫閼也走了。環顧四周，只剩祭足、高渠彌。欽定接班人世子忽喜歡祭足，討厭高渠彌。但祭足沒有大才，高渠彌又城府太深，鄭國的未來會如何？

掩埋好同志的屍體，擦乾身上的血跡，繼續戰鬥吧。

不久，魯國和宋國又弒君篡位了。

為什麼要說「又」呢？

東周就是一鍋粥，實在煮得越來越爛了。

「上下」的剪影

日本人把他們的戰國年代稱為「下克上」的年代，中國的春秋戰國又何嘗不是呢？

先說魯國的弒君篡位—老大魯隱公被公子翬給幹了。本來魯國的大事小事、朝事房事都歸公子翬管。魯隱公貌似都不是主角。不過他的死還是要交代一下。畢竟孔老夫子的《春秋》是從這位同志說起的。

魯隱公其實不是真正的魯國老大，他是一個攝政王。

為什麼要攝政呢？因為他是庶出，按照當時的繼承法——「立嫡不立庶」，隱公跟後娘養的一樣沒地位、沒後臺、沒啥區別。名不正言不順，隱公想了個辦法，他一直謙稱自己不是真的股票，只是一個認股權證，權證到期還是要行權的。他大張旗鼓地把一個屬於嫡系的弟弟設為太子，並強調自己不會貪戀老大的位子，最後還是要還給嫡系血親。

不過事實證明這個權證有效期超過了十一年。

所謂「一朝天子一朝臣」，公子翬在魯隱公這裡敢於放肆，但要是換個老大坐堂，那就前途叵測了。擔心之中，有一天，他跑去找魯隱公，說，「不如我把太子殺了吧。從今往後，沒了嫡系，你這支血脈就成嫡系了。」

建議其實不錯。可惜魯隱公一直都覺得公子翬做人不厚道，做事不穩當，擔心其中有詐，就用官話回絕說：「我還想馬上讓位給太子呢！」

公子翬吐血而歸，回家越想越發涼。要是以後太子真的即位，而且又知道我說過要殺他，那我的好日子不就要去陰間過了？

俗話說，小人不好惹。

公子翬竟然又跑到太子那裡提議把魯隱公殺了。太子這支正股橫盤整理了十一年，久盤必跌，不如一搏，讓敢死隊好好炒作一把吧。最終，權證哥哥經歷「股災」後成為廢紙一張，正股弟弟殺兄即位，史稱魯桓公。

公子翬被提拔重用。

魯國新政府成立的消息傳到鄭國，莊公猶豫要不要承認。

祭足提議：「還是承認的好。畢竟公子翬本來就是一條狗，誰給吃的就跟誰。咱們不承認也會有別人承認的。」

鄭莊公這邊剛簽署承認魯國新政府的公報，宋國也傳來老大被殺的消息。

原來孔父嘉出兵大敗之後，國內民怨沸騰。正巧一個色迷迷的大臣華督看上了孔父嘉的老婆。於是他製造謠言、惑亂軍心、煽動民情，致使不明真相的人民群眾衝擊孔府，殺了孔父嘉。華督則趁機搶走了孔妻。

孔妻烈女忠貞，在失身前自殺，跟著老公奔了黃泉。

當然，時至今日，有些專家們應該對此不以為然。有不少專家還在叫囂：「女人被強姦的時候該順從以便苟活，應該隨身帶一個保險套，以便讓施暴者能帶套尋歡。」後現代的專家們也許以為暴力的強姦、輪姦跟情人間一夜多次的耕耘一樣吧。

且說孔父嘉夫婦膝下只有一子，被家臣救出，逃到了魯國。唯此一點血脈，終於造就了千古聖人孔老夫子。

宋國孔門被滅之後，華督又開始嚇唬大家：「司馬孔父嘉被我們殺了，老大怎麼會饒過我們呢？大家說怎麼辦？」

殺紅眼的人們大呼，「那就把老大也殺了。」得了，大家一齊活！於是，老大宋殤公也被殺了。

前次公子馮大難不死，還真有後福。宋殤公一死，華督就派人來接公子馮回國即位。臨行前，公子馮和鄭莊公戀戀不捨，揮手告別。不過公子馮一轉臉就開罵了：「寤生，等著瞧。你讓我為了鄭國做炮灰，我絕不會饒了鄭國。」

這時的鄭莊公哪裡顧得上去揣摩公子馮的心理。魯宋之禍只不過是那個時代的剪影。看到別人的老大換班就像切菜般方便，他不禁深思起來：「鄭國會怎麼樣？」

鄭莊公相信自己的能力，也相信群臣的忠心，但是百年之後世子忽能鎮得住大家嗎？

正巧齊國求救，北方狄戎入侵。

莊公心想，好吧，就給世子忽一個立威的機會。

不久，世子忽跨馬揚鞭，接警而去。

詐敗與真敗

這次出征，世子忽為大將，高渠彌為副將，祝聃為先鋒。

鄭莊公的此番安排是富有深意、期望甚高的。要是能在自己有生之年，增強自己的兒子忽和自己的得力幹將高渠彌的合作意識和相互信賴，那對鄭國的將來是深有裨益的。可惜的是，這種安排非但沒有增進了解，反而加大了隔閡。

且說世子忽率軍和齊僖公的齊軍會師於歷下，就是現在的濟南市歷下區。齊僖公一看是世子忽來救，不由地高興。早在鄭齊石門會盟時，齊僖公就想把女兒嫁給他。雖然當時被拒絕，卻一直不甘心。

齊僖公問世子忽退敵之策。世子忽回答：「可以先詐敗，將敵軍引到埋伏處，打他個措手不及！」

這種戰法在《三國》裡頭比比皆是，但在當時就像九〇年代初的喇叭褲一樣，還十分時髦。原來鄭國就是計畫用這個方法擊敗來攻的衛國，只是不巧，石厚只是要口飯吃，這才計畫趕不上變化，最終沒能實施。世子忽把這個舊辦法告訴齊僖公的時候，僖公如獲至寶，畢竟他是第一次聽說，新鮮哪！

心動不如行動。

齊僖公派人去敵軍前叫陣，罵他祖宗十八代，不怕他不出來。沒打幾個回合，轉頭就跑。看，假面超人胸口的信號燈變紅了，趕快跑吧！

這回的狄兵可不知道見好就收，不光要口飯，還要有衣服穿、有女人玩。可惜，他們沒有接受過日本特攝片的熏陶，不知道就算信號變紅了，結局也是假面超人贏。於是使勁全力追，反正現在肚子越餓，待會可以吃得越多。領頭的大良、小良二將高呼：「兄弟們，跟我衝啊。吃自助餐啦！」

話音剛落，已然進入埋伏圈。高渠彌領兵殺出，狄兵驚慌失措，被打得措手不及。大良、小良不敢戀戰，且戰且退。小良回頭看了一眼，直罵：「好好的自助餐就這麼沒了，早知道剛才不跑那麼快了。」沒料到祝聃就在後面緊追著，大叫一聲：「大爺這兒有吃的，吃我一箭！」

一箭，爆頭，小良死！

祝聃果然是個好射手！以後還有表現機會。

大良比小良有能耐，一看名字就知道。事實上他也確實比小良多活了幾個時辰，最後被世子忽追上，一刀砍了。

齊僖公一看鄭莊公派去的三個人一個都沒浪費，大喜。慶功宴上又談起想把女兒嫁給世子忽。都是舊船票了，又沒逃票攻略，如何能登上這趟客船呢？世子忽還是婉言謝絕。

齊僖公不依不饒，給高渠彌塞紅包，希望玉成此事。可是無論高渠彌怎麼說，世子忽就是不同意。齊僖公又派手下再次勸說，誰知把世子忽惹煩了，索性不辭而別跑回了鄭國。

齊僖公火了，「美女不愁嫁！」

高渠彌怒了，「給臉不要臉！」

回國之後，鄭莊公和祭足都聽聞此事。

莊公本來就是天不怕地不怕，看兒子拒絕了婚事，也只是淡淡地安慰說：「我兒可以自立功業，何患無賢妻。」

祭足私底下嘆氣道：「現在老大那麼多兒子中，公子突、公子儀、公子亹都蠢蠢欲動。要是世子忽能和齊國這樣的強國聯姻，多加分啊。」

高渠彌本來就和公子亹交厚，現在又在世子忽那裡碰了一鼻子灰，於是跟公子亹關係更加親近了。

現在的姬忽成功詐敗，將來他卻真的敗了。

事後想來，這次事件中世子忽的盲目自信，莊公的無動於衷，祭足的嘆息無奈，高渠彌的暗自較勁，實際上埋下了此後鄭國劇變的伏筆。

最高潮：打手VS老大

暫不說此後的劇變，這次總算是凱旋而歸，眾人皆喜。不過豬籠城寨好日子沒過幾天，漫天烏雲夾雜著斧頭幫就侵凌過來了。

當年鄭莊公聽了祭足的鬼主意假名伐宋，周桓王聽說自己的姓名權和肖像權被侵犯，自然怒不可遏，將莊公僅有的「左卿士」的榮譽稱號都給剝了。莊公賭氣，此後五年都沒去拜會老大。周天子終於拍案而起。

「老虎不發威，當我是病貓！傳檄四方！共討鄭國！」

身邊的大臣這回是勸不住了。

該來的終於還是來了。做為第一個諸侯霸王，打手鄭莊公和老大周桓王的矛盾是不可調和的。所謂樹大招風，周桓王對鄭莊公實在是忍無可忍。堂堂大周天子，想必振臂一呼，自然從者如雲！可惜的是，傳檄到了四方，來的只有陳、蔡、衛三國。

周桓王都快氣昏了：「人心散了，隊伍不好帶了。」

還是那句話，箭在弦上，不得不發。周桓王是活動發起人，說了要打就只能打了。

天子大軍開到的消息傳到了鄭國，國內戰和意見不一。

祭足提議謝罪言和，畢竟自從周室東遷，正版合約續訂之後，還沒有誰敢和天子大軍正面交鋒的。

高彌渠也提議避其鋒芒，堅壁清野，堅守不戰。過個十天半個月，到時候看情況再說。

鄭莊公骨子裡當然是主戰的。可是這回左右手都軟了，自己也就猶豫起來。

遙想當年，爺爺為天子而死，博得忠心為主的美名；當今天子的老爸在自己這裡做過人質之後哭了幾下就體力不支，翹辮子了；自己割過天子的麥子做皇室麥片吃，帶過天子的帽子狐假虎威地打來打去。天子姓姬，我也姓姬，本是同根生，相煎何太急？可是，就這麼出城請降，當著大家的面批評可以，做自我批評就太丟臉了。就在左右為難之際，一個大臣走出來提議：「以臣戰君，確實於理不合。但是打則打矣，宜速不宜遲。臣有一計，戰則必勝！」

「必勝？」鄭莊公回過神來，定睛一看，正是公子呂之子，大夫公子元。

公子元繼續說：「王師一分為三，陳國為左軍，蔡衛為右軍，天子率中軍。陳國先君與您有城下之盟、握手之交，只因如今政府更替，立足未穩，不得不聽從王命。所以陳國必不用命，左軍最弱，可以先破。右軍蔡衛雖與我世仇，但無一勝績，上場必恐鄭，若見陳軍潰敗，定然士氣大跌，連球都不會踢了，何況打仗？只剩天子老兒孤家寡人，必定不是我們的對手。」

真是初生牛犢不怕虎，不知天高地厚。不過公子元的主戰言論點醒了莊公，既然能必勝，還怕他作啥？於是感嘆道：「你老爸後繼有人啊！鄭國迎戰！」

座談會開到一半，探子來報：「王師已到繻葛。」

繻葛就在河南長葛的北邊，就是當年公子馮險些當了炮灰的地方。

如今長葛的特產是腐竹。雖說腐竹不等於腐爛的竹子，不過「繻葛之戰」的確把周天子的腐朽之氣散發於天下。眾目睽睽之下，暴露了東周王室那已然乾癟的權威。

有言在先，響應王師的只有陳、蔡、衛三國。

不知大家是否還記得衛國州吁的那句「陳蔡小國，呼之即來」，而且州吁還有宋魯相助。看來，現如今，正統天子的感召力連一個篡國的州吁都不如了。

本來周桓王還自以為是，以為王師一到，金字招牌，必定所向披靡。哪裡想到，鄭莊公竟然列隊布陣，紮營豎旗，準備開戰了。

周桓王看著鄭莊公的中軍帥旗自然受不了。從小的家庭教育一直告訴他，「率土之濱，莫非王臣」，沒想到現在臣子敢和天子扳手腕了！不過還是別生氣的好。要是周桓王知道鄭莊公開始的時候是想拿「蝥弧」做帥旗，豈不是要吐血而死。要知道，「蝥弧」上寫的是「奉天討罪」！

Oh, my God!

鄭莊公竟然想自己奉天討天子的罪過。及時雨宋江的「替天行道」大旗是逼上梁山之後才豎起來的，現在莊公也想造反了？更要命的是，莊公手下的大臣幾乎沒有反對的。要不是祭足極力勸阻，估計鄭莊公真要向正版的周天子「奉天討罪」一回了。

看來，周桓王這回是秀才遇到兵，有理說不清了。況且面對這般豺狼虎豹，泥菩薩過江，小命難保啊。

鄭軍的陣型非常新潮，是高渠彌提案的「魚麗之陣」。所謂「魚麗陣」就是以戰車為中心，疏散配備步兵的戰陣。形似魚鱗，故名「魚麗」。類似於「坦克加步兵」戰術，協同作戰。玩過《三國群英傳》的同學們應該知道，魚麗陣可以防「龍炮激射」，配上弓箭兵簡直是無敵陣容。同理，周天子這條真龍的怒氣在魚麗陣中無處發洩，最後還敗於弓箭。

鄭莊公按照公子元的建議，把鄭軍分為左中右三軍。大夫檀伯領右軍，先攻陳軍；大夫祭足領左軍，再攻蔡衛；自領中軍，帶著高渠彌、瑕叔盈、祝聃、原繁直攻周桓王。

本來兩軍已然短兵相接，要打就打吧。可是既然周天子這麼大的領導人親臨戰事現場，那還是有必要發表一下感慨、表明一下態度、布置一下任務的，最後大家鼓掌、散會，該幹什麼幹什麼。果然，周天子開始在兩軍陣前暢意抒懷了。

說著說著，天子軍隊這邊已經哈欠連連，睡意綿綿；鄭國軍隊那邊雖然沒人剝奪天子說話的權力，不過反正閒著也是閒著，那就磨磨刀、耍耍槍，做做熱身運動吧。從公雞打鳴一直說到了晌午時分，周桓王頓覺嗓子有點乾，肚子有點餓。終於，發言完畢了。

天子的軍隊開始熱烈鼓掌，衷心感謝發言結束。

鄭國的軍隊開始猛烈衝鋒，打完收工回家吃飯。

檀伯殺到陳軍陣前，本來就是來跑龍套的陳軍在睡夢中潰敗。

祭足殺到蔡衛陣前，蔡衛見陳軍已敗，果然恐懼瞬間壓倒仇恨，也跟著跑了。

總之，左右兩軍，三下五除二，沒解決的都跑了，沒跑的都解決了。

然後，檀伯與祭足各領軍馬與鄭莊公的中軍會合，三面夾攻周桓王。

那時候的天子軍中，打哈欠的、打呼嚕的、流口水的、說夢話的都被鼓掌聲、驚呼聲、馬蹄聲、慘叫聲、罵娘聲驚醒。揉揉眼睛看看四周，原來的左右兩翼都換了旗幟，情人保護的臂膀變成了暴徒兇惡的雙臂。

大勢已去，逃還是不逃，這已經不是一個問題了。

天子孤軍被鄭國的三路大軍一頓絞殺，旗倒兵散、車毀人亡。周桓王還算英勇，沒有帶頭跑，反而領親兵斷後。當然，就此也可以看出天子中軍實在沒用。所謂「養兵一時，用兵一日」，最後竟讓天子斷後，著實可笑。

可笑之後往往是可悲。天子華蓋，規制自然和旁人不同。即使亂軍叢中，也是一眼就可以分辨得清。所謂「萬綠叢中一點紅」，戰爭的時候，不少烈士就是死在這個顯眼的「紅」上。這次，特殊的天子行頭也讓周桓王真的明白了什麼叫「眾矢之的」。也許周桓王之所以敢親自斷後是自認為「老子天下第一」，沒人敢動他一根毫毛。

天真啊！

神箭手祝聃已經彎弓射箭，一箭飆血，正中天子左肩。幸虧桓王身披鎧甲，外加左右保鏢護駕及時，這才沒丟了性命。

不過最需要感謝的還是自己。要不是他洋洋灑灑的大篇發言，會一箭爆頭的祝聃也不至於餓得血糖偏低，失了準心。

祝聃本想再射，卻忽然聽到鄭莊公急促鳴金，只好悻悻而回。

「祝聃射天子」似乎有點鬧大了。聚眾打架和持刀殺人的性質是不同的。刑不上大夫，何況是天子？即使倒行逆施的周幽王，最後也是借犬戎之手除掉的。那時候還沒有突發事件應急備案，鄭莊公一看祝聃有心取天子性命，急得趕緊鳴金收兵。事後祝聃也沒得獎賞，最終鬱悶而死。雖有厚葬，顯然只是出名，沒有發財。

事到如今，祭足諫言，還是去跟天子道個歉吧。

鄭莊公想，打都打了還勝了，射都射了還中了，砍你一刀再道個歉，那是我有素質。

於是，派祭足拿了點吃的用的，大包小包拎到天子軍中，見人就問：「同志們，辛苦了！」舊社會軍隊的士兵沒啥覺悟，回答道：「嘿，不就混口飯吃嘛！」

周桓王在精神上和身體上受到雙重折磨，實在心有不甘，只恨回天乏術，嘴上不依不饒地叫囂著「再發檄文，再討鄭國」。不過有個臺階下就將就著下吧，反正終他一生，再沒有起過兵，打過鄭。

從此，東周的歷史似乎和周天子沒關係了。在之後歷史上，趁著莊公小霸的東風，諸侯們一個霸主接一個霸主，你方唱罷我登場，好不熱鬧。

這個世界太混亂，亂世出英雄。這個第一個敢和天子對著幹的鄭莊公得勝回國，輝煌至極。

此番高潮十一年後，鄭莊公病逝，享年五十七歲。

只可惜，英雄駕鶴西去，只留一地雞毛。

4 一地雞毛，英雄駕鶴

祭足叛變

鄭莊公過世之後，總想凡事靠自己的世子忽即位，史稱鄭昭公。其實之前，有一次莊公病榻上跟正卿祭足交代身後事的時候，曾經感嘆道，自己有十一個兒子，其中姬忽、姬突、姬亹、姬儀都有貴相。特別是姬突，才智能力都在眾人之上。奈何祖宗規矩，立長不立幼，只能把姬突驅逐出境。

姬突只好逃到宋國，在宋莊公也就是昔日公子馮手下尋求政治庇護。原來是宋國的公子馮跑到鄭國避難，現在是鄭國的公子突跑到宋國避難。三十年河東，三十年河西。

事實證明，莊公的預言非常準確。有貴相的四個兒子竟然都戲劇般地當上了鄭國老大。只可惜，他只猜到了故事的開頭，沒猜到故事的結局。

透過現象看本質。更深層次的原因則是當年鄭桓公搬家時候感嘆的：「此地地勢平坦，四方交會，肯定是兵家必爭之地。後世子孫恐怕不得安寧。」當年鄭桓公還羨慕長江以南以及西方之地，可惜都已名花有主。百年之後，果然成為統一中華的兩支黑馬股，這是後話。

那時候的新君即位跟現在的國家新政府成立還有所不同。現在，雖然自己國家沒啥好討論的，但是在別國大選年的時候，就會開始關注選舉辯論和花邊新聞。等塵埃落定，該發賀電的發賀電，該承認新政府的承認新政府。那時，由於訊息傳播和習俗約定等原因，你不說，還真沒人那麼快知道。就像結婚了要發喜帖一樣，新君上臺也要派遣大臣出使各國，替新君送上見面禮，遞交祕書替國君寫的國書，希望繼續友好關係云云。

這回祭足被派到宋國。因為公子馮也算是鄭國扶立的，沒什麼歷史遺留問題。本想著發完通知，走完過場，去去就回。哪知這一去，竟然讓鄭國跌入萬劫不復的深淵。

王又曾逃到美國是因為美國和臺灣沒有引渡條約；公子突逃到宋國的原因簡單得多——回外公家。原來，公子突的老媽是宋國望族雍氏的女兒。雍氏一門在宋國有權有勢，一看外孫被欺負，心有不甘。外加眾人皆知「公子馮當炮灰」的故事，於是你一言我一語，遊說宋莊公扶立公子突歸國篡位。

一為報舊仇，二為扶傀儡，宋莊公終於心動了。正為如何企劃苦惱的時候，祭足來訪。宋莊公大喜：「姬突之歸，就在祭足身上。」

祭足大搖大擺地進了宋國朝堂，早已埋伏多時的宋國第一大將南宮長萬帶兵殺出。一不出示身分證件，二不提供逮捕證明，不容分說，直接把鄭國的正卿扔到宋國的牢中。祭足一時莫名其妙，心想，莫非是因為沒辦暫住證，所以才被暴力收容了？就在坐立不安的時候，害死孔子祖宗、逼死孔子祖宗婆婆的華督拿著好酒好肉進了牢房，說是來給祭足壓驚。

咱們打招呼問：「吃了嗎？」你要是真沒吃，他可不一定管飯。

沒辦法，咱們自古就是飢餓的民族。穿的不一定好，但吃的一定要講究。去韓國吃泡菜、烤肉；去日本吃壽司、生魚片、拉麵，你要是天天吃，總會膩味。中國菜系之多，菜品之全，吃香的喝辣的，應有盡有。今年流行吃胡椒蝦，明年流行吃烤雞翅，後年流行吃麻辣鍋。時髦多多，選擇多多。另外，為什麼吃飯也有一大堆理由。大學生為了上館子暴吃一頓，常常冠以堂堂寢聚、班聚、某友會、畢業歡送會之類的理由。即使萍水相逢，也權當「有朋自遠方來」，開個接風洗塵的飯局。在吃飯之餘，緩緩疲勞，講講故事，拉拉關係。

現在祭足吃的這個壓驚飯局就是希望透過消滅食物來發洩心中的鬱悶，透過吸收酒精麻痺緊張的神經。酒過三巡，菜過五味，心情放鬆得差不多了，可以開始談正事了。

祭足問：「何事？」

華督答：「搞掉姬忽，另立姬突。」

祭足問：「何故？」

華督答：「姬忽柔弱，不堪大用，不如姬突。況且姬突與宋國交厚，事成之後，宋鄭可以睦鄰友好。」

祭足問：「萬萬不可！」

華督答：「如果你不幫忙，我就讓南宮長萬發兵伐鄭，武力征服，建立姬突新政府。」

祭足義正詞嚴地說：「你這是暴力干涉我國內政，我代表鄭國政府表示強烈抗議！」

華督不理，繼續威脅：「嘴上抗議頂個鳥用！我就干涉了，怎麼著？我又不是沒殺過老大！出兵之日，取你的項上人頭祭旗出征！」

祭足嚇一大跳，長嘆一口氣，心想，自己不過一個打工的，誰當老闆不都一樣嗎？現在牛市變熊市，別最後炒股炒成了股東。於是他簽字畫押，答應共謀大事。

祭足被華督領到了宋莊公面前，只見公子突和雍氏之子雍糾就在身旁。都是一條賊船上的人了，那就實話實說吧。宋莊公問姬突：「小兄弟，你怎麼謝我？」

公子突感激涕零：「願割三城，以為謝禮，如何？」

宋莊公假意推脫：「那怎麼好意思呢？」

公子突再拜：「如果事成，何止三城。您就是我的再生父母，以後就跟您混了！」

宋莊公哈哈大笑，轉問祭足：「真的肯幫忙嗎？」

祭足唯唯諾諾：「赴湯蹈火，在所不辭！」心說：留著青山在，還怕沒柴燒嗎？

宋莊公奸笑：「事成之後，姬突做鄭老大，你做老二，雍糾也去鄭國上班。另外我知道你有一個女兒，嫁給雍糾如何？」

祭足心裡直罵：「他娘的，讓我做了亂臣，還要我女兒失身。」可臉上只能陪笑，嘴上只能答應。

不過，真所謂不入虎穴焉得虎子。事後證明，要沒這個女兒，祭足真要人頭落地了。

高渠彌引發的骨牌效應

姬突和雍糾簡單地「捯飭」了一下，就跟著祭足回到了鄭國，暫住在祭府。

所謂的「捯飭」也就是換身衣服，換雙鞋子，換個帽子，摘掉配飾。那時候誰都不認識誰，貴人和賤民的區別就在於多了端正的衣冠、上等的佩玉之類。另外貴人常常沐浴更衣，香薰推油，就算穿上素服，照樣白淨淨、香噴噴，很容易被人看出有貴相。所以大體需要從地上抓一把泥抹臉上，遂成為影視劇人物的常見動作。而普通人就算你突然穿好的戴好的，不常洗澡總有臭味。

所謂「這身衣服不合你的味道」，大體最早指著就是這個。所以，名人穿假貨也像真的；普通人穿真貨也像假的。都是辛苦的血汗錢，合適就好，何必亂花，貌似有「品味」呢？

總體來講，古代微服私訪的操作難度不大。要是換了現在，總統再怎麼喬裝打扮估計都沒戲，些許無奈之下，也「只好」前呼後擁、特務保鑣、專人打傘、交通管制、警車開道了。

祭足回國之後，詐稱生病，也不銷假，也不上朝。正卿是群臣之首，主管生病了，哪個下屬不想趁機借探視之名，求增進感情之實呢？於是，都不約而同地趕到了祭府。

祭足早已安排甲兵埋伏在府中，就等群臣入府探視。看到大家送錢比領錢還勤快，不甚感慨。不過正事不能忘，沒寒暄幾句就直入主題：

「其實不是我有病，是國家有病啊。當初先主病危時跟我說過，公子突才智過人，奈何立長不立幼，才把公子突趕出了鄭國。現在宋國想要發兵幫公子突奪位。舊主剛逝，新主未穩，國事不寧，竟遇大兵，國運危矣！」

群臣默認不語。

祭足看大家沒反應，也沒辦法，只好掀出底牌，威逼利誘：「現在只有換公子突做老大，咱們才能避免災禍！公子突現在就在我府中，大家趕緊表態！這可是原始股！散戶有幾個人能買得到？」

群臣還是不說話。大家都明白，砸新股也要看行情。都熊市了，你非說牛市，誰信啊！再說又不是玩當沖，事情成不成不能立竿見影。入市有風險，股災教導我們：股票不是誰都能炒的！

沉默是一種力量。因為你不說話，沒人知道你想什麼。

祭足不禁倒吸一口涼氣。

突然一個洪亮的聲音打破寂靜，「我願扶公子突即位！」眾人一看，乃是副卿高渠彌。群臣發現二把手和三把手都發話了，意見還出奇地一致。莫非私下早就串通好了？那還有什麼好說的。法不責眾，帶頭大哥都有了，那就上吧！

於是，姬突在群臣幫助下做了鄭國的一把手，史稱鄭厲公。鄭昭公不敢賴著，自動逃到了衛國。

諡號中帶「厲」字可不是什麼好評價。簡單的類比就是和「周厲王」差不多無道。其實篡位本身也沒什麼，自古謀朝篡位的比比皆是。誰說篡位的就不是好主管？最牛的皇帝唐太宗不就是最好的證明嗎？

管你天上假神仙你爭我奪、鬥來鬥去，地上老百姓生活美滿、家庭幸福、餐餐吃肉、頓頓喝湯才是真的。

不過這個「厲」字也不冤枉。因為姬突這一篡位開啟了鄭國的動盪之門。

一次要賴引發的戰爭

如今宋莊公真的幫鄭厲公做了老大，該輪到鄭厲公兌現承諾了。常言道：「大恩不言謝。」這只是謙虛。該謝的總還是要謝的。不過我們的姬突同志事到臨頭，卻真捨不得給謝禮了。他轉過頭去問祭足：「不給行嗎？」

祭足又開始出鬼主意：「有什麼不可以？那時候是求人不得已，現在剛做老大就割地求榮，豈不太丟臉了？」

宋莊公知道後，大怒：「你不給，我就不要了嗎？」於是反覆派人去鄭國要錢要地。鄭厲公被催得都無奈了，只好再問祭足。

祭足繼續出鬼主意：「得了，給點糧食先。」

宋莊公收貨後，暴怒：「他娘的，光給白米飯？現在豬肉漲價，怎麼不送點來？讓祭足來跟我解釋！」

鄭厲公崩潰了，看了祭足一眼：「要不然你去一趟？」

祭足剛出鬼門關，哪敢再踏進去？只好再出主意：「先君在時，常和齊魯共事，我看不妨讓他們斡旋一下吧。」

鄭厲公沒辦法，只得派人出使齊魯，希望兩國能出面調解。

使者到了魯國面見魯桓公。當年魯桓公政變上臺，鄭莊公在祭足的建議下，大方地承認了新政權的合法性，現在也到了報答的時候，於是欣然答應去宋國找宋莊公聊聊。

使者又到齊國。哪知齊僖公至今還對公子忽念念不忘，聽說厲公趕走了昭公，惡狠狠地說：「限你三秒內消失，不然我兵發鄭國，扶姬忽復位。」使者悻悻而回。

總歸還算得到魯國的幫忙，知足了吧。哪知宋莊公根本不給魯桓公面子。魯桓公看著鄭厲公期盼的眼神，不得不「三顧宋國」。誰說劉備「三顧茅廬」只去了三次？跟周公「一飯三吐哺」一樣，「三」是多的意思。不過「三隻小豬」是真的只有三隻。

魯桓公看著宋莊公，越看越不上道，實在忍無可忍，跑回鄭厲公跟前，拉著他的手，看著他的眼睛，激動地說：「我說不過他，咱們打吧！」

鄭厲公心想，難得有人替自己出頭，連連答應。

等鄭魯兩國舉兵伐宋的時候，宋莊公才意識到問題的嚴重性。宋莊公本來就是過來人，當年被圍在長葛，親眼目睹了戰爭的殘酷。本來扶姬突登基，左手賺人情，右手拿實惠。哪知偷雞不成蝕把米。

如今兵臨城下，是戰是和？當然又是主戰一派，主和一派。主戰的就是黑帶高手南宮長萬。關鍵的是，擁立宋莊公繼位的華督同志也舉手支持南宮長萬。終於，宋莊公下定決心打一仗。

這回交兵，魯國代表隊的選手有公子溺、大將秦子和梁子；鄭國代表隊有大將原繁和檀伯。宋國除了宋莊公和華督之外，還派出種子選手南宮長萬和他的兒子南宮牛，外加最佳拍檔大將猛獲。

三軍兩邊列隊完畢。

南宮長萬遙指「萬綠叢中兩點紅」，告訴猛獲那就是魯桓公和鄭厲公。「現在不立功，更待何時？」

猛獲手握混鐵點鋼矛，只帶所部兵馬，衝入鄭魯軍陣，一意直取上將首級。公子溺和原繁揮軍迎戰。猛獲果然勇猛，一人戰兩人，全無懼色。梁子、秦子和檀伯看到猛獲越戰越勇，於是三人驅車同上，一下子變成了五挑一。要說「三英戰呂布」，勉勉強強，如今五對一，與群毆無異。猛獲果然力不能支，又被梁子一箭射中右臂，鋼矛墜地，束手就擒。

鄭魯雖然贏得不光彩，畢竟實惠；宋國雖然輸得很壯烈，畢竟吃虧。

南宮長萬哪裡肯罷休，和兒子合計一下，不能力敵只能智取。起碼要把猛獲救回來。那時候，「詐敗」的軍師技已經普及。南宮牛依計上陣搦戰，詐敗而回。果然引得原繁的偏將中計被俘。最後兩軍同意交質，鄭將回鄭，猛獲回宋。可惜，這個鄭將是個小配角，沒打上字幕，也就沒能史上留名。

兩軍交質後暫且罷兵。宋國趕緊找外援。聽說齊僖公對鄭厲公頗有意見，於是派使者星夜趕往齊國。

哪知齊僖公威脅姬突只是打打嘴砲。齊國還有更重要的事要幹，那就是滅紀國！

5 別忘了還有個小霸——齊僖公

前奏：聯軍VS聯軍

周室勢微，鄭起亂象，一灘渾水，正是摸魚的好時候。

鄭莊公小霸淡出觀眾視野之後，歷史給齊僖公小霸留了個備受關注的出場機會。

齊紀之仇可以追溯到先前提到的「周夷王烹殺齊哀公」事件。

幕後主使就是紀國。

紀國故地在如今的山東壽光一帶。周夷王在位時，紀國分舵和齊國分舵的舵主總鬧不愉快，後來，紀舵主跑到周總舵主跟前打起了小報告，一下子把「兩個小弟互看不順眼」上升為「有個小弟想幹掉大哥」。周總舵主一怒之下把齊舵主判處死刑，褫奪公權終身，直接扔到鍋裡煮了。

悲哀啊！齊哀公也因此得名。

從此齊紀結下世仇，傳到齊僖公時已經是第八代。

時間可以淡忘一切，即使是一九三七年的南京浩劫，如今又有多少細節讓人記憶在心呢？其實，已隔八世的仇恨是假，滅紀擴張才是真。但是，無論真真假假，落後就要挨打，爭辯無用。

宋莊公求齊僖公幫忙，齊僖公的滅紀大業籌劃已久，可不想浪費時間在鄭國身上，就給宋國提出一個條件：「如果你助我滅紀，我就助你伐鄭。」有付出才有回報，宋莊公只能答應。鬱悶的是，現在自身難保，怎麼有機會幫齊國呢？

所謂傻人有傻福，宋國求齊，已經誤打誤撞地直中對手的要害。

實際上，魯國、紀國兩家主人早都明白只有聯合抗齊才有活路。齊僖公得知魯國出動大軍伐宋，自然無暇顧及紀國，於是馬上招呼燕衛兩國，起兵伐紀。

趕早不如趕巧，宋國這一來，正好派上用場。

紀國被攻，慌忙派人跑到魯桓公駕前求援。魯桓公大驚，匆匆辭別鄭厲公移兵救紀。鄭厲公一心結交魯國，於是趕上前去，決意與魯國同行。

當時鄭魯不知齊宋有約，怎料這一走，宋莊公頓悟，原來幫忙做一回好事的確不難，於是馬上派兵尾隨而去。

等鄭魯到了紀國戰場，發現紀國是一個人在反抗，而齊國不是一個人在進攻。

齊國左右已有燕國和衛國兩個幫手。

插曲：齊國的幫手們

幫齊國滅紀的燕衛兩國，出手相助的原因各有不同。

燕國的「燕」讀音是ㄧㄢ，地理位置大體可以理解為現在的北京。

如此一來，燕人張飛跟著大哥劉備東打打，西鬧鬧，也算是一個北京人的奮鬥史。

那時候的北京屬於不毛之地、苦寒之所，實在太苦，所以沒什麼人忍痛去北漂，進京指標、留京指標、北京戶口之類也就沒什麼炒頭。何況天天和狄戎打來打去，朝不保夕，只得靠別國幫助。

不過注意：此燕國非彼燕國。現在要出場的是河南的燕國，亦稱「南燕」，祖上是黃帝的後裔伯修。不過這個南燕與北燕一樣，都是「吃人家的嘴短，拿人家的手短」，現如今齊國勢大，齊僖公讓燕幫忙攻紀，南燕國只得發兵來會。

再說之前也多次提到的衛國。當年周武王「兄弟連」中的一個小弟弟被分配到商朝舊地工作，成立衛國，主要任務就是定都朝歌（河南省鶴壁市淇縣），管理商朝遺民。取名「衛」，大概有穩定商民、拱衛周室的意思。果不其然，養兵千日，用兵一時。犬戎殺幽王占鎬京，當時年已八旬的衛武公起兵扶助周平王登基續位，還與鄭莊公的老爸鄭武公一起「雙武為卿」，同理朝政。衛國也趁著新時代的春風著實興旺了一把。可惜好景不長，州吁之亂，衛國傷筋動骨。大義滅親的老臣石碏殺州吁立公子晉即位，是為衛宣公。

衛宣公是個真實的男人，極其好色。他沒當老大的時候，就和老爸的妃子夷姜私通。一夜情最好的狀況是次日起床重歸陌生，以後互不相欠；最壞的狀況是不久後發現一發中獎，只能奉子成婚。

衛宣公就遇到了最壞的情況。結婚是不可能的，兒子生下來之後也只能寄養在民間。不該來投胎的偏要急急忙忙地出世，實在要急死老子了，於是取名「急子」。

事實證明，人只要血統好、背景硬，就算一無是處也沒關係。老爸死後，衛宣公的親哥公子完即位，就是那個聽信了鄭莊公的弟弟叔段的兒子公孫滑的讒言，貿然與鄭莊公交手的衛桓公。可惜「完」這個名字取得不好，沒多久被州吁弒殺，果真玩完。後來石碏殺州吁，衛宣公雖然沒有尺寸之功，但還是免費享受了做老大的待遇。夷姜也熬出了頭，從地下走到地上，和衛宣公往來肆無忌憚，可比夫婦。急子被接到宮中，說要立為太子，還安排了公子職代為管教，同時派人到齊國給急子提親。

齊僖公總想把小女兒也就是文姜留給鄭莊公的世子忽，於是就把大女兒送給衛國急子。時人皆知，齊僖公的兩個女兒都是絕色美女，衛宣公後悔莫及，色心又起，於是支開急子，自己新造一間獨棟別墅，稱為「新臺」，把新娘接進來，做了自己的老婆，史稱宣姜。結果，急子沒著急，宣姜沒反抗，齊僖公也沒意見。

齊僖公心裡只想著婚姻政治，而且嫁未來不如嫁現在。宣姜想反抗也沒資格。女人不過是顆棋子。現實無情，無奈之下也只能無助而已。急子則想著忠君愛父，老爸喜歡就讓給老爸。眼見著老婆成了老媽，也只能跳著忠字舞，磕頭拜過。

自古英雄愛美女，狗熊亦如此。

話說，自從衛宣公有了宣姜，日日在新臺雲雨歡樂，國事不管不顧，倒生下了兩個兒子。一名壽，一名朔。

有新歡忘了舊愛，夷姜早被拋到腦後，連立急子為太子的承諾都不想兌現了。衛宣公把公子洩叫過來，安排他輔佐公子壽，希望有朝一日即位為君。於是公子職和公子洩都聽老闆的話，各為其主，明爭暗鬥起來。不過，急子和公子壽卻比較投緣，親如同胞兄弟。事實證明，這種兄弟情誼真不是裝的，是經歷了生死考驗的。

宣姜的二兒子公子朔看大哥對急子比對自己還要好，越看急子越不順眼。於是開始在老爸老媽面前說急子的壞話。

老爸宣公心想，畢竟搶了兒子的準老婆，兒子會不生氣？

老媽宣姜心想，說好了跟急子的，結果最後跟了宣公，急子會不恨我？再說，如果除掉急子，自己的兒子就能做太子了。

終於在公子朔左三圈右三圈的讒言惡語之下，兩人不得不信，急子是個禍害，不死不行。

衛宣公起初還下不了狠心，只是派人數落夷姜管教不嚴。夷姜失寵多日，一看宣公派人來見她，以為要重新寵幸，怎料結局如此，一肚子委屈。想來美人遲暮，只有輕生一途。夷姜死後，衛宣公頓生憐憫。可是公子朔和宣姜統一口徑扯謊，非說急子知道母親被逼死後口出狂言，大逆不道，反心畢露。衛宣公本來就想換掉急子，這次一不做二不休，對急子動了殺念。

正巧老丈人齊僖公發來邀請函，希望女婿衛宣公起兵，共討紀國。公子朔就和老爸共同謀劃著讓急子拿著白旄做信物出使齊國，討論出兵事宜。實際是以白旄為號，要在半路截殺急子。

白旄就是犛牛尾巴。大家都知道現在犛牛只生活在青藏雲貴等高原之地，即使在春秋年間，環境保護得再好也不至於有犛牛，所以犛牛尾巴非常稀缺，這就保證不至於殺錯人。其實，不該殺的錯殺了也不重要，重要的是怕該殺的沒殺著。

也巧，公子朔和老爸閉門謀劃的事情被公子壽知道了。不過公子壽不知道具體計畫，就去問老媽。老媽宣姜心想，壽和朔是一奶同胞，殺急子也是為了公子壽能當上太子，於是把計畫和盤托出。公子壽大驚，跑去勸說急子。沒想到急子只是平靜地回答：「做兒子的，就要聽老爸的話。不聽就是不孝！」

公子壽也是個大孝子，心說，既然必須有人要死，那我替你死吧。不然你死之後我做了太子，世人還會以為是我害了你。

到了出發的那天，公子壽設宴給急子送行。起初急子不想赴宴，畢竟是斷頭飯，吃著也沒什麼滋味。奈何公子壽情深意切，也實在不好推辭。吃著喝著，急子越發覺得苦悶。外加公子壽確實是個好兄弟，兩人便以淚洗面，交心而談。

此地一為別，孤魂萬里征。

急子覺得自己快醉了，於是起身對公子壽說：「好兄弟，大哥父命在身，只得先行一步。」公子壽舉杯道：「大哥再飲一杯，來生再會……」話說一半，萬千思緒又引得淚如雨下。數點淚珠滴進酒杯之中，「酒濁了，小弟重斟一杯。」

急子一把奪過酒杯：「兄弟情誼就在這酒杯之中。」一飲而盡，轉頭就想離席。哪知就差這一杯，正好滿量。

急子隨即醉臥昏睡，不省人事。

公子壽也不是特別能喝，只是有意灌醉急子，所以忙著勸酒，自己卻沒喝多少。

急子一醉，姬壽代死。

公子壽拿了白旄，領著使團就出發了。臨行前還給急子留下字條，上書「弟已代行，兄宜速避」。

中途埋伏的匪徒勘察了道路情況，測量了可通過的高度和寬度，計算好了急子到達的時間。果然，錦衣華蓋外加明顯的白旄，就是他了，於是魚躍而出。

公子壽明知匪徒索命而來，大聲說道：「我是衛侯長子！」意在尋死。

匪徒一刀砍下公子壽頭顱，裝在盒中。隨行的也死的死、逃的逃。本來馬上就可以回去覆命，怎奈小人物沒見過大場面，一見到滿地的好衣好玉好帽子，外加給齊國的國寶級禮物，一時間你爭我奪。

急子這邊沒多久也酒醒過來，一看字條，頓時傷感。心說，不能讓弟弟替死，必須速追，可千萬別錯殺了兄弟。於是策馬揚鞭，划船跑步，火速趕到事發地點。只見匪徒還在為分贓爭吵。急子一時也不知所以，於是扯謊道：「老大安排的事情，你們辦完了嗎？」

匪徒們這才想到拖了這麼久還沒交差呢，心說，老大一定是等不及了，這才派心腹前來詢問。於是就把事情經過交代一遍，取出「急子」的首級給急子過目。急子一看，寶貝弟弟果然已經遭人毒手，頓時淚如雨下。

匪徒驚訝，怎麼哭了呢？

急子哭訴：「要死的人是我。我才是真的急子。你們現在殺的是老爸的寶貝兒子公子壽。你們趕緊殺了我吧，才有機會免了你們的錯殺之罪！」

匪徒聞言，發現還有人如此關心自己，更加驚訝。不過事到如今，寧可錯殺，不得漏過。揮刀割下急子頭顱，成全了急子成仁取義的心願，連同姬壽的首級一起帶回。

匪徒不敢去見衛宣公，只得先到公子朔府上，交上兩顆人頭。公子朔一看，一箭雙鵰，正中下懷，大喜過望。但是公子壽畢竟是大哥，於是只好把情況如實彙報給老媽宣姜。老媽一聽大兒子姬壽也死了，不禁悲從中來，怎奈生米做成爛粥，不吃不行。

於是兩人努力想辦法，怎麼跟衛宣公彙報才好。

這邊公子職和公子洩已經打探到噩耗，知是公子朔所為。於是昔日的政敵宣布聯手，共同討論對策。商量妥當之後，兩人直入朝堂，放聲大哭。

衛宣公一者奇怪他們為什麼哭，二者奇怪他們為什麼一起哭，於是一再發問，可是兩人就是只哭不說。

你越不說，我就越想問，這就是「吊胃口」。

衛宣公發狠道：「今天不說清楚，不能走人！」

公子職和公子洩齊刷刷地抬起頭，眾口一詞地把急子和姬壽遇害之事挑明。衛宣公大驚，一者公子壽的死是在計畫之外，二者急子已死，公子朔竟然沒有跟他彙報！於是急招公子朔前來問話。公子朔哪敢實話實說，再三推托不知此事。衛宣公急了，下令徹查。

可惜的是，衛宣公這一急，竟然血壓驟然升高，一病不起。夷姜、急子、公子壽在閻王殿裡三缺一，沒多久就把衛宣公招了去。徹查之事自然不了了之，公子朔還順利即位做了新老大，史稱衛惠公。公子職和公子洩被雙雙免職，要不是擔心悠悠眾口，兩人小命也難保了。

如此一來，齊僖公變成了外公。衛惠公一者學州吁轉移國內矛盾，二者增強和齊國的關係，攬靠山長地位，共同出兵的邀請就更要去了。

變奏：包圍與反包圍

齊燕衛正在圍紀，鄭魯一來，眼看著包圍要變成反包圍了，齊燕衛趕緊分兵抵禦鄭魯。魯國自認禮儀之邦，外加齊國強大，戰之未必勝，所以動手前還是想先動動口。

魯桓公勸齊僖公：「紀國有什麼地方得罪您老人家了，我代他賠不是了。饒了他吧。」

齊僖公回覆：「紀國害得我祖宗被周王烹殺，有仇不能不報！你幫你的忙，我報我的仇，要打就打，不用廢話。」

大家不要驚訝，其實魯桓公還是齊僖公的女婿，細節後頭會說。現如今既然已經刀兵相見，也就六親不認了。

魯桓公一看老丈人不給自己面子，於是派公子溺出陣。

齊僖公不甘示弱，派兒子彭生出陣迎敵。彭生是個大力士，公子溺怎能抵擋。

魯將秦子、梁子又使出群毆戰術，趕上前去三個打一個。

鄭將原繁和檀伯一看那四個人打得正歡，不想湊這個熱鬧，擒賊先擒王，直接率鄭軍衝鋒攻打齊僖公。

彭生一看老大有危險，急忙回師。

魯桓公一看彭生想跑，下令衝鋒。

這邊齊燕衛三軍的領導核心齊國的軍隊，還在列隊等待大將彭生歸隊。眼看著鄭魯兩軍殺到，三國只得傾圍城之軍，倉促間接著廝殺。要命的是，紀國沒被打殘。三國圍軍一撤，紀國就趁機舉兵出城。自此變奏，包圍終於還是變成了反包圍。

鄭魯紀圍住齊燕衛，人擋殺人，車擋毀車。

燕衛兩國終因將寡兵又弱，先後敗下陣來。

齊國一打三，慢慢力不能支。雖然是主力軍，但見同盟潰敗，士氣漸弱，齊軍最終不得不撒腿開跑。

還好，鄭魯紀追擊正酣時，宋國突然殺到。紀國回城防守，以備不測。鄭魯只好回軍攻宋。宋國本想著幫齊國一把，哪知齊燕衛互相比賽誰跑得快。一轉眼又變成宋國對峙鄭魯。鬧了半天，只不過把之前宋國和鄭魯的城市攻防戰，變成了如今的野外對抗戰。鄭魯士氣正高，宋國立足未穩。鄭厲公和魯桓公大殺一場，宋軍大敗。當兵的心說，早知如此，何苦跑那麼老遠來挨打。

齊僖公謀劃了半輩子的滅紀大業毀於一旦，不禁身心俱疲，回國後不久鬱鬱而終。兒子姜諸兒即位，是為齊襄公。

臨死前僖公對諸兒發下狠話：「有紀無我，有我無紀，滅紀方為孝子，不滅紀不要來見我！」齊襄公謹遵父命，最終一舉滅紀，這是後話。

且說鄭厲公高高興興打仗去，平平安安回家來，可是好日子沒過多久，宋莊公來報仇了！

6 鄭國還沒亂完

終於輸了和終於贏了

宋莊公在家等了半天，望穿秋水之後，最後等到的竟然是殘兵敗將。他怒了：「丟臉丟家裡，別丟外頭。」

宋莊公打算報復。報復對象無非鄭國、魯國、紀國。不過想都不用想，兵鋒肯定直指鄭國。誰叫鄭莊公欠他人情、鄭厲公欠他回扣呢？可惜，宋國兵敗之後士氣不高，單憑自己的力量似乎不是鄭國對手，於是宋莊公想到了團結就是力量，那就拉人入夥吧。

齊國和宋國有約，宋幫齊打紀，齊就要幫宋打鄭。除了齊國之外，衛國也需要報仇雪恨。至於南燕，他得過且過，只說了句阿Q式的「君子報仇十年不晚」，息事寧人。

可是湊齊了宋齊衛三國也不過是湊齊了一堆失敗者而已，都是一幫垂頭喪氣的傢伙，軍隊士氣就像「隔夜的氣球」。看來還得找外援。宋莊公想到了衛國州吁的一句名言：「陳蔡小國，呼之即來。」果然，名言是放之四海皆準的道理。說了幾句好話，給了點小費，陳蔡就笑呵呵地來了。雖然也是失敗者，起碼人多可以壯膽。

無論是別有用心打鄭國的衛州吁，還是怒髮衝冠伐鄭國的周桓王，之前的歷史經驗證明：陳蔡幫忙，打架必輸。鄭國似乎也就被州吁搶了點糧食，此外真沒怎麼輸過。不過，所謂「敗也鄭國，成也鄭國」，這次陳蔡終於揚眉吐氣，打破鄭國不敗的神話，可以高聲大呼「陳蔡幫忙，打架也可以贏」了。不光如此，還惹起了鄭國新的大亂。

事情是這樣的。

鄭厲公的篡位屬於職場的「空降兵」性質，名不正言不順，言不順事不成。而祭足是公司的資深主管，有自己的人脈、權勢、威信。鄭厲公在沒有培植起自己的親信團隊之前，大小事務還得仰仗祭足這個老人出謀劃策，甚至得言聽計從。但是在這次的戰前討論會上卻意外地聽到了鄭厲公和祭足的激烈爭論。

鄭厲公得勝還朝之後，自信滿滿，估計和當年州吁搶到糧食回家做飯時候的心情相似。所以他覺得前途一片光明，應該主動出擊；祭足認為宋齊衛陳蔡五國來攻，實力不可小覷，道路是曲折的，暫時只能被動防守。至於談和倒是沒人想過。談和就要送錢給宋國，要能送，早送了。

且不論誰對誰錯，當聚光燈照向兩人的時候，你可以分明看到鄭厲公的憤怒和祭足的偏執。鄭厲公的憤怒源於長久的忍耐，如今已超過了憤怒。他是老大，拋開戰和不談，憑什麼老大非要聽老二的意見。

祭足的偏執源於長久的自信，如今貌似走火入魔，執著地堅持著自己的意見。雖然無數次被證明是錯誤的。當然，敢那麼執著也因為獨攬大權慣了，確實沒把鄭厲公放在眼裡。

鄭厲公忍無可忍，壯壯膽子，硬著頭皮說：「就按我說的辦！」語氣貌似堅決，但是說完之後，頓時惴惴不安，心虛不已。

哪知，祭足根本不聽他使喚。鄭厲公無奈，說了句：「我養著你們，你們看著辦。」扭頭走人。

祭足還是不買帳，並下令鄭國只守不戰。有敢擅自言戰者，殺！

可憐祭足，既不趁軍隊士氣正高，再接再厲；也不求援於友邦，壯大實力；也不學鄭莊公分析形勢，各個擊破；更可憐的是，最後祭足守城沒成功，輸得一敗塗地。

在貿易公司裡，業績證明一切，沒銷售業績那就只有走人了。古代「炒魷魚」真的是炒到死為止。

鄭國終於輸了，祭足也差點惹來殺身之禍。

五國見鄭國城門緊閉，一時無奈。鄭莊公在世時，鄭國好歹是個小霸之國，城高池深。鄭國不是許國，想撐竿跳，一躍上城幾乎沒可能。而且那時候還沒有發明雲梯，所以想攻打如此大城，不放點血是不行的。四國只是應邀而來，讓他們殺殺雜魚還可以，衝鋒攻城就不用考慮了。

宋莊公一時不知所措，所謂「賊不走空」，五國只得先把鄭國郊區掃蕩一遍，然後野炊的野炊，燒烤的燒烤，悠閒自在，反正吃掉的不是自己的東西，汙染的不是自家的環境。

鄭國的城管⑤一般也只會欺負本國人，一切沒收，有去無回，你敢反抗就是暴力抗法，對外國人卻不敢下手，免得國際紛爭，友邦驚詫。至於鄭國軍隊，一是祭足有令，二是恐有埋伏，所以也不敢出來。

就這樣，五國爽歪歪地聚餐了許多日子之後，齊衛陳蔡四國請辭回師。宋莊公有些鬱悶，光吃不練總有些不光彩。五國兵至，野餐一下就回家睡覺，也比州吁強不了多少。

四國問道：「鄭國堅守不出，如之奈何？」

宋莊公也迷茫，只有顧左右而言他。哪知環顧四周，只見炊煙裊裊，忽生一計：「可以火攻！」

友邦驚詫：「這你也懂？」

宋莊公微微一笑：「略懂。」

鄭國守軍只見城下五國再次排兵布陣，不敢怠慢，只等五國來攻。哪知五國先是弓兵隊向城上不計成本地射箭壓制，致使鄭軍無法有效還擊。等箭雨稍息之後，鄭國守城士兵驚訝地發現，城門處已經燃起熊熊大火。原來，五國在弓箭掩護之下，已經悄悄地在城下放起火

⑤中國大陸對負責維護市容的城市管理人員之簡稱。

來。火是沖天的，煙是朝上的，煙燻之下城上的防守力量遭受重大打擊。本來防守準備的是落木滾石，水可沒預備，再說多日沒好吃好喝，尿都撒不出來，澆花都不夠，何況滅火。守軍決定在城中列隊集合，就等城破之後準備巷戰。

須臾，木頭城門燒個精光，多虧當時沒刷漆，不然不知還要薰死多少無辜生命。

宋莊公率隊衝鋒，五國入城。等進了城才明白，鄭莊公留下的常勝軍真不是蝦米。守城士兵章法不亂，勇敢異常。

宋莊公也不是傻子，巷子狹小，自己是前軍，其餘四國是後隊。前軍不前，後隊不動。自己又成了炮灰，四國真成了殺雜魚的。宋莊公轉念一想，失節事小，吃虧事大。於是率軍一併向前，跳出包圍圈，把鄭國守軍生生地甩給了四國友邦。鄭軍只能分兵，一隊接住其餘四國，另一隊奮力追趕宋軍。

宋莊公琢磨了一下，鄭國軍力確實了得，其餘四國這幾天吃飽了喝足了，早就歸心似箭。如今宋軍孤軍入城，要是四國沒良心，甩手一走，宋軍不就成了甕中之鱉嗎？單憑自己的力量料難取勝，不如在城中劫掠一番，見好就收。多虧當年宋莊公在鄭國暫住多年，對鄭國地形瞭如指掌。他率軍火速趕往鄭國太廟，拆走太廟的屋簷，得手之後急忙撤軍，一溜煙跑出城外，回頭大叫一聲：「兄弟們，回家了。」四國見狀，紛紛撤出城外。

鄭國守軍軍令在身，不敢越雷池追擊一步。

四國見宋國搬了一堆木頭回來，甚為不解。宋莊公得意洋洋地說：「太廟是鄭國的根本，太廟壞，風水散。拆了太廟的屋簷，鄭君何處避雨，何處乘涼？姬突大位必然不穩！鄭國也將大亂！」

友邦再次驚詫：「你連這都懂？」

宋莊公自鳴得意，還是微微一笑：「略懂。我還要把這些木頭運到宋國造民宅，讓鄭國世代受辱。」

君王的太廟，就是百姓的祠堂。太廟是一個國家供牌位祭祖先的地方。在十分看重祖宗觀念的古代，拆太廟、動祠堂，就像被挖祖墳一樣，是深仇大恨。

五國退去。

鄭厲公只見太廟被毀，不禁嗚咽。想來老爸曾經如何英勇，結果在自己手中竟然連祖宗靈位都差點沒保住。宋莊公沒有進太廟搗亂，算是很給面子了。感激大可不必，但是誰來對這件事情負責呢？

唯有祭足。

但是，只恨自己說了句「你們自己看著辦吧」，祭足就是看著辦了之後才打輸的，所以理論上罪不在祭足。

明的不來，就來暗的。鄭厲公表面有氣不能出，心裡對祭足動了殺機。

殺與被殺

忽一日，探子來報：周桓王歸西，周莊王即位。

自從祝聃箭射周桓王之後，周鄭的關係一直處於非正常狀態。鄭厲公知道如今鄭國勢單力薄，必須實現與周室的關係正常化。正好周桓王一死，出席他的葬禮也是臣子的本分。或許還能成為緩解矛盾、增強互信的「暖春之旅」。

哪知，祭足堅決反對。理由竟然是「曾射周王，前往祭奠，自取其辱」。說來實在搞笑，當年祝聃射中周王之後，不正是祭足自己建議鄭莊公派人去周營勞軍慰問的嗎？

實在忍不住了。鄭厲公心中一橫，祭足如此放肆，非殺他不可。

現在輪到雍糾上場了。這位老兄跟著鄭厲公從宋國來到鄭國上班，本來是一步登天，可是鄭宋忽然交惡，自己這個外來人士也就成了眼中釘，被長期冷落。

有一天，鄭厲公忽然招雍糾一起遊覽後花園。雍糾畢竟是官宦人家出身，政治嗅覺極其敏銳，不然鄭宋打了那麼久，他這個疑似宋國奸細就算不死也早下獄了。

一般，逛公園是要花錢的，淡季旺季價格是不同的。就連逛墓地也要收錢，如今雲南昆明湖邊畔聶耳的衣冠塚，不交錢也是不讓進的。

這回老大突然免費請自己逛公園，肯定是有所求。雖然只有兩人在場，但是還要先打打啞謎。

鄭厲公看著天上的鳥，嘆息不已。其實有什麼好嘆息的呢？如今的天上除了飛機，真沒啥鳥了，地上倒是啥鳥都有，打飛機的地方也多得很。

雍糾心裡明白，不就是鳥能自由地飛，你不能嘛，但還得假裝驚訝狀：「老大為何嘆息？」

厲公苦惱地回答：「鳥能自由翱翔，我卻不能。」

雍糾一猜得中，看來自己想得沒有錯。現在祭足大權獨攬，目無君上，老大自然會覺得沒有自由。今天叫自己來，莫非就是商量著怎麼對付祭足？自己雖然是祭足的女婿，但完全是政治婚姻。外加祭足和自己一直不對盤，畢竟自己的老爸拉祭足下水，自己又「霸占」了祭足的女兒，所以雍糾本來就想滅了祭足以絕後患。現在既然厲公不在乎自己是祭足女婿的特殊身分，有意委以重任，那就不能再拐彎抹角、扭扭捏捏了，於是直接就對厲公說：「老大說的是被朝中權臣掣肘的事情吧？」

鄭厲公默認不語。

雍糾繼續表忠心：「如果老大看得起我，小弟願效犬馬之勞！粉身碎骨，在所不辭！」鄭厲公發現自己沒看錯人，終於下定決心，和盤托出。

雍糾提議：「要殺祭足也不難。這次郊區百姓受兵害之苦，只要騙祭足去郊區安撫百姓，我在城外預備毒酒，假裝犒勞他。他畢竟是我的丈人，我請他喝酒，他必不疑。」

鄭厲公大喜：「好！你看著辦，務必事成。」

可惜還是「你看著辦」，最後一事無成。雍糾懷揣著殺祭足的夢想回到家中，卻不敢面對老婆的眼睛。女人是敏感的，老公在外頭偷女人，老婆大體都是知道的。只是女人會為了家庭、為了子女佯作不知。所以做男人的，不要做得太過了。炒股票炒成了股東並不可怕，大不了割肉離場。別最後「包二奶包成了老婆」，那就害人害己了。

這回雍妻一眼就看出雍糾心中有事。男人三妻四妾，找個女人也沒什麼。雍妻只是例行公事地問了句，出什麼事了嗎？雍糾一口否認，雍妻也就不再吭聲。當晚和老婆同床，雍糾心中越發不安。好不容易睡著之後，竟然開始說夢話了，把厲公的囑託都一一夢囈出來。

雍妻在旁，假裝睡覺，其實聽得一清二楚。不久，她向老公告假，想回娘家一趟。古時的女人回娘家不容易。不回是不行的，但是要老公同意。回去也不能頻繁，不然讓人說閒話，飯後八卦一下對門張三的閨女好像家庭不幸福，莫非是生不出男孩？

雍糾求之不得，雍妻一走，自己在家中做企畫案就能靈感多多、方便多多了。

雍妻一心救老爸，可是真到了娘家又不免躊躇。左手是老爸，右手是老公，救一個就害一個。雍妻心軟，淚如雨下。

母親見後，溫言軟語，好生撫慰。

雍妻哭了半晌，面無表情地問老媽：「如果老爸和老公同時落水了，我只能救一個，我該救誰？」

老媽疑惑不解：「為什麼這麼問，妳又不會游泳？」

女兒搖搖頭：「如果非要選擇，哪個更重要些？」

老媽沉思一會兒，說：「應該還是妳爸爸重要些吧。畢竟沒老爸就沒有妳，老爸只有一個，老公死了可以再找。」

雍妻點點頭，冷酷是冷酷了點，不過想到從小父親大人的愛憐，又想到本來和雍糾就不是自由戀愛，只因父親被逼無奈才出嫁從夫。

於是她將雍糾的毒計告訴了老媽。老媽大驚，等祭足下班之後，三人小組討論對策。如此大事，不可魯莽，要不動聲色，不可先發制人。

祭足決定將計就計。

原定日期一到，祭足便多帶兵甲，按期出城，果然見雍糾於道設酒。雍糾口稱遵厲公之命，為眾人餞行。

祭足大喝：「沿街擺攤，其罪當誅！」遂下令擒殺雍糾。

雍糾狡辯：「不過是一些酒水，沒有違禁物品。」

祭足微微一笑：「沒有安檢，怎麼知道沒有違禁品？液體必須喝一口才能放行。」可憐雍糾，被人扯開嘴巴，灌下毒酒，頓時七竅流血，一命嗚呼。

祭足假裝驚訝：「我等忠心為主，主公卻想害死我們。」

隨行的大臣和甲士本來就不服厲公篡位，於是群情激憤，誓殺厲公，復立昭公。祭足率眾回朝，準備逼宮。

鄭厲公早有耳聞，急忙奪門而出。這回外公家是去不了了，想來大國不可靠，只能去個小國，最後去了蔡國避難。雖然是世仇，畢竟自己在位時蔡國難得贏一次，估計會給面子。

祭足將厲公和雍糾黨羽一網打盡，然後派人去衛國接鄭昭公回國即位。

其實鄭昭公剛到衛國時，還受到了良好的待遇，不愁吃不愁穿。哪知衛惠公也就是公子朔即位之後，跟著齊僖公打紀國。本來不關鄭國的事，怎料鄭魯半路殺出，害得自己鎩羽而歸。後來跟著宋國復仇，又沒有宋莊公熟門熟路，宋軍拆了鄭國太廟，衛軍差不多只是參加了集體聚餐而已。於是把心中的無限怨恨都發洩在來避難的鄭昭公身上。

如今鄭國派人來迎，衛惠公決定發兵護送鄭昭公回國。衛惠公認為自己扶立鄭昭公有功，以後衛鄭通好，積善積德，大功一件。

哪知熱臉蛋碰上冷屁股。

鄭昭公總想凡事靠自己，這次回國復位也只不過是自己吉人自有天相罷了。

新的戰爭又將開始，鄭國之亂還要繼續。

看來，不死人是不行了。

鄭厲公「反攻大陸」

鄭厲公這回出逃之後，痛定思痛，發現槍桿子裡面出政權，於是不等不靠，在蔡國沒待多久，就搶占櫟地。

櫟地是鄭國不可分割的領土，大約是現在的河南禹州市。櫟地東鄰長葛，北靠新鄭。因大禹在此治水而得名，至今立有大禹雕像。後來大禹之子啟也在禹州宣誓就職，創立夏朝，可謂龍興之地、華夏第一都。三國時期的郭嘉、徐庶、司馬徽等智謀之士都是禹州人；這裡還是「五大瓷器」之首的鈞瓷的發祥地。所謂「黃金有價鈞無價」，說的就是禹州神垕的鈞瓷，而神垕古鎮則被四次皇封，至今仍被譽為全國唯一的「活著的古鎮」。另外禹州還被譽為「中華藥城」，有道是「藥進禹州倍生香」，當年藥王孫思邈尋藥於此，實在戀戀不捨，便長期暫住，行醫採藥，著書立說。現禹州西北處有一個東嶺關，正是當年關雲長封金掛印，千里走單騎，護送二位嫂嫂，過五關斬六將，尋覓結拜大哥劉玄德時候的第一關！

櫟地如此人傑地靈，保安等級自然頗高，守城官吏也不是泛泛之輩。比如公子呂的兒子公子元設計三路開火，擊敗周桓王之後，鄭莊公見他英才可用，於是調到櫟地工作。後來昭公被厲公趕走，公子元因不在國都，回天乏術，最後鬱鬱寡歡，不久病逝。其後鄭厲公安排檀伯補缺。哪知厲公後來出奔蔡國，差人來和檀伯私會，欲借櫟地興兵，以求重登大寶。檀伯守土有責，絕不退讓，反被厲公僱傭殺手一刀結果了性命。可憐檀伯，一身武功，一世英名，最後竟枉死在無名小卒手中。

其間，鄭厲公不斷對櫟地百姓文攻武嚇。檀伯一死，權力真空，厲公果斷進城，百姓咸服。其後挖河修城，造甲徵兵，一心打回老家去。

鄭昭公得知此事，大為恐慌。這樣一來，櫟地不就成「地方割據」了嗎？國中有國，國無寧日。昭公急招「舊臣」祭足商議。

之所以叫「舊臣」，是因為鄭昭公復位之後，祭足已經淡出了核心政治圈。畢竟當初是他把公子突從宋國帶回鄭國，雖說情非得已，最後還重新迎立昭公復位，但是功是功，過是過，功過不能相抵。老闆看你看煩了，那你戴不戴帽子都會挨打，所以祭足不問國事，識趣地回府養病。

從鄭昭公角度上講，當年是祭足和公子突合謀，擠得他不得不離職待業；其後又是託祭足的福，他才重裝上陣，官復原職。外加從父親莊公時代起，祭足就和自己的關係非同一般。心說：「知錯就改，還是好同志嘛。」他對祭足也沒有加罪。連一直看不上的高渠彌，也沒除掉。昭公他一心只想靠自己，覺得自己沒有什麼辦不了，反倒要看看手下的蝦兵蟹將又能如何興風作浪？估計他還會對祭足和高渠彌之流冷笑幾下：「小東西，看我捏不死你們！」

可惜最後鄭昭公卻被高渠彌活活地捏死，流完了最後一滴血。

且說如今鄭昭公主動招祭足商議，祭足雖然心中依舊惴惴不安，不過轉念一想，就連高渠彌都毫髮無損，估計自己雪藏多日，也該見光了。於是大膽提議，派遣大夫傅瑕屯兵大陵。鄭厲公想從櫟地攻打新鄭，必須先攻大陵。事實證明，傅瑕果然治軍有方，一守十七年，搞得鄭厲公無可奈何。可惜後來傅瑕的下場淒慘，這是後話。

傅瑕剛走馬上任不久，鄭厲公日思夜想只為反攻回國，所以兵行險招，團結一切可以團結的力量，兵發鄭國，試試運氣。最後，宋衛魯蔡四國前來相助。鄭厲公的感召力還不錯嘛！

下鍋之前，咱們一個個數數——

宋莊公是貪財而來。因為鄭厲公對他發誓要痛改前非，如果這次復位成功，一定兌現承諾。

衛惠公是因為發兵護送鄭昭公回國，自認又有功勞又有苦勞。心說好不容易做件好事，結果鄭昭公自以為是，連謝都不謝，搞得衛惠公很沒面子，恨不得把昭公抓回來，扒了衣服讓他裸奔，還能不顧廉恥地口稱「大學生的行為藝術」，賺點門票。

魯桓公是念及鄭厲公當時同盟救紀，有恩就報。

蔡國則覺得鄭厲公是顆幸運星。曾幾何時，上場就恐鄭，多虧鄭厲公給了蔡國一次難得的勝利。厲公出奔到蔡國時，舉國上下如獲至寶。如今厲公要起兵復國，蔡國想要再接再厲。相信他，沒錯的。

五路大軍壓境，祭足為表忠心，親自領軍前往大陵，與傅瑕會合，共同抗敵。或戰或守、時戰時守，談笑間打得敵人魂飛魄散。於是——

宋莊公氣得咬牙切齒，為了偷雞已經蝕了無數把米了。自覺無利可圖，以後再也沒搭理鄭厲公。沒幾年，歸西，世子捷即位，是為宋閔公。

衛惠公跑路回家，走到一半聽說國內政變，公子洩、公子職與大夫甯跪合謀，竟然散布謠言說自己兵敗身亡，新老大公子黔牟已經即位！公子黔牟是天子女婿，十大青年，魅力指數超高。衛惠公無奈，只好調轉車頭，逃到齊國。當政的齊襄公好歹是他的親舅舅，回國復位就指望他了。

魯桓公雖然只是禮尚往來地走了一遍流程，打輸了自然還是鬱悶。正巧齊襄公虛心學習十大青年公子黔牟，也想娶周天子的女兒。魯國號稱禮儀之邦，讓魯桓公出面做司儀是再好不過了。魯桓公受邀之後，權當散心，啟程去了齊國。自己的老婆也想回家歸寧探親，雖然大夫申繻力阻止，但最終還是成行。誰讓魯桓公怕老婆呢？可惜，就為了這個，他有去無回，慘死在齊國。

蔡國僅保持勝利一次就結束了對鄭作戰的勝利記錄，士氣大跌。思前想後，不得不佩服還是陳國思想先進，澈底學習「二戰前期的美國精神」，沒有出手，從而保住了勝利記錄。終於，大家都明白這個鄭厲公簡直是「天煞孤星」。鄭厲公也只能在櫟地自生自滅了。

再說祭足大搖大擺地回國之後，似乎已經找到了當年做權臣的感覺，於是又開始出謀劃策。他提議派人出使齊國。

一者，石門之約以來，齊國和鄭國算得上戰略合作夥伴關係。

二者，齊國在莊僖兩代治理之下，已經在東方小有霸氣，大國可依。

三者，鄭厲公在位時，擋住了齊國滅紀的基本國策，齊國肯定恨厲公入骨。說不定還能說服齊國一起出兵，滅了盤踞在櫟地的鄭厲公。

鄭昭公問他誰去合適。祭足自己給自己投了一票，自告奮勇地去齊國出差，希望再好好表現一下。哪知，祭足與昭公的這次告別，竟成了永訣。

當然，死的不是祭足。

鄭國之亂中場休息

沉寂了好久的高渠彌同志終於還是耐不住寂寞，粉墨登場了。

老高知道昭公跟自己不和，所以昭公第一次當老大的時候，老高就不服氣，一心搞掉昭公。可巧，那次和其他管理幹部去祭足家中探視，竟然聽祭足說要換掉昭公。登時興起，舉手同意，激發了在場人士的廣泛聯想，從而引發骨牌效應。大臣紛紛舉手，最後鼓掌通過「換忽立突」的決議案。但是，公子突，也就是鄭厲公，本來和高渠彌只是見面打打招呼的關係。實際上，老高只和公子亹稱兄道弟。可惜厲公即位之後，公子忽出逃去了衛國，公子亹也跟風走了，去了蔡國，公子儀則出奔到了陳國。

可巧，後來厲公也湊熱鬧跑到了蔡國。公子亹和他這個哥哥關係不好，見面就打架。於是給高渠彌寫了一封信，希望能回國云云。高渠彌本來就覺得昭公復位，對己不利，於是決定向祭足同志學習，把公子亹私自接到家中，希望有朝一日也來一次「不得不」換掉昭公，扶立公子亹做老大。

因為祭足一直都是高渠彌的上級主管，老高對祭足倒真是五分敬仰、五分忌憚。都說「機會總是選擇有準備的大腦」，這祭足前腳剛走，老高覺得機會終於來了。說起來真夠簡單，老高和公子亹發動了一些心腹之人，假裝強盜，看準了鄭昭公出門在外的機會，一刀將其結果，然後謊稱老大被強盜所殺。

群臣見老大死了，祭足又不在，那就一起去高渠彌府中，聽聽這位老臣的意見吧。

老高一點不客氣，發話道：「群龍不能無首。現在公子亹就在我家中，咱們立他吧。」群臣一聽，什麼都明白了。還有什麼好說的嗎？差不多當年祭足同志的翻版嘛！

於是，公子亹順利即位。他一想到鄭厲公「亡我之心不死」，而祭足上班的意願強烈，替誰都願意幹，且貌似是厲公的剋星，於是書簡一卷，告訴他，現在主管階層尚有高薪職位空缺，你來就是你的了。祭足又嘆了口氣，自覺無力回天，還是回來上班要緊。

光陰沒有荏苒多久，齊襄公突然發來邀請函，希望公子亹和高渠彌去齊國旅遊一趟。兩人本想結交齊國，現在齊國倒主動伸過手來。於是樂呵呵地讓祭足守國，兩人公費出差去了。

俗話說：「無事獻殷勤，非奸即盜。」當年齊僖公願意主動和鄭莊公約會，那是莊公名聲在外；現在公子亹卻連他老爸的一個小指頭都比不上。果然，公子亹和高渠彌剛到齊國，還沒吃上一口熱飯，公子亹就被亂刀砍死，高渠彌則被五牛分屍，慘不忍睹。

公子亹一死，鄭國「又」沒了老大。大夫叔詹建議迎鄭厲公回國，祭足當然打死也不同意。最後祭足拍板決定，把公子儀接回來，以嗣君位。

雖說是公子亹是弒君的惡人，畢竟是自己的老大。自家老大被別人這麼整死，鄭國卻沒敢吭聲。好比米氏❻和老薩❼，就算真是「暴君」，最後那種死法不免讓人唏噓。而南斯拉夫聯盟最終四分五裂，伊拉克也國不復國了。

至此，鄭莊公病榻中提及的四位有貴相的公子哥終於都當上了老大，一點沒有辜負天生的「貴相」。鄭國也終於在幾次大亂中恢復了平靜，可惜只不過是中場休息，鄭厲公一直還在櫟地搞分裂搞獨立，所以鄭國內耗巨大，外加處於兵爭之地，一直鮮有安寧，鄭國也終究沒能恢復莊公的小霸事業。

河南人倒下了，山東人站了起來。

---

❻ 指南斯拉夫前總統米洛塞維奇，遭指控犯下種族毀滅的罪行，被押赴海牙國際法庭受審，並於二〇〇六年三月十一日突然病逝於海牙羈留中心的牢房內。

❼ 指伊拉克前總統薩達姆・海珊，遭指控多項謀殺與反人道罪，於審理後，在二〇〇六年十二月三十日受絞刑而死。

7 小白哥哥齊襄公的醜聞

他愛的人，走了

齊襄公殺公子亹和高渠彌不是為了替天行道，而是另有私情。因為他和妹妹通姦，又殺死了妹夫，還把弟弟宰了當替罪羊，從此名聲大臭。為了挽回顏面，急需殺人立威。

妹妹就是文姜。差點做了鄭莊公兒媳婦的那個女人；妹夫就是魯桓公。就是和齊僖公會戰紀國的那個男人；弟弟就是公子彭生。還好不是公子小白，不然歷史上就沒齊桓公了。公子彭生也是個人物。之前在紀之戰中做過大將，同時他還是一個大力士。可惜優點往往就是缺點，最後還是因為力氣大，惹下殺身之禍。

事情還要從齊僖公總想把文姜嫁給鄭國世子忽說起。

第一次是石門會議，那時候世子忽辭婚，文姜也年紀尚小，不懂什麼男歡女愛。

第二次是世子忽搬救兵來齊，共抗戎寇。那時候文姜發育完全，婚嫁之歲已到。外加老爸天天誇讚世子忽如何英勇。於是齊國的「公主」打心裡喜歡上了鄭國的「王子」。可惜世子忽辭婚跑人，「公主」和「王子」的童話也就因止罷演，終究沒法殺青。這場未遂的政治婚姻的第一受害者就是小「公主」文姜。她日日鬱悶，夜夜哭泣，心說自己一個如花似玉的山東姑娘，怎麼就迷不倒這個河南帥哥呢？

思念是一種病，最後文姜病倒了。

這時，有一個高個子帥哥出現了。他也是一個「王子」，可惜是自家的。他就是文姜的哥哥諸兒。孤男寡女加上帥哥美女，完了，要出事！在這個無限體貼的浪漫滿屋中，男女只差最後一步，要不是那時候的新婚有落紅的規矩，不然連這最後一個堡壘也要不攻自破了。

不久，權值股魯隱公經歷股災後成為廢紙一張。魯桓公被公子翬扶正之後覺得應該找個大國做靠山，於是來齊國求婚。

齊僖公一看文姜為情所困，情病還得情藥醫，於是下決定把文姜嫁到魯國，希望用新歡代替舊愛。再加齊魯通婚，兩國關係自然融洽，滴水擊穿魯紀同盟，以後滅紀也大大方便。

婚期將至，僖公決定親送女兒入魯成婚。諸兒戀戀不捨，希望跟著老爸一起送小妹。

老爸搖頭：「家裡車不夠了。」

兒子不解：「咱家不是好多車嗎？」

老爸無奈地說：「咱們家只有單號車。現在單雙號限行[8]。明天是吉日，可惜日子是單號。」

兒子靈機一動：「咱倆可以拼車[9]啊！」

老爸又嘆口氣：「專家說了，拼車是違法的。」

最終，諸兒心中縱有無限牽掛，也只得做了宅男，留守在家。

他愛的人，來了

光陰荏苒了足足十五年，那已是齊襄公三年。三年前諸兒的老爸滅紀未成，鬱鬱而終，前不久外甥衛公子朔逃到齊國避難。齊襄公見宣姜還在衛國，衛國大臣又以「紅顏禍水」之說對待宣姜，襄公擔心她受辱受氣。於是叫來公孫無知，安排他把衛公子頑送回衛國，娶了宣姜。

公孫無知是誰？

---

[8] 為了紓解都市車流過多壅塞的狀況，中國大陸施行了單日限行單號車、雙日限行雙號車之制度。

[9] 即需給付車資的車輛共乘行為。

他是齊僖公弟弟的獨生子。僖公仙去之前託孤給襄公，齊襄公也一直對他很講情義，多次委以重任，可惜最後卻死在這個堂弟手上。

公子碩又是誰？

他是衛宣公的兒子，是公子朔的堂兄。公子朔害死庶兄急子和親哥公子壽之後，公子碩一看，做公子朔的哥哥絕對不是好差事，趕緊逃到齊國。陰差陽錯，後來公子朔也逃至齊國。這兩個昔日冤家不得不時時碰面，痛苦啊！

齊襄公想到了兩全之策，如果公子碩能回家納宣姜為妻，一來這兩個名字差不多的人不會再鬧彆扭，二來還能確保宣姜的性命。不過公子碩雖然不是宣姜所生，但是名分上畢竟是母子關係，回國之後堅決不同意娶老媽做老婆。

公孫無知擔心無法完成任務，於是找公子職商量。衛國大臣要不是礙著齊國的面子，早就滅了禍水宣姜。心想如果公子碩娶了宣姜，那宣姜就不再是騎在頭上的「太后老佛爺」了。如此好事怎能放過？於是當晚將公子碩灌醉，也不管公子碩有沒有處女情結，直接拉來宣姜上床圓房。宣姜也半推半就地脫了衣，成了事。後來生了三個兒子。除老大夭折外，其餘二子竟都依次當了衛國老大。

這是後話，且說齊襄公得知宣姜不再寡居，料想平安無事，心中大為放心。然後不忘安慰外甥公子朔，說等將來找個合適的時候會幫他回國的，現在穩定壓倒一切，要以大局為重云云。另外，在和外甥的談話中得知，天子女婿黔牟受人愛戴，於是齊襄公決定也要娶一個天子的閨女裝裝門面。

這就如同好多人在家放個大書櫃，裡頭擺放一排排的精裝本圖書一樣。不過始終都是新的。要是如此，還真不如買盜版書還顯得老實，起碼是有用才買的。

這次娶王姬，齊襄公打算讓魯桓公作媒。他自然有如下道理：魯國和天子同姓，加上是禮儀之邦，做司儀非常體面；齊魯因紀國一戰，關係頓時緊張。演一齣「過境外交」，以便緩解矛盾；魯桓公是自己的妹夫，自家人，好說話；魯桓公的老婆是自己的妹妹。這個妹妹又是情深意切，十五年不忘的文姜妹子。

再說魯桓公這邊。他跟著鄭厲公在大陵新敗，心中好生鬱悶，正好也想著帶老婆去齊國旅遊一下。不在乎目的地，在乎的是沿途的風景和看風景的心情。

大臣申相勸：「老丈人和丈母娘健在時，老婆法定帶薪回娘家的假期一年也只有一次，況且現在她父母雙亡，絕沒有回家的道理！」

魯桓公對自己的美女老婆體貼備至，言聽計從，遂無視申的忠言，執意帶老婆回娘家看看。

齊襄公至愛的文姜小妹，回來了。

娶她的人，死了

話說魯老大夫妻雙雙來到齊國首都臨淄，就是現在的淄博市臨淄區。

齊襄公十五年未見文姜妹子，發現美人終究還是美人，不禁心動。當晚藉口敘舊，將文姜留在宮中。魯桓公也想，兄妹那麼久不見，聊聊家常也未嘗不可。哪知一晚未見老婆回來。

第二天清晨，太陽公公爬上天來，魯桓公心裡卻沒了著落，趕緊問了問門衛同志：「不會是出啥事了吧？」

門衛奸笑：「能出啥事啊。我只知道我們老大還沒娶大老婆，唯一的小老婆是大夫連稱的妹妹，不過沒得寵，一直閒著。」

魯桓公心裡一驚，莫非戴綠帽子了？不過好歹是親兄妹，不至於吧？

可惜，只有想不到，沒有做不到。正當魯桓公的左腦和右腦猛烈交火的時候，宮門大開，寶貝老婆扭著扭著就出來了。魯桓公按捺不住心中怒火，一把揪住文姜，惡狠狠地說：「別以為我不知道！」

其實，他自然什麼都不知道。男人打腫臉充胖子的事情多得是，就算自己沒搞定某某女生，還是不忘在別人那兒自誇自己如何下手、如何有能耐。其實也並無太大的惡意，要是碰到認真的女孩，那就完蛋了，非被搧幾個耳光不可。

魯桓公全憑猜測，外加一時氣憤，才賭氣說了這話。言者無心，聽者有鬼，果然把文姜嚇得半死，越想狡辯，卻越抹越黑。魯桓公心中暗罵：你們這對狗兄妹！可惜身在齊國，不好發作，只能帶著老婆趕緊回飯店，別在外頭丟人現眼了。

哪知送文姜出宮的是齊襄公的心腹石之紛如，也是個大力士。他把魯桓公的那句「別以為我不知道」轉述給齊襄公。襄公大驚，自己大門緊閉，如何能被人窺探？莫非宮裡被安裝了針孔攝影機了？輸球不能輸人，沒錢不能沒面子。於是對妹夫動了殺念。

齊襄公想到弟弟彭生當年在紀之戰中被魯桓公所敗，幾乎中箭而死，心中一直怨恨，就把弟弟叫來，耳語一番，如此這般。

魯桓公一心回國，執意早歸。

齊襄公設宴送行，席間安排齊國眾大臣出席，一人一杯，車輪戰，輪番敬酒。魯桓公不好推辭，再加心中鬱悶，喝就喝吧。哪知「一醉」，竟然「方休」。

人散席冷之後，公子彭生抱上不省人事的魯桓公，「熱心」地叫車送他回飯店。車行不久，和當年周宣王一般，車中傳出一聲慘叫。魯國從人掀開車簾，只見魯桓公兩肋白骨突出，血濺滿車。

其實是公子彭生依計行事，憑著一身蠻力，左右拉住魯桓公兩肋，痛下殺手，一發力竟扯斷魯桓公的骨骼筋脈，登時斃命！

可是魯國隨從迫於齊國淫威不敢言語，只說魯桓公突發惡疾，不治而亡。

幫他的人，死了

魯桓公客死異鄉之後——

齊襄公假意落淚，派兵護送魯桓公靈柩回國；文姜藉口自己受到驚嚇，要在娘家靜養，竟然不為夫守靈；公子彭生樂呵呵地從大哥那裡領到了糖，感嘆到：好大一塊棉花糖啊！該幹嘛繼續幹嘛；魯桓公的嫡子，文姜的兒子姬同即位，是為魯莊公；魯桓公的庶子慶父（大名人）執意出兵，替父報仇；可惜申、施伯之類的大臣自知窩囊，堂堂禮儀之邦的老大竟然被齊國老大暗殺，老大的女人竟和齊國老大偷情，還是亂倫之舉！

魯莊公也覺得傳出去不好聽。誰教齊強魯弱，只得忍氣吞聲，遂決定老爸魯桓公的喪事和老舅齊襄公的婚事兩不耽誤。自己居喪不便，就派大臣顓孫生去周天子處迎親，轉運到齊國，成婚了事。

都說悠悠眾口，輿論的力量確實強大。自古以來，沒有知情權的普通百姓都是用陰謀論來編故事。可巧的是，貌似虛構的故事往往能切中要害，回歸事情的本來面目。

齊襄公聽到坊間的議論，不禁驚訝。心想：都過濾掉關鍵字了，怎麼還有人知道我先和妹子亂倫，又指使彭生謀害魯桓公呢？反正，弟弟彭生留著對自己也是個禍害，不如殺了他，以便撇清關係。於是假裝自己掛帥，設立專門調查組，最後發現竟然是黑社會組織將魯國老大謀害。

這個黑社會的老大當然是公子彭生。

王子犯法與庶民同罪。齊襄公火速將還在舔棉花糖的彭生五花大綁，鬧市砍頭，希望以正視聽。不料行刑前，公子彭生大呼：「是你和妹妹上床，是你要我殺了妹夫！我是替罪羊，你是白眼狼！」

圍觀的百姓對齊襄公噓聲一片，眾人曰：「別以為我不知道！」這下群情激憤，齊襄公發現就算開闢「抗議專區」也沒用了。

轉念一想，我有能力「豔照門[10]」，你行嗎？一邊羨慕去吧！這件事就此打住，時間會淡忘的，豔照之後還是有廣告接的。齊襄公下定決心轉移視線。

這時鄭國祭足代表鄭昭公來訪，齊襄公於席間大談世代友好，搞得祭足大呼過癮。齊襄公心說齊鄭成功復交，自己大功一件。可惜沒想到好成績保持沒多久，鄭昭公就被弟弟公子亹和大臣高渠彌所殺。

齊襄公苦惱一陣，馬上轉憂為喜，跟這幫弒主的臣子交往，自己的口碑都會受影響，不如殺了他們，還能扮演一個替天行道、大義凜然的角色。於是，小亹和老高被誆騙到了齊國，做了刀下鬼。

舉國再次震驚！莫非襄公專殺老大！不過這回倒是殺得大快人心！輿論終於掀開新的一頁。

眾人來賀：「樓主，分頁快樂！」

齊襄公開心地笑了：「我無恥，不無能！百善孝為先。老爸臨終遺言斷不敢忘。只要滅了紀國，誰敢不說齊襄公是大孝子！老爸！請賜予我力量吧！」

---

[10] 指某陳姓藝人與諸多女星親密照不慎外洩之事件。

8 死得突然，打得辛苦

滅紀服魯

到齊襄公時代，紀國之仇就更新升級為已隔九世。九九歸一，紀國這回死定了。

鄭國因為受齊襄公恩惠，外加鄭厲公在櫟地虎視眈眈，所以沒能幫紀國忙。

按理魯莊公應該起兵，畢竟齊襄公殺其父，淫其母，而且脣亡齒寒。怎料，魯莊公實在沒骨氣，好不容易起了兵，最後也只是紮營觀望，決計不敢參戰。

於是，齊襄公放開手腳，孤軍單幹。眼看著要城破，紀國老大撇下老婆孩子和祖宗基業，創造性地結合「范跑跑」和「楊不管[11]」精神，徹底不管不顧，半夜逃出城外，從此消失在茫茫人海，史稱「不知所終」。古老的紀國就此滅亡。

齊襄公做事沒做絕。取國之後，沒燒了人家的靈牌，還給紀國留下香火，可謂仁至義盡。

好，下一目標！

下一目標是魯國。不過中原人對魯國就像猶太人對耶路撒冷城一樣，可遠觀而不可褻玩焉。魯國行周禮、奉王道，再怎麼積貧積弱，軟實力還是不可小覷。要是滅魯，談何容易！不過最終，魯國卻是死在楚國手中。

那楚國是誰？用楚王自己的話說：「蠻夷也。」

即使到現在，雖然歷史上齊強魯弱，但是山東的簡稱卻是「魯」，而不是「齊」。不過周禮實際早被人廢棄，對於貌似禮儀之邦的「魯」，慢慢地也和「魯莽」、「愚魯」、「粗

---

[11] 二〇〇八年七月十二日，安徽省長豐縣雙墩鎮吳店中學的兩名學生在上課時打架致其中一人死亡，授課教師楊某並未制止，繼續上課直至下課，因此被稱為「楊不管」。

魯」之類貶義詞湊在了一起。直到後來，一位姓「周」的人也自貶為「魯」，在自我諷嘲中針砭時弊，奮筆疾書，終成「民族魂」。他就是周樹人——魯迅先生。

齊襄公只要能拖住魯國，讓它成為附庸，就澤被後代了。

齊國姓姜，屬炎帝後代；周朝姓姬，屬黃帝後代。要說「中國人喜歡窩裡鬥」，這明擺著是個偽命題，哪個國家沒有內戰？不過自古以來，往往是一家同姓之天下。異姓而異心，無法深交互信。這樣就需要魯國這樣的姬姓國家代為周旋。有了魯國好辦事，不然也難娶來天子的女兒做老婆。

這個天子的閨女，人稱王姬。小姑娘從小家教甚嚴，早年接觸網路之後就被規定不能見網友。反正閒著也是閒著，她打算自己開個網站，沒想到還要辦網址備案。好容易搞定備案，想加個論壇，結果被要求做bbs特別備案。王姬心知辦不下來，就想弄個留言板算了，和網友有交流就行。沒料到留言板和論壇一樣也要特別備案，最終只好放棄。最後王姬辦了一個視訊網站，起初人氣還挺旺，可惜好戲沒多久又被通知不是「國字頭[12]」企業，不讓她開視訊網站。王姬不服，自己可是「天字頭」！

天子老爸嘆口氣，勸道：「如今諸侯國比咱家牛，天字頭也沒用。」

王姬心說，畢竟暫時還有六間房[13]住，有土豆吃，每天喊著我樂我樂，也還過得舒心快樂，就是不知道還能撐多久？

後來，王姬又想，去網路菜市場開個網路商店得了。心說一沒招誰，二沒惹誰，自主創業不給國家留負擔，也好打發打發時間，結果竟然被告知在京城開網路商店是要辦證的！

這下王姬澈底沒轍了。那就失業在家，乖乖地待字閨中吧。整天無所事事，也落得嫻靜無比，沒怎麼接觸很黃很暴力的網路世界，床上之事自然就半點不懂，還以性愛為恥。可是

---

[12] 在中國大陸指國營企業。

[13] 中國大陸第一個視訊分享網站。文後的土豆和我樂則指另外兩個視訊分享網站「土豆網」及「我樂網」。

齊襄公卻是老手，遊龍轉鳳一百零八式樣樣精通。所以兩人性生活極不和諧。後來王姬聽說老公和妹妹竟然通姦，長吁短嘆之後，不到一年就死了。死了倒也清靜。齊襄公還是覺得妹子搞得爽，況且現在找妹子很方便哦！

話說妹夫慘死之後，妹子文姜假託受驚，逗留齊國數日。不過好事總要到頭的。魯國大使顓孫生送了王姬來齊，也要帶文姜歸魯。現在的濟南市長清區古代叫「禚」，是齊魯的邊境。現在山東也有不少姓禚的人。當文姜車行到禚地就賴著不想走了。自己和哥哥不止亂倫，還害死丈夫，哪有面目再見魯國父老？禚地不齊不魯，邊境檢查站的基礎設施也都齊備，正合適。

顓孫生稟明老大，魯莊公也不想強行要求老媽回來。一般孩子大了都不想和父母住在一起。何況老媽害死了老爸，心情複雜啊！

邊境上齊不管、魯不管、周不管，「三不管」下倒方便了齊襄公。之後襄公再見小妹就不用申請簽證去魯國了。兩人形同夫婦，其樂也融融。

滅紀之後，魯莊公心知唇亡齒寒，害怕得很。文姜發揮餘熱，撮合兒子和哥哥見面。甥舅二人不顧旁人笑話，會獵於野，倒也開心快活。魯莊公的武功了得，箭法不錯，可惜有肌肉沒腦子，最後跟老爸一樣，被人戴了綠帽子，做男人做到這分上，著實可憐！這是後話。

反正如今魯國真成了齊國的附庸。

齊襄公也順利完成了歷史使命。

幫外甥出頭，跟親家打架

看著舅舅的心情好，在齊國暫住多日的衛公子朔趁機進言，希望舅舅幫他回國復位。齊襄公一口答應，還拉來宋魯陳蔡四國做同盟，五路大軍兵發衛國。

下鍋前請導播給這五位領袖一個特寫。他們分別是：齊襄公諸兒、宋閔公捷、魯莊公同、陳宣公杵臼、蔡哀公獻舞。

恩，好！點火，下鍋！煮！

衛國的軍力各位也都大致了解了，怎一個弱字了得。五國圍攻衛國的消息傳來，衛國頓時無奈。公子黔牟只好向親家周天子求救。當時周桓王的兒子周莊王在位。莊王問計群臣，群臣答曰：「你忘了老爸的痛苦嗎？」

莊王一聽，長嘆一口氣。想來當年老爸伐鄭，威風掃地，此後哪裡還有出兵的勇氣？哪知堂下有個叫子突的小武官站出來，義正詞嚴地慷慨激昂了一番。大意就是「做老大的不管小弟火併，以後還怎麼出去混？」周莊王頗為感動。不過感動之後只是感慨，萬萬沒有衝動的勇氣。子突不依不饒，執意勸說，說得莊王也覺得不好意思。

不過自己親征是不可能的，子突想出兵，就讓他領隊，派兵也就意思意思而已。

當圍攻的五國看到一小撮天兵天將馳援而來，不禁哈哈大笑。於是撤去圍軍，五國來了個包餃子，一口氣吃掉天軍。子突這才真正看明白現在的諸侯早就蛻變成豺狼虎豹，才體會到周莊王的無奈。周天子早已威信掃地，看著陪自己跑過來送死的兄弟們，子突心灰意冷，拔劍自刎。

衛國軍民一看天朝軍隊將隕兵亡，剎那間崩潰了。本來，天子來救是唯一利多、唯一題材、唯一希望，如今眼看金管會、央行都無法救市，於是大清倉馬上開演。衛國守軍四散而逃，公子洩、公子職、大夫甯跪擁著公子黔牟奪門而出。結果路遇魯軍，三公子不幸被抓，甯跪無能為力，隻身逃到秦國。

就這樣，公子朔在舅舅齊襄公的幫助下順利入城復位。可憐公子洩和公子職，只能追隨公子壽和急子於地下了。多虧公子黔牟是天子的女婿，五國滅了天子軍隊，正好給天子一個面子，讓黔牟歸周。

五國瓜分了衛國的財寶，各自滿載而歸。

不過，齊襄公是第一次和周天子對著幹，心中還是擔心親家報復。於是派了連稱、管至父帶兵駐紮在齊國東邊的葵丘，以防天子來討。

瓜期無期

葵丘，就是現在的河南蘭考附近，當時是個窮鄉僻壤的地方。二人被分到這差事，自然老大不願意。不過當齊襄公當面命令他們出發的時候，二人竟然不知羞恥地問老大，自己什麼時候能回來。

「這還用問嗎？讓你回來就回來。一切行動聽指揮！」齊襄公心中不快，又不想直說。正巧當時在吃西瓜，於是敷衍一下，隨意承諾說：「等明年瓜熟，就讓你們回來。」

兩人領命而去。

自古以來，蘭考確實條件差。連稱、管至父兩人一天都不想待。特別是連稱，自己的妹妹就是襄公的連妃。領導人的親戚也要戍邊？

言者無心，聽者在意。兩人日思夜想齊襄公的瓜熟之約，天天畫正字，還老跑到田裡去看西瓜，看著瓜苗長得太慢，就叫人把秧拔高一點，結果揠苗助長，連注射糖水的西瓜都沒得吃。最後派人去臨淄蹲點專門盯西瓜。

終於，瓜熟。

結果，齊襄公的調任通知書遲遲沒來。兩人著急上火，催人去臨淄打探。回報，襄公和妹妹文姜在約會，已經一個月不在都城了。

連稱罵道，王姬死後，理應連妃受寵，自己也好歹能榮光一番。這下倒好，襄公繼續冷落連妃，還把自己派到蘭考工作！只要有機會，一定把他殺了！

連稱轉頭問管至父：「兄弟，你幫還是不幫！」

管至父心說：你都這麼說了，我還敢說不幫嗎？不過還是勸了一句：「大哥先別著急，有可能是老大忘了。咱們去市場上買個西瓜送給老大，提點一下試試。要是沒戲，再反不遲。」

連稱也明白，造反是期貨，虧的都是真金白銀，萬沒有股票那麼簡單。於是派人送瓜給襄公，問：「瓜已熟，能歸否？」襄公自然大怒不已。回不回來他說了算，瓜熟之期只是客氣客氣，別給點陽光就燦爛！於是嚴厲回覆：「等明年瓜熟再說！」

這下連稱澈底憤怒了。他和管至父一合計，終於發現追了好些天的小說連載，不幸竟然成太監[14]了。他倆下狠心決定殺襄公，扶立公孫無知，然後讓連妃做內應，遞情報。

坦白說，齊襄公對公孫無知不錯，可公孫無知不這麼想。無知從小被齊僖公嬌慣壞了，僖公死前託孤，更是大長無知的臉面，他和襄公諸兒在一起的時候也開始驕橫起來。一次諸兒和無知玩摔跤，一個是老大，一個是小弟，小弟竟然把老大重重地摔倒在地。還有一次，竟然和大夫雍稟在馬路上開車鬥氣，兩輛車互不相讓。雍稟好言勸說，自己給奧運辦事，要走奧運專用車道。無知搞特權搞慣了，哪管什麼專用不專用。結果誤了雍稟的公事，還惹來國人飯後的一番議論。齊襄公實在看不過去，給堂弟無知一個處分。

無知含恨之中，一看連管二人的創業計畫書，心中無限激動，一拍即合，遂下定決心做

---

[14] 寓「下面沒有了」之意。

風險投資，還馬上開了張空頭支票給連妃，說事成之後封連妃做夫人。

連妃被冷落許久，終於看到新生活的曙光，也下定決心幹一票。

諸兒之死

一日，齊襄公決定去市外郊遊，鍛鍊身體，增強體質。連妃連夜把消息送到無知處所，無知感覺機會來了，馬上通知連管二人起兵。

原定日子一到，齊襄公帶著侍者孟陽、大力士石之紛如、小跟班徒人費，帶著車馬侍衛、走狗蒼鷹就出發了。

開開心心地打獵幾日之後，徒人費因辦事不力、出言不當，惹怒了襄公，被體罰之後當即趕走。徒人費心說自己一向忠心，沒功勞也有苦勞，竟然說打就打，說炒就炒。正在一把鼻涕一把眼淚的時候，卻遇上了連管率領的叛軍。叛軍將徒人費捉來，拷問襄公的情況。徒人費心中有恨，於是一一如實述說。哪知連管得到情報之後，竟要殺了徒人費滅口。本來叛徒的最慘下場就是這樣，口供一交代完，也就沒什麼利用價值了。留著還要多給一口飯，不如殺了了事。

徒人費趕緊脫光衣服，把身上的創傷秀給連管二人看，說：「我也是貧苦老百姓，打土豪分田地的事我也想幹。」連管大喜，緊握徒人費的雙手，深情地說：「歡迎你加入革命隊伍！」於是讓徒人費在前頭帶路。

徒人費心知：「讓我在前頭踩地雷，這兩人也非善類！」於是心生一計，好讓襄公全身而退。

當叛軍趕到齊襄公下榻的飯店時，徒人費攔住連管，自告奮勇提議讓自己先去裡頭摸摸最新情況。連管早已對他百分之百放心。哪知徒人費一去，把叛軍情況全盤告訴襄公。

襄公大驚，決意逃走。

孟陽忠心無比，願意和襄公換衣服，做個幌子，吸引敵人注意力，以死報君恩。石之紛如也願意留下，拖住敵人，以死爭取時間。

徒人費讓襄公放心，表示會自己照顧自己：「主公先走要緊。只要回得臨淄，何患無兵！你先藏好，待連管帶兵進來，就翻牆而走，哥哥你大膽地往前走，莫回頭！」

襄公發現手下這些死黨兄弟竟然如此忠義，不禁感慨。

一番生死辭別之後，徒人費引叛軍入內。哪知連稱自己帶兵進入，卻讓管至父留在飯店門口以備不測。徒人費見狀心裡一涼，看來襄公是無路可逃了。他也不知道襄公藏在哪兒，反正沒在原來的地方。於是他沒敢四處瞎逛，直接把連稱帶到襄公原住的房間門口。

突然，徒人費一下掏出身上準備的匕首刺向連稱。

連稱一驚，多虧身著盔甲，根本沒有傷及身體，手起一劍，砍去徒人費的持匕之手，復一劍結果了他的性命。

這時，石之紛如手拿長矛從房中衝了出來。雖說「一寸長，一寸強」，但是只有用劍才能練出上乘武功。石之紛如雖說是力士，武術套路卻不及連稱。十幾個回合之後，漸漸招架不住。且戰且退之中，竟然戲劇性地被臺階絆倒，要待起身時，早已被連稱一劍劈成兩半。

有讀者可能要質疑了，當時的青銅劍能有那麼大的威力？

不信？

那就去浙江龍泉看看去吧。

連稱讓士兵去房中查看，果然看到有人穿著襄公的衣服在床上，頭朝裡睡覺。連稱覺得奇怪，都打那麼久了，襄公還在熟睡？莫非是昨晚太用功了？

不管了，不在睡夢中醒來，就在睡夢中滅亡！

一劍砍下頭顱，可是用劍一撥，卻發現不是襄公，而是孟陽。

莫非襄公跑了？

這下可不得了！

連稱心想管至父在外包圍，襄公插翅難飛，於是下令士兵在飯店裡仔細搜索，挖地三尺也要把他挖出來！功夫不負有心人，襄公還是被揪了出來。連稱罵道：「讓你發太監帖，刪ＩＤ！封ＩＰ！」一劍砍了。

可憐襄公，在位才五年。剛搞完一個五年計畫就命喪黃泉！不過這五年中，滅紀服魯、匡鄭衛、兵宗周，除了亂倫一項，其餘盡皆功勞！

且說連稱殺了襄公，和管至父攜「首」而歸。公孫無知早就做了內應，打開臨淄城門，叛軍順利入城。

連管二人按約擁立無知做了新老大，無知也兌換了支票，納連妃為夫人。

堂下大臣自然不服，怎奈筆桿子鬥不過槍桿子，只得默默認命。

其中雍稟忘乎所以地熱情鼓掌，對爭道之事連連道歉。無知哈哈大笑，正好表現一下自己的大度，於是明確表示既往不咎。

群臣斜視雍稟，心中暗罵。

雍稟心裡也沒閒著。別人怎麼想不重要，自己投降只不過是麻痺敵人而已。一定要想個辦法扳倒無知、搞死連管，讓老大死得瞑目才行啊！

9 小白才露尖尖角

無知之死

無知政變上臺之時乃是隆冬臘月，事發一月之後，新年到了。

元旦之日，百官入朝敬賀問安，領了薪水條，看看年終獎金有多少，明年漲不漲工資。結果新老大夥同連管二人，發揚「鐵公雞」精神，通知今年不分紅，惹得百官怨聲載道。雍稟一眼看明白了大盤基本面和個股走勢，頓時心生一計。

下班路上，雍稟輕聲向大臣散布小道消息，說在魯國避難的公子糾已經向魯莊公借兵，打算近日兵發齊國，討伐無知。

大臣一聽是內幕消息，嚇得半死。春節連假股市休市，如此利空，開盤必跌。怎麼不早說呢？

雍稟卻假意安慰，說自己不過是小道消息，不一定可靠。

下班回家之後，眾人越想越害怕，想來多年的積蓄，如今早已腰斬，要是再跌，就真的只能當遺產了。轉念一想，都怪連管弒君，無知篡權，才弄到如此田地。於是眾人皆有反意，相約一定要到雍稟那裡問個明白，想條出路。

當晚諸位大臣齊聚雍府，雍稟假裝不知何事。向來嫉惡如仇的東郭牙站出來：「有話就說，此時非同一般，雍大夫不要遮遮掩掩了。」堂下大臣竟然有人開始哭起來：「我的棺材本啊！」

雍稟發現時機已經成熟，說道：「本人對無知只是委屈求全，緩圖之罷了。不管公子糾是否來攻，連管必誅，無知必死，否則齊國不寧。諸位如能相助，殺了逆賊，迎立姜糾，豈非義舉？」

一席話說得諸大臣熱血沸騰。逆臣伏誅，新君登基，如此大大的利多，何止反彈，反轉都有可能。

東郭牙問道：「帶頭大哥，計將安出？」

雍稟回答：「全在高傒身上！」

這裡需要解釋兩個問題：一、誰是公子糾；二、誰是高傒？

公子糾是齊襄公諸兒的弟弟，公子小白的哥哥。公子糾的老媽是魯國人，由大名鼎鼎的管夷吾，也就是管仲輔佐；公子小白的老媽是衛國人，由管仲的好大哥鮑叔牙輔佐。

所謂管鮑之交，說的就是這兩個拜把兄弟。管仲是管至父的親戚。鮑叔牙是大禹的後代，祖籍杞國，就是老擔心天塌下來的那個地方。叔牙他爸從杞國搬家到齊國的鮑地，就是如今濟南市歷城區一帶，從此改姓為鮑。

管仲和鮑叔牙算得上是換帖的兄弟，從小玩到大，後來一起從商、從軍、從政。話說管鮑一起做買賣的時候，管仲總是自己偷偷地多分點利潤，鮑叔牙只是笑笑，想來管仲家窮，這點小錢無所謂。後來一起從軍，遇到危險，管仲總是第一個撒腿就跑，鮑叔牙還是笑笑，想來管仲家有老母需要奉養，活著盡孝要緊。

後來一起在齊僖公手下打工。齊僖公膝下有諸兒、糾、小白三個兒子，安排管鮑二人分別輔佐糾、小白。

這回弄得鮑叔牙挺不樂意了，小白是年紀最小的一個，看來仕途是沒啥希望了。管仲小弟安慰他，說：「小白貴氣、聰慧，將來肯定有出息。」

本來就是君命，鮑叔牙也只能如此。同時禮尚往來，說了句公子糾的好話。

管仲眼珠子一轉：「諸兒和妹妹亂倫，估計在位也長不了，以後不是公子糾就是小白即位，咱倆誰都不耽誤。」

鮑叔牙會心一笑：「等大哥發達了，少不了你的！」

僖公死後諸兒即位。果然，諸兒的表現比原來更誇張。管鮑二人一看齊國的恐怖攻擊級別提高了，估計馬上就要出亂子，於是帶著公子糾和小白逃出了齊國。

同行千里，終須一別。管仲提議各自回外公家。公子糾的老媽是魯國人，管仲就帶著他去了魯國。

鮑叔牙耍了心眼，心說小白要是回了衛國，離齊國就太遠了，以後回家不方便，於是帶著小白跑到了莒國。

莒國（現山東莒縣附近）和紀國的歷史差不多悠久，可惜齊魯太過光輝，所以鮮有人關心這些弱勢團體。不過當年，好多齊魯人士在本國混不下去了，就跑到這裡避難。

莒國大門常打開，開放懷抱等你。不管遠近都是客人，請不用客氣。

這不，小白和鮑叔牙就來了。

果不其然，風光沒幾年，齊襄公就被暗殺。公子糾與管夷吾、小白與鮑叔牙兩方都接到線報「諸兒下課，無知上臺」。四人上ＭＳＮ群組聊天了一下，一致認為這個新老大名字實在太難聽，估計也不會活太久。

至於雍稟同志所說的高傒很有背景。

當年齊國分封，和姜子牙同志一起被周武王委以重任的還有高家和國家。高國兩家的任務是代天子行政，輔佐老姜共治齊國。這個高傒就是高家的現任當家，一生豐功偉績，最後被追認為高姓的得姓始祖。高傒比姜小白大十幾歲，那時正值四十歲左右。不過老高還有個網名，很可愛，叫「白兔先生[15]」。

無知篡權之後，高傒就開始休病假，一直沒有上班。無知和連管心知這位大老就是不給自己面子，可是根本不敢動他。

雍稟看重的就是這點。雍稟的計謀是，讓高傒請連稱、管至父吃飯，連管肯定興高采烈地來赴宴。調開連管之後，自己和眾大臣則去宮中找無知，順道把他殺了，然後通知高傒。高傒來個關門放狗，把連管幹掉。

現在的問題是，能否說動老高呢？東郭牙拍胸脯保證，一定會說服他加入我們的隊伍。果然，高傒在家日夜思反，一拍即合，依計而行。無知以為小弟們來訪是集體討薪，一心解釋。群情激憤間，雍稟突然拔劍砍殺無知。連管也以為太陽終於從西邊出來了，趕緊去高府赴宴。雖然最後被殺，不過畢竟吃得好喝得好，算個飽死鬼。

打掃完了房間，該請客了。

雍稟派人去魯國招呼公子糾回國。

雍稟忽略了一件事，小白兔和小白的關係好得很！高傒同時派人去了莒國，請小白速回。

現在CEO的位子空著，誰先進齊國，誰就是老大！

跑得快還要裝得像

姜小白接報，趕緊和鮑叔牙商量。為了確保安全，兩人奏明莒子（莒國是個子國）。莒子送佛送上西，決定派人護送小白回國。

---

[15] 以《愛麗絲夢遊仙境》中的角色比喻高傒。

公子糾也沒閒著，管仲也想確保安全，把回國卡位的計畫告訴了魯莊公。魯莊公那個高興啊！其實，自齊襄公歸天以來，魯莊公一直開心得要死。「天助我也！」要不是老媽因為情人已死，不得不從禚地回國，不然魯莊公估計要天天開party了。

公子糾說要回國，申和施伯勸魯莊公：「齊國比咱厲害，亂點豈不是更好。幹嘛要幫他們撥亂反正呢？」

魯莊公搖搖頭：「第一，公子糾不回，小白也會回去；第二，老媽說了，一定要我幫這個小舅舅回老家。」

申和施伯一想，第一個問題好解決，等小白回去了，我們再送公子糾。糾年長，理應即位。到時奪一奪、鬧一鬧，齊國還不亂嗎？不過第二個問題就算在「知識加」裡頭，估計也沒人能回答。於是，魯莊公親率軍馬，還派大將曹沫、秦子、梁子護送公子糾速速回國，一定要趕在小白前頭進臨淄。

鑼鼓一響，比賽開始了。事到如今，管仲發現還是鮑老哥跑到這麼近的莒國高明，「你說你怎麼不提醒我一句呢？真不夠意思。」心裡一冒火，拍馬帶著一小隊先走了。

姜糾大驚：「管師傅，不要我了？」

其實管仲是想去截殺小白。小白是所有問題的關鍵點，解決了小白就解決了一切。管仲的邏輯分析能力可見一斑。

不久，管仲快馬趕上小白的車隊。

鮑老哥一看管仲來了，大喜過望，連忙招呼小白，「老大啊，你看，管小弟來投奔我們了。」

小白停車，撥開車簾，一看果然是管兄弟。正要打招呼的時候，卻見管仲朝自己彎弓搭箭了！

全場驚訝！

只聽「嗖——啪——啊！」管仲射箭正中小白，小白大叫一聲，鮮血直流，昏死過去。

鮑叔牙領著隨從護住小白：「大哥，你不能死啊！」

管仲一看病毒已經抓到且殺了，趕緊回馬，一溜煙跑了。

等管仲興沖沖地跑回姜糾身邊，卻見姜糾一行人正嘔吐不止。管仲驚問何故。

姜糾恨恨地說：「管師傅啊，你去了之後我心裡沒了著落。開電視看了點奧運比賽。一不小心是場中國男足的比賽。」

曹沫補充道：「唉，他娘的，國家隊還被罰了兩張紅牌！」

管仲嘆息道：「公子，我不是一直勸你遠離毒品、遠離股市、遠離中國男足嗎？」

秦子、梁子稍稍緩過神來，出來打圓場：「諸位別放在心上，又不是一次兩次了，這才是正常表現嘛。放心，我們魯國人踢球很有一套的。」

魯莊公聽了這句話，大為振奮，高呼：「山東，魯，能[16]！」

眾人稍安，管仲說：「還好，我剛才把小白滅了。大家可以慢點走，緩緩身子。」

怎料，貌似有事的小白沒有死。貌似沒事的秦子、梁子最後深受那場比賽的惡劣影響，沒多久卻死了。這是後話，先說小白不是韋小寶，沒穿那件寶衣，那他為什麼刀槍不入。

很多影視劇都有這一幕，某某人有個護身符，一顆子彈打過去正好命中護身符，讓主人公撿回一條命。不過現在的影視劇想讓一個角色起死回生已經非常簡單。觀眾一看哪個人物死了，口誅筆伐之下，編劇就會修改劇本，在後面來個解釋說明，那個人物立刻又活了。

眾人驚呼：「邢素蘭沒有死！」

---

[16] 此處影射中國男足山東魯能隊，擁有該隊的魯能集團是山東最大的國營企業，後爆發了集團負責人將企業掏空的醜聞。

鼓掌，繼續邊喝粥邊看《霹靂火》。

原來，小白身上有一條長二十八公分、寬四公分的帶鉤，作用好比是扣子，搭住另一側的布料，成了一件衣服或者披風。這個帶鉤非同一般，它由九塊金玉鑲嵌而成，寶貝名稱「九鑲帶鉤」。弓箭就是射中了這個帶鉤。

小白急中生智，咬破舌頭，摻上唾沫一噴而出，外加痛苦一叫，與不知情的臨時演員的完美配合，騙得管仲上當了。管仲一走，小白就翻身上車，食指一揮，說道：「咱們走！」鮑叔牙呆呆地感嘆，這個老大果然是個人才。於是決定死心塌地跟著他混了。

這個有名的帶鉤也因此被尊為「中華第一帶鉤[17]」。

當姜糾他們還在克服噩夢中慢慢前行的時候，小白已經來到了臨淄城下。雍稟一看，怎麼來的不是姜糾，高傒笑道：「凡事要講先來後到嘛。」於是小白順利入城，辦了手續，是為齊桓公。

消息傳到姜糾代表隊的時候，眾人如夢初醒！怎麼辦？都到家門口了，難道就此錯過嗎？親自送人的魯莊公覺得實在放不下面子，拍板道：「打！」

齊魯乾時大戰

有些人總是從一個極端到另一極端，比如這位魯莊公。當年齊襄公在時，唯唯諾諾，如今齊襄公一死，就如同翻身得解放一般。可惜開心日子沒幾天。眼看自己拉著公子糾馬上要回到齊國即位了，如果這樣，自己有擁立之功，齊老大就要開始對魯老大鞠躬行謝禮了。哪知，竟讓小白領先一步。魯莊公氣不過，咬咬牙，決定不做孫子，要做一回老子。

發現有人替自己出頭，管仲和姜糾樂開了花，於是自告奮勇，希望親自上場參加比賽。

[17] 暗諷北京一臺商經營的拍賣公司於二〇〇七年拍賣的一件戰國玉鉤，後該拍賣品被指為贋品。

魯莊公瞥了一眼管仲：「你不是說小白早被你滅了嗎？要不是你，我們怎麼至於走那麼慢！你們倆還是乖乖地看網路直播吧。」

管仲心裡委屈：「你看什麼不好，看中國男足踢球！」可是現在被人家的軍隊「保護」著，只好忍耐，權聽魯侯。

魯莊公親率大軍，曹沫、秦子、梁子盡皆上場，誓要拿下齊國，雪前恥、創世紀。

說來也倒楣，齊桓公姜小白剛登位沒幾天，集結號就吹響了。不過桓公臨危不懼，兵來將擋。

鮑叔牙勸了句：「還是先發個聲明，就說我們這裡大位已定，姜糾沒有及時入齊，已經被取消參賽資格。」哪知聲明稿快遞到魯莊公營中，馬上被當作垃圾小廣告，扔了。

齊桓公見聲明無效，轉頭問鮑叔牙：「他們不聽，怎麼辦？」

鮑叔牙靜靜地說：「不聽就打！」

齊桓公微微一笑：「好！」

齊魯的乾時大戰就此開始。

當時齊國有條河叫「時水」，其中的一條支流在雨季有水，旱季乾涸，所以叫作「乾時」，位置在臨淄西面。齊魯兩軍便相遇於此。其中，齊國出動大軍，造成齊魯兩軍兵力變為五比三。此外，齊桓公還和他的智囊團共同討論，得出以下戰略：

東郭牙率左軍，王子成父率右軍，從兩翼包抄魯軍，深入敵後，切斷魯軍後路；甯越和仲孫湫各領一軍，伏兵於道；小白帶著鮑叔牙等人親領中軍對敵魯莊公。雍稟本來是要迎姜糾的，如今小白即位，為了向新主子表忠心，他甘冒風險，做了先鋒。

既然有伏兵，就得讓人去騙騙魯軍，讓魯軍中計才行。哪個去騙人合適呢？大家齊刷刷地朝雍稟望去。

別躲了，看你呢！對，就你裝得像！

於是，雍稟被委以重任，當了回誘餌，所幸虎口脫險。

魯莊公看著雍稟，氣不打一處來：「當初是你殺了無知之後，派人來要接公子糾回去即位。我應邀而來，齊國卻換了小白當主人。更可氣的是，你還幫他來打我！」

魯莊公環顧左右：「有誰替我拿住這廝？賞福娃[18]！」

話音剛落，只見猛男曹沫一車當先，秦子、梁子隨後出動，大軍一併向前。

在魯軍追擊的途中，理所當然地被甯越和仲孫湫的伏兵半路截殺。眼看雍稟出色地完成了誘敵的任務，鮑叔牙馬上傳令中軍：「活捉魯侯，賞全套福娃！」只見中軍將士一擁而上，很快把魯軍三面合圍。

魯軍大敗，望風而逃。曹沫當初衝得太靠前，短時間難以脫身，只能且戰且退。秦子和梁子一向兄弟同心，舉步同行。雖說沒有曹沫危險，可惜離魯莊公太近，總不能拍拍屁股走人吧。還是救老大要緊。

二人快速跑到魯莊公跟前，秦子將莊公帥旗扔到地上，梁子卻把它重新撿了起來。秦子大為不解：「我就是怕齊軍看到帥旗，認出主公，你怎麼還撿回來？」

只見梁子將帥旗牢牢地插在自己車上，冷靜地對秦子說：「齊人一看這面旗就以為我是老大。你送老大先走，我留下騙騙齊國人！好兄弟，就此一別，也許再無相見之日了。」說完，駕車而去。

秦子見齊軍果然開始朝梁子圍去，心覺回天無力，這時曹沫也已殺出重圍，二人合力護送魯莊公趕緊回師。

---

[18] 二〇〇八年北京奧運的吉祥物玩偶，共有五隻。

當是時，正在看直播的公子糾和管仲見狀大驚，趕緊指揮手下迎上前去，接應莊公一行。魯莊公好不容易死裡逃生，見到管仲等人，不禁感嘆：「多虧這次直播是同步的，不然真要命喪於此了！」

管仲勸道：「要不是第四臺轉播的畫面太差，估計我們還能早點發現情況。不過現在還不是發表結論的時候，先逃回魯國要緊。」

莊公點頭。

一行人接著向西逃竄。

秦子不忘回頭看看遠方，他還不知道，其實梁子已經戰死沙場。

當時齊軍真被梁子騙了。大家以為魯侯就在那車上，於是眾人憧憬著全套福娃，幻想著家中孩子的笑臉，全力追趕。其中，甯越同志最為積極。可是等甯越就要追上「魯侯」的時候卻發現「魯侯」主動靠邊停車了。

大家圍上前去，但見那人緩緩摘下頭盔，脫去鎧甲，笑著說道：「我是魯國大將梁子，好像你們追錯人了吧。」

眾人大怒：「我的福娃啊！」

甯越將梁子扭送到齊桓公面前。桓公佩服梁子忠心為主，怎奈眾怒難息，只能嘆口氣，砍了他的頭。

眾人見狀，盡皆散去，口中大呼：「繼續追！殺魯侯，贏福娃！」

魯莊公間歇性發威

本來，魯軍此次出征是送人當老大，跟迎親的隊伍差不多，怎料事態變化突如其來，上到領導人下到小兵都沒做好心理準備。剛才逃了半天，如今稍微一鬆懈，疲憊感突然就上來了。

莊公、曹沫、秦子、姜糾和管仲一行原以為可以喘口氣，哪知追兵又到。無奈之下，體力不行就靠智力吧。

管仲提議：「咱們扔點東西再跑。這樣齊軍忙於撿戰利品，咱們跑路也輕鬆點。」莊公好奇：「好是好，什麼東西能那麼靈驗呢？」

管仲笑了笑：「福娃啊！」

莊公心說：「我當你要扔錢呢！」當即表示同意。

果然，當齊軍追到，戛然而止，大家盡皆彎腰搶起了福娃。爭鬧中，大家只搶到零散的幾個，決計難以成套。於是大家互相搶，少哪個搶哪個，為了湊成套回家哄孩子，真是費了不少功夫。

鮑叔牙見狀，發現軍心已然渙散，況且已經大獲全勝，不如鳴金收兵吧。

小白實地一考查，也只好同意，心中佩服：「誰設計的福娃？太有才了！」

魯軍聽見齊軍鳴金收兵，以為終場哨聲已經吹響。哪知心裡的大石頭剛要落地，左右兩邊又有齊軍殺來。

管仲定睛一看，乃是王子成父和東郭牙！

曹沫大叫一聲：「煩勞管兄弟護送我家主公先走，我和秦子去會會他們！」說罷領了本部軍馬殺向東郭牙。此時，秦子見梁子遲遲未歸，料有不測。也罷也罷，二十年後還是一條好漢，長戟一舉，迎向王子成父。

管仲見狀，護送莊公和公子糾趕緊撤。

魯莊公見手下忠勇，埋藏在心中的勇氣終於被激發出來。原來說過，莊公其實射箭技藝很強。如今，齊國的姜糾就在身邊。姜糾是誰？說好聽點是自己的舅舅，說難聽點是大仇人齊襄公的弟弟！難道自己還要在他面前丟臉嗎？難道身邊沒有助手，自己就要靠齊國的公務員管仲護送才能回魯國嗎？魯莊公心中一橫，拿起弓矢，朝追兵射去。一箭，十分，齊軍的一個紅袍小將穿心而死；再一箭，十分環，又一個不怕死的白袍小將落馬歸西。

齊軍見魯老大突然發威，集體被雷倒，沒人敢再追趕。

曹沫見主公得脫，發揮勇力，雖然身中兩箭，左臂被砍，最後還是殺出重圍。秦子卻沒有那麼幸運，力戰而死，跟隨兄弟梁子的英魂一同逝去。

當莊公跑回都城，也就是山東曲阜的時候，才知道比賽終於結束了。檢點人數，發現場上先發的主力選手秦子和梁子被紅牌罰下，不禁感嘆：「中國男足害死人吶！」

叔牙計救把兄弟，小白借刀殺親哥

剛消停沒多久，戰報傳來，說是鮑叔牙率領大軍已經越過魯境，直逼曲阜而來。魯莊公聽到小白這麼快派兵來報復，害怕不已。

一日，齊使隰朋求見。隰朋遞上聲明，聲稱齊軍這次來只有兩個目的：一、交公子糾；二、交管仲。其實，字面底下的實情是這樣的——

一、小白是來逼魯莊公殺哥哥姜糾。畢竟自己排行最小，姜糾不死，總歸名不正；二、鮑叔牙逼莊公交出拜把兄弟管仲。鮑叔牙擔心莊公把吃敗仗的氣撒在齊國難民身上，首當其衝就是管仲，所以必須盡早救出小弟才行。

魯莊公見齊軍群情激憤，一時沒了主意，只好問施伯。施伯果然是大謀士，舉出以下兩點，招招切中要害：一、殺掉姜糾，獻上人頭；二、不交管仲，直接殺掉。

魯莊公不解：「一、小白要我們交出姜糾，你為什麼要殺？二、管仲不過一個打工的，為什麼必須死？」

施伯含笑，一一解釋：「一、小白實際是要姜糾的命。我們替他殺了姜糾，小白自然心知肚明，知道我們的良苦用心，必然退兵；二、管仲有大才，回國必受重用。小白中箭不死，必有後福。若得管仲相助，齊強則魯更弱。」魯莊公聽罷，茅塞頓開，便祕全消。

莊公馬上差手下公子偃殺掉姜糾，還把管仲抓來，帶到跟前，當著隰朋的面義正詞嚴地說：「管仲，你可知罪？你竟敢箭射齊侯！我現在要殺了你，替舅舅出氣！」這句話當然是說給隰朋聽的，主要目的是希望能傳到齊桓公的耳朵裡，給自己加點分。

沒想到，隰朋卻說道：「不勞魯侯動手，我家主公對管仲恨之入骨，誓要手刃仇人。你還是讓我把管仲帶回齊國，好讓我家主公完成所願！」

這下魯莊公無語了：「你不讓我殺，我哪有偏要殺的道理？」

莊公對施伯使了個眼色，只見施伯不知是計，也作無奈狀。於是只得作罷，將管仲移交給隰朋。

隰朋笑納而去，表示老大一定心喜，齊軍必然速退，兩國將重歸於好。

魯莊公送走隰朋，抹了一把汗。嘆道：瞧這回鬧的，吃苦受氣，損兵折將。看來得好好練練側腹肌了。轉臉問問施伯：「我的天才軍師，你說這側腹肌到底在哪兒？」

施伯心中苦笑：「瞎找什麼原因。球鞋不合腳，怪球圓不圓幹嘛？自己該下課的時候拖堂，害得手下該射門的時候忍精，不憋死才怪！」

言語間，施伯忽然心中一涼，叫道：「主公，我們中計了。剛才隰朋帶上管仲就走，動作之快，明顯意在救管仲回國！」

魯莊公回過神來：「那可怎麼辦才好？」

施伯著急：「先別管側腹肌了，趕緊追吧！」

怎料魯莊公哇的一聲哭了：「兄弟，咱們的劉翔[19]受傷了！」

施伯一聽飛人受傷，也不禁感慨。

這般消息，天下誰不神傷！特別是魯莊公，原想趁齊國換人，趁機刷新夢想，實現崛起，哪知好夢很快破滅。

施伯一看魯莊公痛哭不止，苦苦安慰：「主公，別太傷心了。畢竟全民健身才是最重要的。」

魯莊公的心神半晌才恢復過來。

施伯忙著勸道：「管仲在逃，要趕緊追啊！」

莊公轉悲為怒：「派人速追！要是小白真的下黑手戲弄我，我跟他沒完！」

施伯的智力指數很高，可惜，管仲的更高，所以當施伯遇到管仲，軍師技是發不出來的。

其實，當時隰朋從魯國手中接過管仲之後，只不過裝模作樣地把管仲關進囚籠。等囚車一上路，隰朋同志就向管仲同志轉達了鮑叔牙同志的親切問候。管仲才知，原來一切都是大哥鮑叔牙的主意，頓時心安。

不過既然還在魯國界內，只好裝作罪人，在囚籠裡待著。管仲掐指一算，覺得施伯肯定會派人來追，於是告訴隰朋，路過高速公路服務站時不要休息，趕路要緊。

隰朋嘆口氣，跑馬拉松可不是件好差事。

管仲拍拍他的肩膀，說：「我要是再被抓住，一定死路一條。你幫我一回，以後有好事，定不相忘！」還馬上創作了一首歌，曲名〈黃鵠〉。

---

⑲中國著名運動員，曾於二〇〇四年雅典奧運贏得一一〇公尺跨欄金牌。後因受傷，無法代表國家出席二〇〇八的奧運比賽。

「黃鵠黃鵠，戢其翼，縶其足，不飛不鳴兮籠中伏。高天何跼兮，厚地何蹐！丁陽九兮逢百六。引頸長呼兮，繼之以哭！黃鵠黃鵠，天生汝翼兮能飛，天生汝足兮能逐，遭此網羅兮誰與贖？一朝破樊而出兮，吾不知其升衢而漸陸。嗟彼弋人兮，徒旁觀而躑躅！」

簡單翻譯一下管仲的〈黃鵠〉曲，大意就是：「我是一隻小小小小鳥，想要飛，卻怎麼也飛不高！」不過在當時，這就是流行歌曲。結果，隰朋和眾人在歌聲中淨化了心靈，忘記了疲勞，行車速度一下子提高了。

等魯莊公派公子偃追到的時候，管仲一行早就出了魯國邊界。公子偃在倉促間連護照都沒來得及拿，活該在齊國邊界被攔住。

在特殊時期，逛特殊地點，怎能不帶護照呢？公子偃無奈。可巧，有手下小兵自告奮勇：「我有帶護照，放我過去吧。」

哪知得到的回話是：「一人無照，全車遣返！」

隰朋帶著管仲一路跑到堂阜河，就是山東蒙陰地界的一條小河。鮑叔牙在河邊恭候多時，兄弟兩人終於相見。管仲安全了。鮑叔牙一看管兄弟竟然還被綁著，心中感嘆：「管小弟演戲真敬業。」趕緊命人打開牢籠，鬆開繩索，好生撫慰。這一幕史稱「堂阜脫囚」。

管仲一見鮑叔牙，心中慚愧不已。要是當初小白真被自己射殺，說不定現在要被鬆綁的就是鮑大哥了。鮑叔牙一看管仲的眼神就大概明白一二，主動安慰：「小管不用鬱悶，你的治國大才不可荒廢。不日我就向主公推薦。」

管仲無奈地笑笑：「我的主公公子糾已死，你的主公小白差點被我害死，我有何顏面在他手底下上班呢？」

只聽鮑叔牙朗朗曰：「成大事不拘小節，你可寬心，再說，我家主公很重視人才，度量大，有事業心，是個不錯的老闆！」

管仲心想：事到如今，也只能聽從安排。再說，國營企業一般難得招人，即使招了，沒點關係也是難事。

管仲面試

鮑叔牙率軍回國，遞上姜糾頭顱，小白表面哭泣，心中滿意，自傲地說：「看來魯侯服了，附庸依舊。」鮑叔牙卻站在那裡，一聲不吭。

小白不解：「鮑師傅有何心事？」

鮑叔牙平靜地說：「心中有事，不知如何開口。」

小白說：「寡人早已對你言聽計從，有何不可說的？」

鮑叔牙說：「有一件喪事和一件喜事要報告。」

小白驚訝地問：「何謂喪事？何謂喜事？」

鮑叔牙回答：「姜糾畢竟是主公的兄長，不幸亡故，是為喪事。」

小白心說，這我知道，我不是還假裝抹了把眼淚嘛，「那又何謂喜事呢？」

鮑叔牙回答：「我把管仲帶回來了！如果主公能錄用他，那就是齊國的喜事！」

小白登時憤然：「無恥管仲，我本要殺他，他還自投羅網！鮑師傅，我有你，齊國還不夠喜嗎？」

鮑叔牙斷然回答：「主公，我有才，但是我給你打工，你賺的錢最多在郊外買房。如果你用管仲，你就能在市中心買房，還是精華地段！沒幾年，公司還能去納斯達克上市，一匡世界資本，九合天下諸侯！」

小白被這一席話說得怦然心動。想想現在已經差不多三十歲。三十而立，是該趕緊找個能人輔佐，開創一番事業，不然，歲月不饒人，光陰虛度，入土難安。再說，要是真在郊外買房，以後去城裡上班，光擠公車就要吃大苦頭了。

鮑叔牙高興地回來通知管仲過幾天去參加面試。一般來說，人才們需要先投簡歷，一面見人力資源部長，二面見部門主管，三面才見公司老闆。不過，既然這回已經打通關節，管仲只需直接殿試面君即可。臨行前，叔牙不忘叮囑管仲：記得著正裝，打領帶，穿皮鞋，襪子和皮帶的顏色要一致；面試前多查查資料，做好功課；面試時一定要保持謙虛謹慎的態度；面試後記得把座椅放回原位，輕輕地關上門。管仲領會而去，面見小白。

面試開始！

小白心中氣猶未消，但是想到當初管仲是各為其主，也沒什麼好批判的。再說，齊國的前途和自己的事業要緊，如果管仲真是能人，豈能錯過！

小白問：「堂下管仲，我且問你。福娃的設計如天才一般，寡人常聽人說你是天才，那你可以為寡人設計什麼？」

管仲稽首，回答：「主公可曾忘記您的帶鉤？」

小白惱怒，心想：「你這廝，哪壺不開提哪壺！這帶鉤如何能忘記？」

管仲見小白臉色一陰，已知一二，進言說道：「主公的帶鉤金中鑲玉，象徵齊國現世的富足和歷史的深邃。臣不才，願以此為後世獎牌，嘉獎傑出人士。」管仲停頓了一下，接著說：「另外，還可彰顯主公寬宏大量，唯才是舉。」

「果然有特色！接著說說如何強國。」小白不禁誇讚。

管仲繼續說：「只此兩點，齊國必強！」

小白馬上端正身體，問道：「哪兩點？」

管仲文謅謅地回答了一番，歸納總結一下，中心思想大體是：一、安內攘外；二、尊王攘夷。

小白感興趣地問：「如何安內方可攘外？」

管仲答：「貫徹先軍思想，一切以軍隊建設為中心，務必保持社會和諧，穩定壓倒一切。」

小白說：「解釋一下。」

管仲答：「兵力源於百姓，要想用百姓之力，必先有愛民心。比如降稅減稅，藏富於民。一切依法治國，有法必依、執法必嚴、違法必究。」

小白說：「善！若得民心，如何用民力？」

管仲答：「以後職業統一依次劃分為士農工商四個行業。老子是哪行的，兒子就是哪行，不得跨行競聘，力求工作穩定、職位專業。士者出力、農者出糧、工者製兵器、商者通有無。」

小白問：「那樣的話，有四個問題。第一，軍力夠不夠？第二，軍糧夠不夠？第三，兵器夠不夠？第四，軍費夠不夠？」

管仲微微一笑：「第一，兵力有三萬人，足以橫掃宇內；第二，舉國以農為本，保證糧食供應，防止糧價大幅波動；第三，兵器和軍費的供應有捷徑。庶民犯罪，小罪拿錢來贖，輕罪拿刀槍劍戟來贖，重罪拿盔甲盾牌來贖，死罪則沒收財產，褫奪公權終身。另外，削山為礦、煮海為鹽，礦鹽收歸國有，專賣經營。」

小白笑著問：「好是好，可是這專賣不就和昔日周厲王的專利相似啊？」

管仲回答：「主公，此一時彼一時。現在強調專利、重視版權，盜版軟體都不能用了。」

小白很是滿意：「內既安，可戰否？」

管仲回答：「未可，還需扛起尊王攘夷的大旗。」

小白示意管仲繼續。管仲接著說：「現在周室衰微，四夷侵擾，九州紛亂。小諸侯今存明亡，大諸侯弒君篡位。昔日鄭伯大鬧，雖然暢快淋漓，但是好景不長。我齊國要想闖蕩天下，就必須打出自己的品牌，那就是尊王攘夷。這樣，師出有名，名至實歸。那時候，我不做方伯，誰做方伯？」

小白撫掌大笑：「鮑叔牙說你是治國之才，果然沒錯。我且問你最後一個問題。」

管仲謙虛地回答：「知我者，鮑叔牙也。主公有問題，儘管問。」

小白狡黠一笑：「你的內衣是什麼顏色的？」

現在就有面試官問應聘的女生這個問題，美其名曰是與世界接軌，不知道薪資水平接軌了沒有。這是後話。且聽管仲回答：「我和主公的一樣，都是紫色。」

小白驚訝不已。

管仲解釋：「古有云，紫氣東來，而我齊國正在東方。我也早知主公喜歡紫色，於是向主公學習。如果獲得這個職位，將來，我會讓手下都穿紫內褲上班。」

小白大大滿意，看來管仲可謂知己。莫非是自己的粉絲——小白粉？

於是，兩人談天論地，三天三夜。末了，小白弱弱地問：「我這人好色，會影響霸業嗎？」

管仲直截了當地回答：「現在有權有錢的有幾個沒嫖過，有幾個沒包過？男人這點事，不用遮遮掩掩！只要適可而止，量力而行，絕不會影響事業的。」

小白頓時心安：「那就好！」

卻見管仲擺擺手：「但如果主公不識人才、識而不用、用而不信，那就對霸業有百害而無一利。」

小白堅決地說：「那我就拜你為相國，專任你一人，如何？」

管仲稱謝：「只我一人難成大事，還需團隊配合。必須同時成立五大部會。」

小白擺了擺衣袖，作聆聽狀。管仲繼續：「外交部，部長隰朋；農業部，部長甯越；國防部，部長王子成父；司法部，部長賓須無；監察部，部長東郭牙。」

小白不假思索地回答：「准！」

不久，小白拜管仲為相國，管仲保舉的五人也依次封官。管仲帶領著他的團隊，堅定地團結在以姜小白為核心的中央周圍，齊心協力，奮發圖強，只用三年時間，就走完了別國三十年才走完的道路。齊國大治。

當然，道路一向是曲折的。就在拜相不久，小白不顧逆耳忠言，導致兵敗長勺。對手就是大冤家——魯莊公。

10 小白摔了幾個跤

長勺之敗

就在小白拜相不久，消息傳到了魯國。魯莊公拍案而起：「小白欺人太甚！」恨不得當即兵發臨淄，抓起小白打屁屁。

施伯勸道：「老大，我軍新敗，無兵無將，哪能說打就打？」所謂「千軍易得，一將難求」，前日乾時大敗，魯軍損兵折將。秦子、梁子去後，只剩下曹沫和公子偃。可惜曹沫重傷後在家養傷，不能再出征；公子偃當初沒能率眾追回管仲，也被魯莊公冷凍。

哪知魯莊公怒氣不消，叫囂著：「徵兵！拜將！出征！」

施伯無力勸說，只好安排下去，秣馬厲兵，準備開戰。可是，拜誰為將呢？施伯放眼朝堂，無人可用，於是逆向思考，想到了一個人。他就是曹劌，大名鼎鼎的「曹劌論戰」、「一鼓作氣」的主人公。可惜，曹劌是個市井下人，魯莊公拉不下臉去三顧茅廬，於是差施伯去請來便是。

施伯到了曹劌家門口，只見門口掛著一幅字，讀來便是：「警察和狗不得入內！」施伯不解，入內叩問。曹劌一看是熟人，就把遭遇一吐為快。

原來是曹劌有個小買賣，結果被警察以「取締攤販」為由端掉了，害得曹劌窮得只能天天吃素。等施伯說完來由，曹劌哈哈大笑：「吃肉的人都沒了主意，來求我們這些吃素的了？」施伯汗顏，打圓場道：「現在流行素食主義，你一定要出征。」

曹劌躬身領命，表示：「放心吧，國家為大。老百姓保護聖火從來不用動員。」

魯莊公順利拜曹劌為將，讓曹劌負責操練，準備打仗！

消息傳到齊國，小白陰下臉來，叫來管仲：「相國，如之奈何？」

管仲勸道：「國力未強，國運未昌，外交還是要遵守國際法，不如找周天子解決吧。」

小白搖搖頭：「聯合國安能理會[20]？」於是讓管仲退下，找來鮑叔牙。

鮑叔牙拍拍胸脯，畢竟上次大勝，魯軍在他眼中不過小菜一碟。

小白大喜：「好，那就先發制人！」

齊國這一出兵，澈底打亂魯莊公的計畫。兵將剛齊，莊公大急。曹劌相勸：「主公寬心，我自有計可勝齊軍。」魯莊公將信將疑，決定和曹劌同車，迎戰鮑叔牙。

齊魯兩軍在長勺列陣完畢。

鮑叔牙信心滿滿，下令擊鼓，齊軍全軍衝鋒。

魯莊公一看齊軍如此放肆，氣得牙根癢癢，也下令擊鼓，決心與齊軍來個拚死一搏。

這時曹劌拒絕領命，下令魯軍密集防守，不准出戰、不准後退。

前軍士兵心裡直罵娘，這不是擺明了要當炮灰嗎？

後軍士兵心裡樂開了花，心說只要把前軍頂住，那就安全了。

齊軍殺到。

魯軍士兵嚴格保持隊形。

後軍士兵死死地抵住前軍，前軍士兵沒了後路，只能奮力抵擋，倒也殺得五五分帳，齊軍沒占半點便宜。

鮑叔牙一看魯軍這塊骨頭真是難啃，叫了一個暫停，鳴金收兵。

---

[20] 嘲諷安理會的無能。

齊軍士兵退回休息室，想聽聽鮑教練的指導。可是，鮑叔牙思前想後，覺得對付縮頭烏龜，只能用力敲破龜殼，別無他法。於是，齊軍休息之後，二次擊鼓，再做衝鋒。結果，不幸的是，這次還是沒衝破魯軍隊形。

鮑叔牙一看手下的士兵只會盤球就是不會射門，氣得再次鳴金收兵。可是，他就是想不出突破密集防守的辦法。於是硬著頭皮第三次擊鼓，下死命令要齊軍一定奮發圖強，攻破魯軍防線。

齊軍士兵一聽，這一遍一遍的幾時才是頭啊？要真沒好辦法，還不如回家睡覺，等想明白了再來打。不過幸好魯軍膽怯，不敢出戰。大不了這次去了之後，假模假樣地亂砍一氣，等鳴金一響，再回來休息好了。

可是，魯軍真是膽怯嗎？前軍因為殺退齊軍兩次，早已變得血脈賁張；後軍一看齊軍也沒什麼大不了，恨不能自己也衝上前去，好立下軍功，博得功名。

前後兩軍就等曹劌開口，誓要殺向齊軍，有怨報怨，有仇報仇。

就在齊軍第三次衝鋒的途中，魯軍竟也擊鼓迎戰了。魯軍士兵口中大呼：「還我福娃！」

齊軍大驚失色，不久敗下陣來。

鮑叔牙一看魯軍要打防守反擊，外加剛才幾次衝鋒也沒個效果，頓時心灰意冷，全線撤兵。

魯莊公一時沒反應過來。剛才還在挨打，怎麼就突然能打人了？好比無意間中了彩票一樣，沒了主意，只好問曹劌，追還是不追。

曹劌下令暫且停止追擊，要先做風險評估。他下車查看齊軍的遺留物，只見旗倒車歪，判定沒有埋伏，可放心直追。

魯莊公這才回過神來，發現自己真的發財了，馬上下令全線追擊。果然，齊軍毫無埋伏。魯軍這下收穫頗豐，大勝而歸。

曹劌因此被破格聘為國家公務員，施伯因為獵頭工作做得好，也得到嘉獎。從此曹劌餐餐吃肉，頓頓喝酒，漸漸地也忘記當年在市井受到的不公待遇，反而開始誇讚魯國政府「就是好來就是好」了。

郎城再敗

且說齊國這邊。鮑叔牙敗歸，小白大怒：「附庸也敢還手？」決定再起大軍。

鮑叔牙搖搖頭。做為事件的親歷者，他知道魯軍的戰術，要是當初自己兵力再多一點，一口氣拿下魯軍，也就沒有「一而盛，再而衰，三而竭」的慘痛教訓了。所以，單靠齊軍恐怕還不夠，為保勝利，這次必須找外援。想來，友好國家中，屬宋國最強。

於是鮑叔牙報請小白批准聯宋抗魯。

當時，宋國在位的老大是宋莊公馮的兒子宋閔公捷。當年老爸跟齊傒公、齊襄公站在一起，多次賣力出征。如今自己在位，也要延續友情，開創未來。於是齊宋兩軍在郎城相會，合兵向魯國殺去。

魯國剛剛歡慶完長勺大捷，曹劌是難得遇上好吃好喝，早變成高血壓、高血脂、高血栓，只能坐辦公室了。就在魯國又一次大軍缺大將的時候，一個久違的聲音在朝堂響起：「讓我試試！」魯莊公定睛一看，原來是公子偃。

魯莊公看了一眼施伯，施伯無奈地點點頭：「沒辦法，廣設大學之後人才質量太差，難得有個曹劌就不錯了。現在只能讓公子偃同志戴罪立功了。」

魯莊公一想，反正山寨曹劌的戰法也不難，自己去就行。不過為了確保安全，還是自己做後軍，讓公子偃率領前軍。

公子偃告別疆場多年，如今重出江湖，決心一戰成名，所以前軍雖然危險，也值得一去。

魯軍列隊完畢，與齊宋開始對陣。公子偃登高觀察，發現鮑叔牙帶領的齊軍軍容齊整，果然是大國氣派，心中暗暗佩服。相反，宋國軍陣有些凌亂。

魯莊公打算依樣畫葫蘆，想等齊宋衝鋒三次時一鼓作氣殺出。

公子偃立功心切，決定兵行險招，向魯莊公建議，如此這般，便可取勝，還可名留青史。

魯莊公對取勝沒有興趣，因為他自以為取勝不難，不過一想到可以名留青史，就動了心思。於是安排公子偃，可以便宜行事。

公子偃吩咐手下準備一百張虎皮，打算把虎皮蓋在馬上，冒充老虎。手下無奈：「環境保護得再好，一時間也打不著一百隻老虎啊。」公子偃笑笑：「有上頭罩著，什麼事情辦不了？放心去剪年畫上的老虎就成，短時間內拆不穿的。」於是不久百匹「老虎」就預備完畢。

當晚，公子偃趁著月色偷偷摸進宋軍大營，突然舉火，百匹「老虎」咆哮著衝出，把毫無心理和生理準備的宋軍嚇得屁滾尿流，人仰馬翻。在宋軍大潰敗的時候，宋軍大將明知大勢已去，卻衝向魯軍，決心輸得光彩，死得光榮。

他就是南宮長萬和他的最佳拍檔猛獲。

當時，魯莊公親率的後軍一看公子偃得手，反正是無風險套利，於是馬上跑來會合。南宮長萬一看魯侯親臨，又跟猛獲講了一通「擒賊先擒王」的道理。這次，他不讓搭檔單幹，而是二人駕車，快馬揚鞭，殺向魯莊公。

魯莊公心中一驚，這南宮長萬和猛獲可都有萬夫不當之勇。魯莊公對身邊的顓孫生說：「平時扳手腕都是你贏，你去會會這個宋國大力士南宮長萬如何？」顓孫生無奈，君命難違，就權當在領導人面前表現一下。

顓孫生力敵南宮，猛獲也被他人圍住。雖然顓孫生使盡渾身解數，奈何蝦兵鬥不過蟹將。魯侯一看情況不妙，趕緊叫手下弓箭伺候。手下拿來魯侯御用之弓的「金僕姑」。魯莊公瞄準南宮長萬，一箭射中南宮的右肩，力道之重，直入骨髓。南宮長萬忍痛拔出弓箭。這時顓孫生抓住機會，一戟刺中南宮左腿。南宮負傷，摔下車來。正待起身，早被魯軍五花大綁，押到魯莊公面前請功。魯莊公看著南宮長萬雖然身負重傷，卻依然站立，也不喊疼，不禁佩服萬分，吩咐下去，好生款待。

猛獲看搭檔被抓，也知武力不夠，心有餘而力不足，於是突出重圍，逃回宋國。

齊國這邊一聽宋軍失手，知道大勢已去，要是自己單幹，弄不好又被一鼓作氣給打回來，還不如認栽，直接撤軍回家了。

小白貌似親小人

魯軍忙著收拾宋軍，也就沒顧上齊軍。等知道齊軍也已經撤退，馬上山呼勝利。郎城之戰，魯國國威大振，魯莊公終於擺脫孫子形象，改做老子。

齊國戰敗之後小白鬱鬱寡歡，成天喝酒、K歌、玩女人，還決心仿效大哥襄公，要娶天子女兒做老婆。

外交部長隰朋憑著三寸不爛之舌說媒成功，不過周天子指明了要魯國再做司儀。一來二去，婚姻美滿，齊魯復交。

齊魯既然復交，魯宋本無仇怨，也就釋放南宮，冰釋前嫌了。這一釋放，本來是好事，卻因此生出事端，害得宋國大亂。

先不說宋國如何，且說齊桓公小白同志只因兵敗魯國，心情煩悶，於是沉迷美色，把國事全部委派給管仲負責。本來也是好事，至少管仲可以放開身手，力行改革。可是凡事都有兩面，夜總會之類的娛樂場所本來就是大染缸，想抓賣淫嫖娼還不容易？大可不必當新聞來說，還滿口大讚某某如何辛苦調查才讓流鶯歸巢、鳳姐歸案之類。耳濡目染之下，小白漸漸親近起小人來。

後世知道，齊桓公年代有三大奸臣，其中的兩個就在此刻登場。

一個是豎刁，是姜小白的幸童。值得一提的是，他是為了能接近小白而DIY自宮的民間小太監。

另一個是易牙。易牙是個巫師。光讀學校教材是當不了巫師的，還需要多讀課外讀物才行，所以巫師簡直就是知識的化身。這個易牙除了能言善辯之外，還懂得藥膳烹飪。「藥匣子」易牙用自己的藥膳治癒了小白的寵妃衛姬之後，得到了小白的重視，並留在身邊，掌管後廚，是為雍人。所以易牙也被稱為雍巫。

後來，小白得了厭食症，吃了易牙的拿手好菜之後馬上胃口大開。這道菜如何美味就不加形容了。當小白問起菜肴的配料時，易牙靜靜地回答：「是人肉，我兒子的，他三歲。」

小白大驚。

易牙叩首，表示人臣為主，一切皆可，還謙虛地說：「也沒啥，這點骨血開始要當兒子養，最後要當豬賣！」

小白大為感動，心想：「菜肴雖然可口，事情卻不可樂。易牙為我付出這麼多，真是個忠臣啊。」

從此小白身邊就有這豎刁和易牙二人圍繞，生活還過得美滋滋的。

不久，周莊王去世，周釐王即位。

周釐王元年，管仲奏請齊桓公，齊國已經兵精糧足，可以開始圖霸了。

小白聽罷，扒開女人堆，抖擻了精神，要開始建功立業。

這時，豎刁和易牙進讒言，說管仲算哪根蔥，怎麼能他說什麼就是什麼？

小白厲聲喝道：「你倆懂個屁！」

知道偉人和庸人的區別嗎？

泡妞不忘事業，網遊不忘功課！

這就是區別！

11 小白的機會——宋國南宮之亂

大老粗被耍了

就在小白扒開女人堆的時候，宋國發生了一場血案。這場血案給小白提供了成為東周歷史上第一位正版方伯的機會。所謂的「正版方伯」，也就是獲得了周天子的書面認可，不用擔心註冊碼時不時地被加入黑名單，更不用擔心螢幕一小時會變黑一次。

小白伺機而動，邁出了稱霸第一步！

話說南宮長萬被魯國放生歸宋。宋閔公非但沒有為他開個歡迎會，擺個壓驚酒，反而惡狠狠地丟下一句話：「你原來功夫好，我敬重你；現在你做過階下囚，我不敬你了！」然後拂袖而去。

南宮呆呆地在堂下跪著，心中一肚子委屈也不好發洩。

大臣仇牧追上宋閔公勸道：「大哥跟小弟說話也要有理有利有節才行。」

宋閔公滿不在乎：「不過一個敗軍之將，再說，開開玩笑又如何？」

說來宋閔公心中也確實有氣。好歹當初派出了最佳陣容隨齊國參賽，結果南宮長萬一塊獎牌都沒拿，真是有損國格。宋閔公這一冷嘲熱諷，看著南宮沒什麼反應，也就越發不依不饒，漸漸地習慣了給南宮難堪。

其實，南宮心中有無限悲憤，只是被老大的權威壓迫著，不敢作聲罷了。一個沒偷自行車的守法公民硬是被冤枉成了偷車賊，這種人格上的欺辱自然是一生不忘的。而為此最終幹出了驚天動地的大手筆，這其中的積怨可見一斑。

不過，燕人楊某[21]難逃一死，宋人南宮也功敗垂成。也罷也罷，凡夫俗子苟且而已，且看南宮如何一時發威。

那一日，南宮被宋閔公請到行宮之中。看清楚，是「行」宮，也就是說閔公在外度假，假期到了一半，派人把南宮請去而已。南宮也奇怪，開始沒讓他去，怎麼中途就能去和領導人一起度假了呢？等來到老大跟前，南宮可是大開眼界。那一個個波濤洶湧、前突後翹的後宮佳麗都雲集於此，恰似看戲一般。南宮心中不解，莫非是《暮光之城》男主角來中國了，怎麼引來如此人山人海的超女靚妹圍觀呢？

只見座上閔公微微一笑，說是眾人都等著看南宮大將軍的雜技表演。這下南宮算是明白了，原來是要看他出醜啊。

南宮心中恨恨，暗想：「閔公你老人家真是費心了，安排這麼大的排場，我要是不露幾手，真要在宋國混不下去了。」可是人家堂堂一個武將，從來沒去過天橋，怎會雜耍呢？

匆忙間，南宮瞟見邊上持戟站立的衛兵，心中有了主意。只見南宮疾步走近衛兵，說要借他的長戟一用。這下衛兵慌了神，心說你要我的兵器幹嘛，不知道公共場合嚴禁攜帶管制刀具嗎？

南宮一看衛兵不肯，眾人心慌，忙忙解釋道：「我願為諸位表演擲戟為戲。」

閔公不解，莫非要扔標槍，這個太危險了，一個拿捏不好，戳死誰都不合適，況且要是南宮心有歹意，那自己就麻煩了。於是說道：「擲戟可以，不過只能往上拋。」反正要是這樣失手，死得只有南宮而已。

大老粗南宮長萬當即誇下海口：「拋再高都可接住！」

眾人鼓掌。

[21] 二〇〇八年七月一日，一名來自北京的楊姓男子闖進上海閘北區政法大樓，連續刺傷九名民警和一名保安，導致五人死亡，行兇的動機是他曾被冤枉偷自行車，警方審理不公，故而挾怨報復。

大老粗動手了

道具。

燈光。

Action!

只見南宮把長戟拋向空中數丈，然後穩穩地接住。

要說數丈，咱們且按五丈，再按秦代標準計算，一尺合今二十三・一公分，一丈二百三十・一公尺，約等於二・三公尺。五丈約等於十一・五公尺。如今房屋的樓高也就兩到三公尺，那就是四、五層樓高。一把青銅長戟被奮力拋向四樓高空，再從四樓直線墜落，最後被南宮的一雙大粗手穩穩接住。

大家可以想像閔公的大老婆、中老婆、小老婆、小小老婆們是如何尖叫和驚呼的。剎那間，後宮的寂寞女人們成了南宮的粉絲，而南宮成了少女偶像和師奶殺手。

這下，整個劇場中最痛苦的就是宋閔公了。眼看著苦心籌劃的小丑表演變成了星光大道，閔公那個悔啊。不過有其父必有其子，從科學上講是很有道理，因為基因使然。當然，養了一輩子卻發現不是自己的種的例子除外。宋閔公同志就繼承了他老爸宋莊公馮的壞心眼，套用咱們童年擠破腦筋寫文章時的形容語句來說，那就是：「瞧！這個壞蛋眼珠子一轉，馬上想出了一個壞主意。」

沒等南宮和粉絲的見面會開完，宋閔公就安排下人拿來棋盤棋子，說要和南宮比賽下棋。和一個沒腦子的武夫比賽智力遊戲——下棋，虧閔公想得出來。

南宮一看這架勢，看來是非丟臉不能回家了。也罷也罷，夾緊尾巴做人吧。最近國際國內經濟不景氣，能找個打工的地方也不容易。

閔公一看南宮屈服，心中暗喜。於是變本加厲，說誰輸誰就認罰。

南宮無奈，罰就罰吧。

閔公想了想，那就輸了罰酒吧。

南宮心想，喝就喝吧，正好藉酒消愁。

就這樣，閔公一局一局地贏，南宮一碗一碗地喝，女人一聲一聲地叫。

閔公開心了，南宮喝多了，女人陶醉了。

忽然，門外急報傳來。老周王莊王已經拜拜了，新周王釐王快要登基了。

閔公隨即安排弔喪和祝賀事宜，然後吩咐祕書安排一下自己去周王室的行程，好像模像樣地參加這次紅白喜事。畢竟宋國是公國，地位至高，不可怠慢。

這時，滿含醉意的南宮朗聲道：「願隨大哥去一趟京城，也好見識一下太陽升起的地方是如何模樣。」

閔公譏笑道：「那個地方隨便扔一塊磚頭，砸到的就是個官。你一個敗軍之將還有臉說陪我去。我們堂堂宋國無人嗎？讓一個囚徒去京城，你當你是《越獄風雲》男主角啊。」

閔公和女人們哈哈大笑。南宮心中大怒，在酒精的刺激下，這下的發怒最終從心理活動激變為實際行動。也不能老想像，這下要動真格了。

南宮長萬嘴上大罵昏君如何如何。一時竟弄得全場鴉雀無聲。衛兵，也就是保安一個都沒動，大家都沒反應過來。

還是閔公心中有鬼，先行緩過神來。他起身，一把奪過保安的長戟，舉著管制刀具對南宮罵道：「怎麼？Hello Kitty也敢發威！」

沒料，南宮全無懼色，一把拽起棋盤，拍向閔公。前頭說過，南宮是個大力士，竟然這一下把閔公拍倒在地，長戟也落在地上。沒等閔公起身，南宮快步逼向閔公，只一拳，打死了宋閔公。

大老粗得手了

眾人終於恢復知覺，隨後在大叫中驚散。

要說宋國也實在沒出息，這些保安跟交通警察似的欺軟怕硬，也跟著女人們撒腿就跑。滿身是血的南宮這才稍稍酒醒，情知出事，不過也沒啥主意，只知道趕緊回家要緊，乖兒子和老母親都在家裡，要逃也得一起才行，切不能學習「范跑跑」和「楊不管。」

就在跑出行宮門口的時候，南宮長萬遇到了大臣仇牧。唉，也是仇牧命不好，竟然碰到這個煞星，還主動迎上去問南宮出啥事了：「宮裡煮的粥好喝嗎？怎麼人都跑了？你身上怎麼還有血呢？」

南宮靜靜地回答：「粥糊了，我把老大殺了。」

仇牧起初還以為南宮開玩笑，漸漸地心中卻涼意升騰：「不會吧？」

忠臣就是忠臣，仇牧雖然能理解南宮長萬的痛苦，但是對弒君這種大逆不道的行為是堅決反對的。他一把舉起自己的公文包，要往南宮身上招呼，卻被南宮一拳擋開，復一拳，門牙打掉，腦漿迸裂，一命嗚呼。

餘人一看這種情景，更沒人敢來阻擋南宮。

半路上，南宮又遇到華督親率大軍來截殺自己。當年這個老奸臣為一己之私，幾乎絕了孔家血脈，孔老夫子都差點沒法出現在歷史舞臺上。他還干涉鄭國內政，造成鄭國內亂而至今一蹶不振。華督倒踩著他人的鮮血當上了宋國的百官之首——太宰。可是，所謂惡有惡報，出來混，遲早要還的。南宮根本不理華督的慷慨陳詞，二話不說，突入敵陣，一戟刺去，華督應聲落車。南宮復一戟，恭送華督歸西。從人如鳥獸散。

接著，乖兒子南宮牛和好兄弟猛獲率本部軍馬前來接應。南宮一派迅速接管了群龍無首的宋國舊政府，扶閔公的弟弟公子游做了傀儡。

第二日，宋國新政府上朝議事。完全酒醒的南宮長萬上堂一看——靠，這事鬧的，怎麼堂下的大夫大將和公子御內差不多都不服，逃走了！

南宮派人速速查實，發現公子御說逃到亳地，也就是在河南商丘附近。其他公子御內和公族大夫逃到了蕭地，也就是現在的安徽蕭縣，原屬蘇北地界。

公子御說可不能小覷，南宮長萬捧出的公子游只不過是閔公的從弟而已，而這位御說卻是閔公的親弟。

大老粗失手了

斬草不除根，春風吹又生。

南宮留下自己坐鎮朝堂，派兒子南宮牛和兄弟猛獲速領大軍前去亳地，圍剿御說。哪知，兩人輕敵，沒料到在圍困亳地時，反被從蕭地前來支援的公子大夫們反包圍，並最終因兩線作戰而被全殲。

猛獲拚盡全力逃命到了衛國。

南宮牛沒那麼幸運，做了炮灰。

公子御說充分利用自己的血緣優勢，發揮中流砥柱的作用，揮軍殺回宋國。期間冒用南宮牛的旗號，賺開大門，直入城中。

南宮長萬這才恍然大悟，腐朽的貴族舊勢力真的好頑強，革命終於變成了喪命。先死的是他的兒子，而不久就是他自己和一個更加無辜的人。

且說南宮一看大事不妙，走為上策。但是不能一個人走，家中還有八十多歲的老母！南宮抽身回家，扶老母上車，自己左手持戟，右手推車，車速超快，一路闖紅燈，無人能擋。只一日工夫，推車二百七十餘里，到了陳國尋求政治庇護。

公子御說暫時顧不上南宮，先殺了兄弟公子游，自己登位做了宋桓公。大夫衙內各歸其位，有功者皆有封賞。特別是前來幫忙的蕭地老大蕭叔大心，被重重地嘉獎一番，永垂史冊，被大書特書，遂為天下蕭姓的始祖。

宋桓公打掃完屋子就要開始請客了。

請的是所有宋國的大臣，吃的是肉湯，人肉湯。

話說宋桓公把家事打理妥當，就遣使拿著大紅包分別去了衛國和陳國，要拿錢換人。

衛陳兩國都收了好處也就乖乖地把政變分子遣返回宋國。猛獲的遣返工作倒十分順利，南宮長萬的遭遇就血腥非常了。先是當值的陳宣公擔心南宮長萬的力氣大，不好降服，於是假裝要拜把套交情，再把南宮灌得稀巴爛。然後趁著南宮毫無還手之力的時候，用犀牛皮和牛筋繩包裹得嚴嚴實實。又恐夜長夢多，直接摸黑踩著星月就送回宋國。期間南宮酒醒，使勁掙脫。押運人員擔心南宮長萬逃跑，直接打折了南宮的手腳。

其後，南宮長萬和猛獲被一同押往刑場，執行死刑。末了，屍身被剁成肉泥，做成肉湯，讓群臣服下。這就好比是豹胎易筋丸，絕對是讓屬下忠心、臣子用命的必備良藥。

可憐南宮長萬，一身是膽最後還是成了給猴看的死雞。

可是，宋桓公這個混蛋做得太絕了，就連南宮那八十歲的老母也沒有放過，誅之！

12 正版方伯誕生記

訪客不多，人氣不旺

不久，宋國南宮之亂的消息傳到齊國。管仲入宮求見小白：「老大，機會來了。」

小白依計遣使前往周天子處，哭了一下舊主，然後馬上轉臉恭喜一下新主，並徵求新老大周釐王的意見：「宋國新亂，我齊國想提議召開一個多國峰會，好給宋國新君一個名分，您看意下如何？」

周釐王聞言大喜，自己剛剛登基就有小弟乖乖地來請安，還徵求自己的意見。想來周天子好久好久沒有做主席的感覺了，於是大筆一揮，欽賜齊國辦理此事。

齊桓公大喜過望，馬上以管理員的身分向宋魯陳蔡衛鄭曹郲各諸侯國發下通知，約定三月十五來北杏之地開九國峰會。

北杏就在今天山東東阿附近，就是盛產東阿阿膠的地方。可惜，如此特產竟然沒有引來各國領導人。也許因為這是小白第一次主持會議，還是有不少人不買帳。來的只有宋陳蔡郲。

本來開會的主要議題就是為了宋國，那宋桓公來開會就沒什麼好奇怪了。陳蔡小國呼之即來，也沒啥好炫耀。郲國不過是一個子國，外加和齊國交厚，來了也不新鮮。不過郲國雖小，卻也名人輩出，後世顏姓多源於此地，與孔聖齊名的墨子也極有可能出身在這個小國。之所以不敢確認，實在是因為史籍散亂，連說墨子是印度阿三的都有，所以不敢百分百肯定罷了。而墨子的祖先卻公認是宋國公子目夷。那個目夷其實還是南宮長萬的大仇人。不過說來也牽強，因為那時候目夷才五歲。話說宋桓公剛開始差人去陳國要求遣返南宮時，還想欺負人家陳國是小國，竟然想空著手去要。在旁的兒子小目夷不禁失笑，說：「有錢能使鬼推磨，沒錢南宮回不來。」

宋桓公遂開竅。

陳宣公遂笑納。

南宮長萬遂身死。

且說在準備開會的時候，小白問管仲：「咱們派多少兵去合適？」

管仲笑笑，勸道：「還是別臭屁了，咱們要以德服人。齊國是奉王命開會，有誰不服？還要甲兵幹嘛？免得人家說咱們文攻武嚇，矮化諸侯。只要不裸奔，穿著衣服做『衣裳之會[22]』即可。」

小白全依管仲之言，在北杏大興土木，建立會場。主會場為三層大圓臺，總計三丈多高，左懸鐘右設鼓，主席臺上設天子虛位。

等四國來到北杏，一看小白竟然沒帶一兵一甲，非常慚愧，趕緊把兵車退到二十里開外。

齊桓公和四國領導人親切握手，互致問候。

可是怎麼就只來了四個呢？小白覺得臉上掛不住，抽空問管仲：「哥兒們，怎麼辦？沒號召力啊！這會還辦不辦？」

管仲安慰道：「天子都發帖支持了，咱自然要頂啦。會肯定要開的，推文多少不重要。」

齊桓公會意一笑：「那會議就如期舉行吧。」

---

[22] 指諸侯之間無敵意的友好會議。

宋桓公的良心大大的壞

三月十五，五國入場。

會議由齊桓公主持。

姜小白緩緩說道：「哥兒們，老大無力，小弟火併。今奉新老大之命，會集天下主要幫派，一要給御說一個名分，二要為將來創建一個合作機制。」

話音剛落，御說起立，向諸位行禮。

眾人鼓掌以示通過。

宋桓公御說連連稱謝。特別對齊桓公，那是感恩戴德，與當年他老爸對鄭莊公的表面功夫一樣好。

可是，會議到了第二個議題的時候，事情開始起變化了。

因為群龍不可無首，合作機制裡頭最重要的就是排定一個席位次序，與梁山聚義相同。既然天子發帖支持齊國，那應該齊國坐第一把交椅。可是齊國是侯國，比公國宋國要低一個檔次。不過要是推舉宋國那也不妥，畢竟五分鐘前，宋老大御說還是齊老大小白拉拔起來的。就在左右為難之際，還是陳宣公杵臼出來說：「天子欽定要齊國出來發通知，那還有什麼話好說，自然是齊國做盟主。」

剩餘幾國雖然沒有贊成，卻萬萬沒有反對的道理。現在陳國已經表態，那就順水推舟吧。

於是齊國第一次當上了武林盟主，雖然還不算欽定，但是孔老夫子語錄上所說的齊桓公「一匡天下，九合諸侯」也始於此。

齊桓公樂了，當年鮑叔牙勸他收下管仲果然沒錯。

宋桓公心中卻怏怏不快，作沉思狀。

小白名正言順地發表五國合作宣言，說要維護王室權威，誰要賴就修理誰。諸侯拱手受命，然後開始飯局。那年代估計還沒有阿膠吃，就算有也不是這個味道。不過肯定沒有雜七雜八的食品添加劑，所有食物肯定也都不是所謂的「黑心產品」。大夥吃著放心，大快朵頤一番。飯局末了，管仲起身說道：「魯衛鄭曹四國不聽王命，長期潛水，不來頂帖。咱們五國該替周天子出出氣。」

姜小白順口說出私底下練習已久的臺詞，對著四國國君煽情道：「俺家窮，但是再窮不能窮教育。雖然兵馬不足，也要好好地給他們上一課！」

陳蔡邾三國應聲道：「我們一定同往討伐！」

唯有宋桓公不言不語。

管仲一看，耳語齊侯，暫且如此，私底下去ＫＴＶ裡頭公關一下吧。免得強求，掃了他國雅興。

哪知，等酒席一撤，宋桓公回到自家營中，越想越冒火。好好的公國竟然被一個侯國壓制。再說了，宋國是商朝舊臣微子啟建立，齊國是滅商大功臣姜太公建成，兩國國君家傳下來多少有點世仇的因子。宋桓公越來越不服氣。

隨行大夫戴叔皮攛掇道：「齊國狂妄自大，欺人太甚。再說要是魯衛鄭曹被打服，那齊國勢力就大大增強了。對我們宋國可不是好事啊！不如走了算了。這個不平等會議不參加也罷。」宋桓公覺得有理，立刻上車，不打招呼就走了。

齊桓公聞言大怒，想派人去追。管仲趕緊攔住：「天要下雨，娘要嫁人。金融要鬧危機、微軟要查盜版，這是擋不住的。還是幹點更要緊的事情吧。」

齊桓公不解：「什麼事情更要緊？」

管仲斬釘截鐵地說：「服魯！」

因為魯國是齊國的鄰居，搞定魯國之後再稱霸天下才能後院安寧。

名揚天下，以德服人

魯國不來開會的理由也很簡單。郎城一戰，魯莊公大獲全勝，好不容易從孫子變成了老子，總要作威作福一把。所以，把齊桓公發過來的通知當作垃圾信，給扔到了一邊。

遂國是魯國的附庸國，在管仲建言之下，姜小白為了服魯，一鼓作氣滅掉遂國。管半仙算準了魯國得知遂國被滅，一定會亂哄哄地開會討論。只要齊國寫信說明利害，外加王命在身，再加上還有魯侯老母的影響力，魯國一定會乖乖地重歸齊國的石榴裙下。畢竟改革開放這幾年，齊國綜合國力的增強是誰都看得見的。

果然，當魯國發現齊國有點隔山打虎的意思之後，朝堂中在動手打架還是握手言和的問題上，再次吵得一塌糊塗。派別分類與之前大致相同，主戰派公子慶父慷慨陳詞，誓要出兵；主和派施伯同志覺得睦鄰友好最重要。

這時，齊國國書快遞到魯，大意就是，天子發號召搞活動，每個人都要積極努力地參與才對。怎麼能使性子缺席呢？

國書就留給大臣們仔細研究，領會精神。莊公自己被叫到老媽文姜那裡，訓斥一番，大意就是，別沒大沒小的，不知道姜小白是你的舅舅嗎？

莊公唯唯諾諾。

大臣們一看老大的態度也大多傾心議和。

於是魯莊公讓祕書替自己寫了一封回信，大體意思就是：「我懂了，知錯了，改日登門道歉。」

齊桓公一聽外甥這麼乖，郎城大敗的痛苦記憶一掃而空。於是撤軍退到柯地，發動士兵建壇做會場。

古往今來，最可愛的人還是阿兵哥啊。

等魯莊公要出門的時候倒後悔起來了。心說自己好容易拚來的勝仗就那麼快沒了意義，真是心有不甘。回想過去，發現齊國總是騎在自己的頭上拉屎，不由嘆了口氣。那時候，戰時負傷的曹沫早就回到工作崗位。看到老大嘆氣，決定請命，要陪老大一同赴會，還說要一雪前恥。

魯莊公將信將疑，反正有五大三粗的曹沫做保鑣，心中也踏實些。於是帶上曹沫一起來到柯地。

來到會場，只見主會場升起一面大旗，上書「方伯」兩字。當然還算盜版，畢竟那時候周天子還沒正式授權。不過，取洋名的品牌總看起來像舶來品，抬價糊弄消費者是沒問題的。

魯侯一看壇上齊桓公立於「方伯」兩字之下，絕對威武不凡。如此威勢，魯莊公倒有點戰戰兢兢了。會場圓壇有七層臺階，莊公大冒虛汗，心中恨恨，直怪沒好好練側腹肌。一直陪在邊上的曹沫卻氣息如常，果然功夫了得。看來鍛鍊身體真重要，整天坐辦公室坐得身體虛弱，關鍵時刻還是要發作的。

等爬上壇，監察部長東郭牙發現曹沫竟然沒有解去配劍，於是趕忙上前質問曹沫：「曹大夫需要接受安檢！」

曹沫惡狠狠地瞪了他一眼，狡辯道：「外交人員有豁免權！」就待再問的時候，曹沫一把推開東郭牙，作拔劍狀，對齊桓公高聲說道：「哥兒們，不要欺人太甚了。魯國被你折磨得快滅國了，你還不依不饒。快把侵略的土地還給我們。」

管仲挺身而出，擋在小白跟前，回頭跟小白使了個眼色，輕聲道：「事情緊急，答應先。」

於是，小白朗聲曰：「還你土地，如何？」

曹沫笑著表示：「口說無憑，先小人後君子，還是讓管相國立個字據。」

齊桓公正色曰：「何勞仲父，我才是法定代表人，我來跟你簽！」

於是齊魯歃血，指天誓日：「要是齊國不還魯國土地，日[23]！」

毒誓發完，曹沫大喜。曹沫也憑藉這次挾持齊桓公事件榮登俠客始祖的寶座。

不過，會議閉幕之後，齊桓公還是問了管仲：「剛才我說答應那是逢場作戲，要當真嗎？」

眾人也皆有怒氣，說一定不能放過魯國君臣二人，特別是曹沫，這什麼跟什麼啊。真敢把世界警察當出氣筒？什麼阿富汗、伊拉克，說滅也就滅了嘛！

管仲連忙勸道：「老大，要以德服人！」

本來還想解釋，怎料寥寥數語就得到齊桓公的首肯。管仲心中大喜，他終於體會到當年鮑叔牙的心情：這個老大，跟著混，有前途啊！

其他諸侯後來得知齊國竟然真的歸還了魯國土地，都發覺齊桓公可比鄭莊公知書達理多了。於是，衛國和曹國趕緊過來謝罪言和，一心想趕上這輪聯盟擴招的大潮流。就此，唯有宋國和鄭國兩國需要教訓一下。

---

[23] 中國方言「入」的發音，義同「肏」。

齊桓公舉火爵甯戚

齊桓公二話不說，要先打宋國。可不能便宜了御說這個小子。上回扶正用的是王命，這回打他還得用王命，這在文筆上叫「首尾呼應」。

報請周釐王之後，釐王的確很生氣，他對御說這個小子也非常不滿意。這個商人子弟也太不像話了。不知道做商人前要先學會做人嗎？掛羊頭是不能賣狗肉的；大米是不能上石蠟的；多寶魚是不能加孔雀石綠的；火腿是不能浸泡敵敵畏的；紅心鴨蛋是不能放蘇丹紅的；奶粉是不能摻三聚氰胺的[24]。人命關天不知道嗎？非要學商紂王玩炮烙，自己開心就好嗎？於是命令大夫單蔑率王師和齊軍、陳軍、曹軍一同伐宋。

四路大軍中，齊軍是主力，陳曹是陪襯，而王師是題材。既然天子賞臉觀摩，齊國自然不能怠慢。齊桓公讓相國管仲率軍先行打探，也好協調陳曹兩隊參賽選手，確定一下入場次序。自己帶著外交部長隰朋、國防部長王子成父、監察部長東郭牙，親率大軍，向宋國進發！可是，齊軍車行不久就停了。

桓公納悶：怎麼這麼快就遇上收費站了？

前軍來報，說路遇一人趕牛，緩緩而行，所以道路壅堵，車行不暢。桓公後悔，早知道出門的時候應該聽聽警廣節目。那也沒轍，就等警察清場開道了。不過這年頭，牛是聖物。熊出沒注意，牛來好翻身。所以，齊桓公親自到前頭，看看哪位老兄如此牛氣，見了自己都不讓。

沒料到，那位老兄一見齊桓公，便敲著牛角打節拍，唱上了RAP：「南山矸，白石爛，生不遭堯與舜禪。短布單衣適至？從昏飯牛薄夜半，長夜漫漫何時旦？」

---

[24] 以上諸例，皆是中國黑心食品舉隅，欲知詳情，讀者可自行上網了解。

這就是著名的〈販牛歌〉，大體意思就是：「空有一身功夫，可惜生不逢時。落得窮忙一族，何時買房買車？」想來那時候的原生態歌手[25]一定唱功了得，這一曲〈販牛歌〉引來了齊桓公的莫大興趣。於是差人請歌手來見。

這位歌手叫甯戚，青島平度人。祖上是衛國貴族，可惜富不過三代，家業傳到甯戚手上時，早就中落。後有劉備織鞋，現有甯戚賣牛。不過人窮志不窮，一直未改做官的志向。無奈每年的公務員考試競爭太激烈，實在沒門路。於是只能繼續增加經驗，同時自主創業，販牛為生。終於，一日，甯戚在臨淄趕牛車途中遇到了貴人，他就是管仲。甯戚覺得機會來了。他打算該出手時就出手，繞開鬧哄哄的公務員報名現場，直接以非正常途徑進入官場。

那日，管仲帶著小老婆奉命先行出發去接應陳曹兩國。

忽然有人傳報：「賣牛的託我給您帶個話，說什麼『浩浩乎白水』。」

管仲不解，小老婆卻會意一笑：「這是一句歌詞的前一半，後一半叫『君來招我去，我便上班來。』」

管仲恍然大悟：「原來這哥兒們是來找工作的。不過這個牛郎也夠大膽，敢直接來找我。態度還極其曖昧，跟我打啞謎，大有猜得中就猜，猜不中就算了的意思。」管仲倒想看看是什麼人這麼牛氣，敢欺負自己不懂流行歌，記不住歌詞。

甯戚被領到了面試間。管仲面試一番，甯戚應答如流。管仲嘆服，竟然無意間發現了一個草根牛人，社會經驗十足，做公務員一定比剛畢業的大學生更能服務社會。於是寫下推薦信交給甯戚，說是三日之後CEO齊桓公會車過於此，過了老闆這一關，就一定能錄用了。

於是，管仲走後，甯戚就徘徊此地，專等桓公。但那時候領導人不能天天上電視，也就沒人知道長相。這就要看所謂的「識人」的眼力夠不夠了。

---

[25] 指以中國各民族流傳的民歌民謠為主要歌路的歌手。

這一日，甯戚見一個錦衣綢緞、味道十足的男性被眾多保鑣護衛著，一眼就認準這就是姜小白，於是脫口開唱，果然引來小白注目。

小白問甯戚：「如今太平盛世，和諧社會，怎麼還會有這麼大的怨氣呢？」

甯戚回答：「堯舜年代，路不拾遺，夜不閉戶。老師認真教書，醫生努力治病，官員一心為民；洗頭的只管洗頭，捏腳的只管捏腳；欠人錢的不是爺爺，挑大糞的還能和領導人握手。如今，禮樂崩壞，大道不行；股市低迷，物價升騰；工廠倒閉，民工討薪。老大啊，百姓還很苦啊。」

小白大怒：「竟敢譏諷我。公務員考申論——莫談國事。這都不懂，拉將出去，砍了！」

卻見甯戚毫無懼色：「志剛不死，收容不禁。桀殺逢龍，紂殺比干。今齊國未聞有因變法而流血者，此國之所以不昌也。有之，請自甯戚始！」

小白心中大驚，這一席話讓小白開始自我反省，心中嘆息：「死的人夠多了。」馬上，偉人桓公轉怒為喜，命人趕緊鬆綁，然後說出了自古老大慣用的一句下臺階的話：「我剛才是試探你罷了。」這一招，後來的曹操就用過無數次。小白心悅誠服，和顏悅色地誇讚：「我們一定要代表最廣大人民的根本利益。你的社會經驗豐富，有才學有膽識，比應屆畢業生有就業優勢啊。」

只見甯戚從懷中拿出竹簡一封，呈給桓公：「其實，相國也是這麼說的。」

齊桓公展開一看，原來是管仲的介紹信。拍手道：「相國的獵人頭工作果然不錯，我必錄用。為何剛才不拿出來呢？」

甯戚致歉：「我也是試探罷了。要是老大只想聽阿諛奉承，聞喜不聞憂，那我還不如天天賣牛，圖個喜氣呢。」

齊桓公一不做二不休，命人當場舉火，作簡單儀式狀，行真切拜官禮，封甯戚為大夫。剎那間，草根販牛郎成了國家公務員，眾人驚愕，紛紛議論起桓公如何求賢若渴。

當然，單單錄用是沒用的。管仲曾對小白說過「不識人才、識而不用、用而不信」那是稱霸的大忌。但是話說得輕巧，真要那麼做確實還有風險。現在就有人說，做老闆要「用人也疑、疑人也用」，大體就是出於風險控管的考慮。不過，每個成功者的成長軌跡都無法複製的，公說公有理，婆說婆有理了。

且說姜小白破格提拔甯戚之後，確實「用人不疑、疑人不用」，完美地呈現了一副「求賢若渴，唯才是舉」的姿態。恰好也幸運，甯戚確有才能，最終在齊國一幹就是四十多年。因為熟悉耕牛，被安排主管齊國的農業農村農民工作。更可喜的是，他能文能武，屢立戰功，最終死在戰場，馬革裹屍還。他的墓最終被核定為青島市重點文物保護單位。

這就是春秋時節有名的「齊桓公舉火爵甯戚」的故事，也成為後世那些無法通過考試進入官場的文人墨客的最終幻想。

大明朝周臣有幅畫作《甯戚販牛圖》，畫的就是甯戚唱RAP的情景。這位周臣也許不出名，不過他的徒弟卻無人不知，那就是唐伯虎。

不過在甯戚剛被拜為大夫的時候，畢竟毫無尺寸之功，那些有功有勞的大臣們自然心中多有不服。當五國在宋界會師的時候，甯戚進言，說自己能用三寸不爛之舌說服宋國放棄抵抗。眾人不信，一者甯戚剛上班，沒什麼專職經驗；二者甯戚是衛國貴族之後，一個外來務工人員的忠誠度有待考察。小白卻不以為然，表示哪個大學生畢業就有工作經驗了？一者甯戚主動請纓，先發上場，自然已經深思熟慮；二者，要對外來工作人員平等相待，畢竟人家對齊國的建設意義非常。

於是，甯戚坐上小車，輕裝簡行，直奔宋都睢陽而去。

只要此番立下功勞，便可在齊國官場混得一席之地。

不過等待他的卻是滾滾熱湯，即將下鍋被煮的不是米，極有可能是他自己。

止戰之殤，甯戚奇功

當宋桓公聽說四路大軍在宋界紮營野餐的時候，惱了：「什麼世道？剛被領導人說成十大青年，轉眼就要做階下囚了，耍人玩吶。」大夫戴叔皮也不害怕。宋國剛亂過，自己剛逃過，大不了再回山上打游擊。於是君臣二人一拍即合，決心鬥爭到底。

老戴告訴宋桓公：「齊國先派了甯戚來談判。甯戚不過是一個剛從社會底層提拔起來的無名小輩，一定經不住嚇唬，要是言語上再有不妥，也落下個拉出去砍了的理由。」

宋桓公表示自己剛出道不久，還要戴老先生多多指教。

老戴滿口答應，讓宋桓公在門口放上煮沸的大鍋嚇唬甯戚，要不要殺，就等他的信號了。

古往今來，信號往往有摔杯子、假咳嗽、突然舉手、大喊一聲等等。信號的好壞取決於兩點，一個是要排他，一個是要明顯。既不能在那個場合人人都可能去做，也不能做了沒人看到，不然就會出現嚴重失誤。

老戴的信號就非常有特色——引紳為號。「紳」就是朝服上腰間部分的那個大粗帶子。所以，這個信號也可以解說為：「提起褲腰帶，我放屁，雙管齊下；你殺人，一命嗚呼。」戲曲表演裡頭的丑角也經常把帶紳當呼啦圈使。雖然戲謔，但古代的男人，只有官員才有本事穿帶紳的服飾。漸漸地，權力崇拜的思想深入骨髓，好男人也就被稱為了「紳士」。還好，思想革新之後的今天，穿牛仔褲漸成習慣，自由而奔放。

但是，如同霸王的鴻門宴一樣，信號是否有效卻只取決於一點，那就是實施者是否願意實施。

等甯戚來到宋桓公面前，一看滾燙的水都已經預備好了，心知肚明，唯有一搏。

甯戚仰天長嘯：「宋國啊，你他娘的真沒救了。」

一直板著臉想給甯戚下馬威的宋桓公一聽，大吃一驚，沒半點心理準備，差點沒從臺上滾下來。實在不解，忙問甯戚：「這是什麼意思？」

甯戚也不回答，只問宋桓公：「自比周公如何？」

宋桓公不假思索：「周公在，周室興。天下歸心，四海咸服。吐哺握髮，招賢納士。當然比不了。」

甯戚說：「說得好。但是如今，天下紛爭，亂象頻仍。宋國南宮之亂剛剛平息，此刻更該向周公同志學習，禮賢下士，振興宋國。本來，宋公還要擔心會不會待遇不好，工資偏低，無人應徵。現在倒好，煮開一鍋水，是要煮粥呢，還是要下麵條呢？妄自尊大，怠慢來客。就算我忠言在口，良方在手，也沒法說了。」

宋桓公恍然大悟，起身謝罪道：「實在不好意思，兄弟我是新來的，這個位子的工作還不太會做。先生勿怪，請多多指教！」

戴叔皮一看情況，使勁地提自己的褲腰帶，可是宋桓公壓根沒理他，接著問：「先生何以教我？」

甯戚一看老戴的舉止神情，也略知一二。成功一半，心中暗喜，回答道：「社會不能沒有秩序，但在周室東遷之後，王權不舉，諸侯星散，謀權篡位的消息漫天飛。現在齊侯奉王命，集合諸侯開會，一起討論區域政治經濟軍事的重要問題，並已結為聯盟，共同進退。這樣國中有事，天下共幫之；外夷入侵，天下共討之，秩序井然，穩定和諧。況且，這次會議的重要議題是給您爭取名分。可是您一拿到名分就跑回了家，天子、齊侯和各同盟國當然震怒。」

宋桓公聽著也覺得心中有愧，連連問退敵之策。

甯戚回答：「坦白從寬，抗拒從嚴。只要交代清楚事情經過，認真改正自己的錯誤，就還是好同志嘛！天子和齊侯自然不會得理不饒人。這樣不費一兵一甲，宋國安如泰山矣。」

宋桓公有點懷疑：「齊侯真的那麼講理嗎？」

甯戚大笑：「君不見齊魯柯地之會乎？魯侯有過而齊侯不欺，還其地；曹子可仇而齊侯不怨，使其歸。如此大人大量，還有什麼好懷疑的呢？」

宋桓公一聽有理，立即差人出使齊營。帶上好話，捎上錢財，大事化小，小事化了。既然宋國已經服軟，四路大軍也就收兵回家。

甯戚大功告成，眾人對他刮目相看；小白打壓宋國，盟主之位越發穩定；王師獲勝而歸，威信走入上升通道。可惜，王室幾年後又發生內訌，反彈戛然而止。這是後話。

且說齊桓公得勝回朝，百官來賀。小白問管仲：「下一步該做什麼？」

管仲說：「上次開會沒來的，只剩下鄭國。」

小白會意一笑，真是英雄所見略同。

鄭厲公：「我胡漢三[26]又回來了」

要想做新食神就必須打敗舊食神。要想做諸侯老大，不把老一輩的小霸鄭國收服，怎麼

[26] 樣板戲《閃閃的紅星》中惡霸地主的角色。

行？

管仲表示：「鄭國大亂之後，已經勢弱，最近又依附了楚國。楚國假冒偽劣出了名，竟敢僭越稱王，全然不顧版權所有者周天子的感受。挖來鄭國就是削弱楚國，削弱楚國就是給周天子出氣。名利雙收啊！」

齊桓公垂涎欲滴地說：「鄭國四方交會，兵家必爭啊。」這話怎麼聽著這麼耳熟，「寡人久欲收之，只恨無計！各位兄弟有什麼好辦法？」

在場的甯戚插話道：「又有何難，姬突一直盤踞在櫟地，每天都想著打回老家去。如果我們能和他合兵一處，發動群眾鬥群眾，幫他恢復鄭伯之位，何愁他不感激涕零，北面朝齊呢？」

齊桓公命令賓須無全權處理此事。要說為什麼讓一個司法部長去處理外事外交和軍事戰爭的事務？往壞處說，是那時候的公務員制度權責尚不明確；往好處說，則是齊桓公手下可以一人多用，以一當百的人才實在太多了。

且說賓須無率軍到了櫟地，先行告知姬突來意。姬突欣喜若狂。

賓須無向姬突打探鄭國國情，知道祭足已死，叔詹當權，傅瑕還在勤勤懇懇地守大陵，姬儀還在安安穩穩地做老大。

賓須無問：「叔詹這人如何？」

姬突不以為然：「治國內行，打仗外行，比祭足還遜。叔詹不足慮，只恨傅瑕堅守大陵，繞不開，攻不下，實在沒轍。」

賓須無就和姬突定下計謀，只需如此如此，便可一帆風順。

不久，姬突出兵攻打大陵。

反正傅瑕也不是第一次和他交手了，照例出城迎敵。依樣畫葫蘆，你來我往，雙方將士只盼打完收兵，好回家做飯。拜託，都打了十七年了，早疲了。可是，就在傅瑕和他的士兵不以為然的時候，後方失手了！原來是賓須無率軍乘虛而入，攻破了大陵，城上都換成了齊國的logo。傅瑕和鄭軍們剎那驚呆：「完了！伺服器被駭了！」鄭軍戰鬥力驟減，姬突乘機猛攻，傅瑕堅守了十七年的事業就這樣剎那間毀於一旦。

事成之後，姬突還忿忿不平，對傅瑕咬牙切齒，不殺不能解恨！

傅瑕黯然求饒：「殺我對您沒好處。如果能放我一馬，我就回鄭國，說服叔詹裡應外合，那您復位必定成功。」

姬突不信。

賓須無勸道：「最牢固的城堡最容易從內部攻破。傅瑕妻子兒女都在咱們手上，他要是要賴，咱們就撕票。」

傅瑕頓首：「只求一家平安罷了。」

說完，他隻身跑回新鄭，面見叔詹，告知來由，叔詹大驚。好歹祭足當初出賣昭公姬忽是被脅迫的，而叔詹在情況危急之下，全然只顧自己，他認為姬亹死後，自己當時提議過接厲公姬突回國，可是祭足一意要扶立姬儀。如此說來，一切罪過也都可以由死去的祭足承擔。自己的過去是清白的，將來是可以投靠厲公姬突的，於是執意反水。

傅瑕說媒成功，兩廂情願，只等吉時。只是傅瑕沒想到，吉時一到，叔詹是活了，他還是死了。

那日，好戲開演。姬突率軍圍困鄭都新鄭。齊軍遠遠看著，只等必要的時候前往接應。叔詹帶兵出城迎敵，傅瑕在城中「保護」主公姬儀。

叔詹假意和姬突交手，幾個回合後倉皇逃回。櫟軍緊追。

注意，那時候的大門是洞開的。

傅瑕故意大嘆一聲：「鄭軍敗了！」

姬儀心神惶惶，問傅瑕：「怎麼辦？」

傅瑕回答：「簡單，送你上西天。」

遂刺死姬儀，眾人逃散。姬突和賓須無一同入城，叔詹率領百官逢迎鄭厲公復位。傅瑕為表忠心，獨自前往後庭，殺了姬儀的兩個兒子。

鄭厲公復位數日之後，在叔詹等一般老臣的幫助下人心大定。

位子坐穩了，可以殺人了。

第一個倒楣的就是傅瑕。姬突給傅瑕按上的罪名有二：一、奉命守大陵，卻投降反水；二、竟敢弒殺君主姬儀，大逆不道。

雖然樁樁件件都是為了姬突所為，但是姬突堅決和傅瑕劃清界限，大有天降大任於斯人也，我復位天經地義，你殺人死有餘辜的感覺。

當然，還有最重要的一點。當年厲公跟著祭足被宋莊公「保舉」回國，不久就被祭足趕出新鄭，這種痛苦經歷讓姬突不再相信傅瑕這樣的反水者。

必須殺人才能立威！

況且傅瑕不死，政權就缺乏了合法性，和陰結官府、謀權篡位無異了。

原繁也被殺了，因為當初他和祭足一起迎立了姬儀。

祭足就不用殺了，因為事發前已經去世。

用血立威之後，叔詹就不用死了。叔詹和他的一班文官，比如師叔、堵叔還要拿來治國。但是，姬突的刀一直懸在頭上，壞主意想都別想。

周釐王三年冬，齊宋魯衛鄭陳許七國齊聚幽地。七國集團排定座次，正式盟誓，再次確立齊桓公是當今的武林盟主。加一句，許國之所以能復國，除了當年鄭莊公的仁慈之外，還仰仗鄭國多年之亂，終於在夾縫中求得生存，最後乘隙光復。

從周釐王元年走到周釐王三年冬，只三年時間，泡在女人堆裡的姜小白終於成為了男人堆裡的翹楚。不過，離成功還差最後一步。口說無憑，何時周天子頒發「方伯」的身分認證書，什麼時候才能真正地放開手腳，笑傲江湖。

相信正版的力量。

等待認證的日子

《禮記》說道：「千里之外設方伯。」其實到了後來，天子來不來設都變得不重要了。不過在齊桓公年代，既然王室的品牌效應尚未完全喪失，那麼偽裝成白道畢竟還是要比黑道頂風作案順暢得多。但是骨子裡的反心，讓齊桓公對於隨後的王室之亂作壁上觀，只看熱鬧而已。

事情是這樣的。話說幽地之盟的第二年，鄭厲公在楚文王的威逼之下，漸漸不敢去齊國參加首腦會議。

關於楚國這支股票的走勢以後會特地說明。只說齊桓公看此情形，派人去鄭國責問。鄭厲公不敢怠慢，差遣正卿叔詹去齊國解釋，哪知越抹越黑。末了，仗著鄭國背後有楚國撐腰，叔詹耍賴道：「你有本事自己去打楚國。要是楚國服了你，鄭國自然就能天天來齊國開會！」

齊桓公大怒：「看扁我？挑釁？來人，把叔詹關進大牢。」

但凡霸氣的強國，大國沙文主義和自詡世界警察的思想總是有的，比如當年哥哥齊襄公計殺鄭伯姬亹，現在弟弟齊桓公怒關鄭臣叔詹。理論上都是平輩，卻總不怎麼客氣。還好，叔詹成功越獄，回到鄭國。

從此鄭國再次背齊親楚。

雖然齊桓公聞訊大怒，可是楚國不是好惹的，那時候齊國幫鄭厲公也算是團結一派打倒一派，佯裝內訌而已。現在要直接出兵攻打鄭國，讓鄭國改變外交路線，棄楚從齊，就實在有些冒險。聯盟剛成立，做事要謹慎，要是不小心引燃巴爾幹火藥桶，掀起世界大戰，那就不好了。再說，鄭厲公當年對有恩於他的宋莊公也不惜兵戎相見，也就見怪不怪了。

齊桓公決定先辦點其他事再說。

齊魯柯地之盟後，魯莊公和曹沫在惴惴不安中平安回國。莽夫曹沫竟然取得不世之功，老闆魯莊公非常滿意。當然，齊桓公也給他留下良好印象，襄公桓公都是舅舅，這差距怎麼這麼大呢？

周惠王七年，兩國親上加親，再次聯姻。這樁婚事是莊公的老母文姜牽線搭橋，早在齊襄公的有生之年就定下的。結婚對象則是殺父大仇人襄公之女姜氏，也就是莊公的表妹。不過，魯莊公既然能和齊襄公一起笑遊騎射，自然可以和仇人之女結婚同床了。

那年夏天，魯莊公親自上齊國迎親。悍馬開道，一排的紅色寶馬，浩浩蕩蕩。姜氏直接被立為夫人。陪嫁的還有姜氏的妹妹，也就是莊公的小表妹，一同侍奉。其後，姜氏無子，還鬧出事端。小妹妹倒和莊公有了愛情的結晶，產下一子。這是後話。

且說齊魯相安無事，睦鄰友好，關係密切。此後，齊魯兩個山東兄弟簽署協議，共同出兵，攻伐徐國。

徐國是東夷大國，在如今安徽泗縣附近。西周時曾參與商朝後裔的武庚叛亂。囂張程度為：魯國人曾一度「談徐色變」，連東大門都不敢開，直接在東門外樹下警示標誌：「此門已壞，請繞行」。如今風水終於輪流轉了，齊魯攜手，打得徐國俯首稱臣。

於是，齊國聲威遠被東夷。

實力和聲望都有了，現在就在家裡耐心等認證吧。

看誰耗得過誰！

鄭國強力反彈，周室子頹之亂

再說周王室這邊。

周釐王剛做完第一個五年計畫就升天了。新君即位，是為周惠王。周惠王二年，不可一世的楚文王箭瘡發作，死在軍旅。那時候鄭厲公復位已久，鄭國稍安。強調自強不息的叔詹（也可能是在齊國牢籠裡頭頓悟的，不過僅憑這點還是可以給叔詹同學一點鼓勵）打探到楚文王之死，趕緊向鄭厲公進言，大體是說，老幫主們鄭氏三公如何了得，結果鄭國現在只能在齊楚兩國間徘徊。正巧楚國領導人交替，內政不穩。厲公你要努力藉此機會，恢復鄭國舊日的榮光。

老股王，反彈吧！

厲公分析時事，覺得還是要依靠王室的品牌。老爸莊公和周王室的關係鬧得實在太僵，還得拍拍馬屁，搞搞關係，緩和緩和才行。於是派師叔去周朝公關。哪知師叔回國驚呼，王室已經亂了！

原來周釐王的兄弟子頹聯合五位權貴大夫作亂，要不是周召二公拚死抵抗，估計新登位的惠王政權就被推翻了。鄭厲公正要再探，急報傳來，說戰況已然急轉直下。篡位不成的五大夫保護子頹逃到了衛國。衛國當家的還是衛惠公朔。當年衛惠公和鄭厲公合兵攻打大陵，歸國途中被身為天子女婿的公子黔牟搶去了侯位。雖然後來惠公在齊襄公的幫助下返回衛國，趕走黔牟，恢復大統，但總歸是心中有怨。趁巧藉此機會，兵行宗周，吐一口惡氣，博一世功名。於是，衛國斷然出兵擁立子頹，殺入王畿。衛兵不強，但天兵更弱。很快戰局明朗，周天子換人了！周召二公保護著惠王倉皇出逃，逃到了鄢。鄢就是當年鄭莊公和弟弟叔段決鬥的那個地方。

厲公和叔詹聽罷，相視一笑，機會送上門來了。厲公趕緊差人把惠王迎到櫟地。他自己在櫟地暫住了十七年，有房有車，那裡已經是成熟的老社區了，居住環境那是相當宜居。

起初周惠王頗有猶豫，畢竟周鄭關係緊張了好久好久，這一去是福是禍？

周召二公勸道，事已至此，還是去看看再說吧。

等到了櫟地，天子一看如此待遇，倒也心安了。

鄭厲公還大表姿態，給子頹去了一封信。簡直就是最後通牒，大意就是：「真李逵在此，假李逵快滾。現在自己走還來得及，時辰一到就會現形。自己想想吧。」

周惠王很開心。真沒料到，這時候還是老冤家鄭國幫自己出頭。

鄭厲公很得意。領導人開心就是自己開心，說要套交情，老天還真給機會。

子頹有些害怕。

五大夫也有些擔心。衛惠公朔的衛軍已經走了，天軍明擺著沒用。不過討論來討論去，覺得還是騎虎難下，哪有做了萬乘之王，卻被一條簡訊嚇跑的道理。於是故作嚴詞，希望能嚇跑鄭厲公。

鄭厲公很生氣。鄭國實力，打不過楚國，拗不過齊國，打打宗周的天軍還是綽綽有餘的。況且惠王在此，出師有名，於是打算教訓教訓子頹。

軍備準備了一年光景，鄭厲公揮軍打入王畿。這下把子頹嚇得夠嗆。不過鄭厲公存心戲耍，根本沒想趕走他。此次來周，是幫著周惠王搬家具。當年惠王走得匆忙，沒帶上王室的東西。櫟地雖然是宜居城市，畢竟沒有王室的陳設布置。於是，厲公打入周地，把惠王御用的沙發、家電、按摩椅、跑步機、ＰＳ３、ＭＰ３，還有各種能帶走的傳國寶貝統統搬回櫟地，交與惠王。

當然，鄭厲公姬突是不敢對九鼎下手的。

透過這次出兵，鄭軍摸透了王畿地形，完成探勘。子頹當然加強了軍備。周鄭邊界如同南北韓的三八線一般頓時緊張，連普通旅遊者都會被邊防戰士射殺。

鄭厲公心想，下次開仗就要真幹了。弄不好子頹會去衛國求援，對手如何猶未可知。為保萬一，他打算聯合西虢，共同起兵。

歷史真是神奇而有趣。

遙想當年，衛武公和鄭武公雙武為卿，共扶東周。而如今，兩國後代分道揚鑣，衛國要幫子頹，鄭國要幫惠王。

再想當年，鄭莊公和虢公忌父又同朝為卿，其後鄭國遠離周室已久。而如今，鄭虢兩國又攜起手來，起兵納王。

第二年，也就是周惠王四年，鄭虢兩國聯軍攻打雒邑。危急時刻，五大夫竟然找不到子頹的影子。

原來子頹生性好牛，養牛數百，在牛上繡花做紋身。大有如今藝術家手下的「ＬＶ豬[27]」

[27] 比利時藝術家威姆・德沃伊（Wim Delvoye）在北京近郊養了十幾頭豬，並在豬隻身上紋了知名品牌的圖樣，稱之為行動藝術。

的藝術靈感。不過現代人愛牛主要是出於吉利，古代人愛牛一般是為了農業，這子頹愛牛則完全是出於喜好。

要說那時候，牛都拿來耕地，屬於稀缺資源，子頹拿來當寵物養，簡直是浪費寶貴的農業生產力。當年惠王也是看不慣他，於是裁抑他的王叔待遇，還讓他交厚的五位大臣吃了幾個處分。於是五大夫和子頹的謀反就此出爐。

如今火燒眉毛都找不到子頹，同樣還是牛鬧的。因為那時候子頹還在開心地餵牛。五大夫之一的蔿國（也是子頹的老師）沒辦法，假傳子頹命令，讓士兵守城。自己趕緊寫信給衛國求援。

哪知，信寫到一半就聽到鐘鼓之聲響起。蔿國一聽，半身癱軟：「完了。」

正版方伯終於誕生了

鐘鼓聲來自朝堂，說明惠王已經回到大殿，正召集大臣緊急議事。真沒料到鄭虢軍隊衝得這麼快。蔿國一看大勢已去，自刎而死。其餘四大夫連同愛牛的子頹一併被抓，處死。

周惠王終於回到工作崗位。

周惠王復位的過程再次證明，天子軍隊的實力真是沒得說——超遜。所以，要想征伐罪臣衛國還要看鄭國的意思。

鄭厲公當然自信滿滿，覺得前途一片光明。老爸的榮光即將回到鄭國！哪知，就在他憬著美好未來、開開心心地班師回國途中，一病不起，死了！鄭厲公一生跌宕起伏，雖然罪過不少，得謚號「厲」，但絕對是死在人生最輝煌的那一刻，是否也可以說是一種生命的完美謝幕呢？

隨後其子姬捷即位，是為鄭文公。

周惠王很鬱悶，因為文公對替他報仇沒有興趣。惠王始終也沒找到解憂之人，一口惡氣心中隱忍。心裡想念的其實還是齊桓公。齊國早被東方諸侯奉為盟主，可是這個盟主卻不替自己出氣，連自己落魄到無家可歸的時候都沒他的影子。總不能老大派人從河南洛陽特意跑到山東臨淄的小弟家裡求人幫忙吧。無奈之下，權且忍耐。

鄭文公這邊，利用老爸拚了老命得來勤王之功，試圖在周、齊、楚之間保持平衡，不招誰，不惹誰，不求有功但求無過。可惜，誰讓鄭國是四方交會、兵家必爭之地呢，想搞中立可沒那麼容易，最後還是到了不得不選擇的時候。鄭文公見齊國這些年聯魯國、伐徐戎、居盟主，走勢強勁，心中一橫，決定押寶在齊國這一邊。

終於，在周惠王十年，鄭國遣使入齊，請求加入幫會。齊桓公重新得此地盤，大喜。

更加欣喜的是，同年，也就在齊桓公被諸侯小弟們推舉為武林盟主的十一年後，周惠王派召公從雒邑專程出差到臨淄，送來方伯的正式委任書！上頭分明寫著：「賜齊侯為方伯，修太公之職，得專征伐！」

小白聽罷，嘴角微微一翹，低頭領旨謝恩。雖然時間拖得有點長，但該來的最後還是來了。

我們等待這一天，等待了多少年！

我們等待這一天，勝利的那一天！

正版方伯，終於誕生了！

卻見召公話猶未盡，繼續替天子傳話道：「衛朔援立子頹，助逆犯順。朕懷恨十年，煩為朕圖之。」

小白心中大笑：「哈哈，原來如此！你瞧，忍不住了吧。」

13 春秋首霸發飆啦

先來一小段閒話

既然不用擔心螢幕一小時變黑一次，齊桓公就沒有了後顧之憂，可以大幹一場咯。

召公走後，齊桓公不禁大叫一聲：「爽啊！」

管仲、甯戚等人均面有得色。

鮑叔牙出來勸道：「明主賢臣，雖樂不忘其憂。」

眾人默然，陷入沉思。

老鮑對著小白說：「臣願君勿忘出奔。」

轉過身又對著管仲說：「管仲勿忘囚籠。」

再對甯戚接著說：「甯戚勿忘販牛之日啊！」

小白聽罷，連忙起身，對著舊日恩師鮑叔牙深鞠一躬，坦誠言道：「寡人與眾大夫皆勿忘過去，此齊國將來無窮之福！」

眾人點頭稱是。

小白一看臣下裝束，突然警醒：堂下諸位怎麼大多穿紫色衣服呢？想來才明白，無非是因為自己喜歡紫色，群臣學習罷了。管老弟面試的時候說過，要讓人人穿紫內褲上班，果然不是戲言。小白吩咐管仲：「安排下去，在全國展開一次以節約環保為主題的宣傳活動。大家以後穿著要簡單，不要都穿紫色了。化工染料是很貴的，而且容易造成環境汙染。」

然後小白又決定仿當年「舉火爵甯戚」，吩咐下人在宮殿外設一個主火炬臺，並保證火焰全天候不間斷燃燒，以此吸引人才來投。

最後，小白下令工匠製作一種盛酒的「歌器」。這種「歌器」很特別，製作工藝早已失傳，據說空杯時，歌器只是平躺在桌上。隨著慢慢倒酒，歌器會自動立起來，直到最後斟滿一杯的時候完全站立。可是，只要再倒酒，不光酒會溢出來，連歌器自己都會平倒在桌上，剛才倒的酒也就咕嚕咕嚕地四處流淌了。

這個歌器的寓意是：「切記！不要自滿！」

因為齊桓公不是左撇子，所以酒杯——「歌器」就一直放在他的右手邊，也就是座位的右手。於是滿含寓意的歌器最終被人們概括為——座右銘。

這就是座右銘的最初來源。

閒話不說，就說小白第一個征伐的自然是衛國。

老大憋屈十年的愁苦無人解憂，現在不遠千里來找小弟幫忙，做小弟的自然要給老大面子。於是王命在身的齊國準備一年後，齊桓公在周惠王十一年親自出兵，攻打衛國。

攜妞歸，伐衛國

桓公伐衛的三年前，幫助子穨的衛惠公就已經死了，現在是兒子衛懿公當政。

我們先來算一下出場人物的親戚關係。

衛惠公的老媽是齊桓公的姐姐——宣姜。

那麼，衛惠公就是齊桓公的外甥；齊桓公是衛惠公的舅舅。

那麼，衛惠公的親兒子衛懿公就是齊桓公的孫外甥，齊桓公就是衛懿公的舅公。

那麼，衛懿公的親兒子就是齊桓公的曾孫外甥，齊桓公就是他的曾舅公。

那麼，衛懿公的親女兒就是齊桓公的曾孫外甥女，齊桓公就是她的曾曾舅公。關係雖近，衛懿公可對舅公一點也不客氣。兵來將擋嘛！二話不說，直接交上火了。不過，衛軍打齊軍，那就是雞蛋碰石頭。

果不其然，衛懿公大敗而歸，齊桓公一路追到衛國都城朝歌。

城下之盟馬上開始。

衛懿公一看打不過自己的舅公，服軟了。不過好歹多少是有血緣關係，於是耍賴道：「幫子頹是我爸的錯，這事不能怪我。」

齊桓公批評道：「小子，不怪你，你還打？」

衛懿公求饒：「舅公，這事都過去差不多十年了。你不說，我都不知道你為什麼打我。現在我知道錯了，饒了我吧。」

齊桓公心想，說來也是，十年啦。哪怕是熱情如火的戀人也大多要感嘆：「十年之前，我不認識你，你不屬於我，我們還是一樣，陪在一個陌生人左右，走過漸漸熟悉的街頭。」何況是早已疏落的君臣關係呢？欺負人都欺負慣了，誰還記得這事？

衛懿公一看，發現自己的搪塞之語還真起效果，於是再接再厲，派出大兒子公子開方出城勞軍。好吃好喝好酒好肉，給足齊軍面子。

打仗不是目的，是手段。既然孫外甥已經知罪，那出兵的目的也就達到了。

齊桓公一看自己的曾孫外甥儀表堂堂，非常喜歡。

曾孫外甥開方一看曾舅公如此威風，齊國軍容如此強盛，想來齊國的月亮一定比衛國圓，於是對齊桓公說他想跟曾舅公一起回齊國，一生侍奉。

齊桓公不解：「你是衛國的財產第一繼承人，他日南面為衛侯，天天泡妞無盡；幹嘛跑我家去當傭人，還要北面於寡人，日日磕頭無數呢？」

開方誠懇地回答：「像我們這種年輕人，增加經驗最重要。曾舅公您是方伯，是盟主，跟著你，一定能學到很多東西。侍奉你，可比做衛侯強多了。」

齊桓公大喜，收下開方，直接拜為大夫。

從那一刻起，齊國史上三大奸臣豎刁、易牙、開方終於就位完畢。

開方知道他這曾舅公，雖然都五十歲的人了，但是色心不改，於是投其所好地說：「我的小妹子可漂亮的哦！」

齊桓公馬上跟衛懿公要人，衛懿公心想：「我不是已經給你一個女兒了嗎？」嘴上卻不敢說，無奈把另一個衛姬也嫁給齊桓公。

其實，齊桓公確實已經娶過一個曾孫外甥女。現在倆曾孫外甥女都叫衛姬，為了以示區別，此後按年齡大小，一個叫長衛姬，大W；一個叫少衛姬，小W。

話說姜小白得勝還朝，載得美人歸，開開心心，姐妹得寵。

忽一日，宮人來報：「急報！急報！鄭國請求支援！」

小白聽罷，翻身而起：「走！」

救援鄭國，招呼兄弟

在鄭文公一咬牙、脫離楚國陣營不久，楚國就打過來了。而且是楚國令尹子元親自率隊前來切磋。

令尹好比是丞相，是楚國的二當家。

鄭國朝臣不得不馬上開會，討論戰爭與和平問題。

堵叔搖搖頭說：「請降吧。楚國我們是打不過的。」

文公的兒子，世子華年輕氣盛，握拳說：「開打吧。背城一戰，怕他作啥！」

師叔皺皺眉頭，分析道：「守守吧。先堅壁清野，我們剛投靠齊國，應該會來救我們的。」

叔詹表示同意，對文公進言：「我同意師叔的意見。齊國一來，楚國腹背受敵，必退。」

文公不放心：「當真？」

叔詹堅定地回答：「當真！」

「果然？」

「果然！」

「好，先這麼辦！」

不過，要想頂住楚國虎狼之師，豈有如此容易！楚師開到，鄭國的桔柣關瞬間被攻破。不久通訊兵急報：「楚師已破外城！內城也快頂不住了。」

堵叔趕緊勸文公：「降吧。要不就逃到桐丘（今河南扶溝）避難吧。」

叔詹自強不息，忿忿說：「怕什麼怕？我來想辦法！」

叔詹集合士兵入城內埋伏，又命人打開城門，再安排臨時演員入場。賣菜的賣菜，掃地的掃地，遛狗的遛狗。

眾人大驚：「你要幹嘛？」

叔詹安慰：「放心，以後還會有人學我。」

這邊楚軍百戰猶酣，可是，突然之間鄭國放棄防守，城門大開，裡頭的百姓卻作息如常！

楚師前軍的領隊鬥御強一看，心中生疑，罰點球也該有個守門員啊。於是不敢冒進，退五里紮營，只等令尹親來，聽聽長官的意見再說。

等子元來到前線，聽完鬥御強的工作彙報，笑了笑：「這還不簡單？既然擔心城中有詐，那就登高看看吧。」

於是找了塊城外高地，極目遠眺，發現城中果然旌旗招展，甲兵林立。因為沒有望遠鏡，所以是真是假、多多少少就不曉得。為保萬一，子元下令，暫且休兵。明日再探虛實。

子元的故事日後詳談。總之那晚，子元是美夢一場。第二天一早，子元吃完早飯，準備工作。哪知，後軍領隊公孫游派人急報：「齊魯宋三路諸侯親率大軍，來救鄭國！」

子元大驚：「大事不妙！」子元此來，足足率領六百乘，軍隊之多，是抱著必勝之信心。可是他沒料到，鄭國竟然還能請來外援。若等齊魯宋三國殺到，自己必然陷入夾攻。況且，國中空虛啊！要是國中有事，自己又陷於此地苦戰不脫，那可如何是好？

還是撤吧。

要說打仗和泡妞其實有不少相同的道理。開戰好比搭訕，只要你有膽，怎麼都可以走出第一步。可是退兵好比甩人，撤退撤得不聰明，容易被敵追上，最後挨頓狂揍；甩人甩得不藝術，容易因愛生恨，最後為情所困。

子元是位情場高手，起碼自認如此。同樣他的撤退方法也很有智慧。

子元下令，當日操練依舊，斥候巡城，作戰前準備狀。當夜，無線電靜默；兵將不准發言，一律潛水；馬嘴用轡繩勒住，馬的鈴鐺全部摘下。再下死命令，要是再有一堆白痴提著攝影機前來打探、提前曝光的，格殺勿論！

不過，營寨的圍欄不拆，帳篷不動，連中軍大旗都照常高高飄揚，以此迷惑鄭國。

「今晚楚軍會來偷襲？」當晚，鄭國守軍雖然度過了平靜的一個白天，但是神經還是異常緊張。

「爆發前的平靜？」叔詹徹夜不睡。

隨著次日太陽公公爬上來，鄭軍越發不安：「楚軍昨晚睡得香，今天該開戰了吧。」

哪知，一人哈哈大笑：「太好了！楚軍已經退兵了！」

尋聲看去，原來是叔詹大夫。

眾人不解。

叔詹指向楚軍大營方向，解釋道：「諸位請看，楚營上方百鳥翻飛，定是早已無人。我想應該是楚軍聽說齊國援軍即將趕到，故而先行退軍矣。速速派人打探！」

諜報馬上傳來：「楚營已空，子元逃遁。齊魯宋已知楚歸，也各自班師回國。」

眾人大喜！

鄭文王這才知道，老爸為什麼要留下叔詹。眾人也始服叔詹之智。

打掃完戰場，鄭文公趕緊派人去齊魯宋各自謝恩。特別對盟主齊桓公更是感恩戴德從此不敢再懷貳心。

不過，堅持不了多久。

章姓的苦難起源

齊國。

臨淄。

齊侯宮殿。

兵鋒一指就嚇退楚軍的齊桓公在痛快之餘，思考著另一個重要問題。一日，他叫來管仲，鄭重地說：「真該教訓一下楚國了！」

管仲聽完小白的話，大驚，連忙勸道：「不可不可。楚國地大兵強，沒有百分之兩百的把握，千萬不可輕敵啊。之前聯合宋魯，也只不過是救鄭罷了。如果要想深入楚境，與楚軍交戰，聯盟之中恐怕也沒幾個有這個膽子吧。」

姜小白聽罷，嘆了一口氣：「難道就聽由楚國發展壯大，搶地盤、占山頭？」

管仲搖搖頭：「看看再說吧。無論如何，先提高聯盟凝聚力要緊。」

小白心有不甘，咬牙切齒地說：「不打楚國可以，不滅鄣國不行！」

鄣國，小國，位置大概是如今的山東東平縣。最早由姜子牙的曾孫鄣穆公姜虎主持工作。一脈傳到鄣胡公時，已經十五世了。不過，鄣國卻是齊國世仇紀國的附庸國。直到紀國被齊襄公惡意兼併，鄣國依舊我行我素，沒有和齊國恢復邦交正常化。

管仲提議齊桓公：「伐同姓，不義。還是先搞個軍事演習，嚇唬嚇唬鄣國再說。現在齊國的力量今非昔比，說不定鄣國能主動臣服。」

齊桓公對管仲言聽計從，於是派國防部長王子成父親自在紀國故地大搞軍事演習，並放出話去，本次演習的假想敵就是鄣國。

可是，鄣胡公對齊國的演習沒有多大的關注。也許鄣胡公以為，齊鄣是同姓之國，只要自己不去招惹齊國，齊國應該不會拿自己怎麼樣。不過，胡公的確糊塗，臥榻之側豈容他人酣睡？齊桓公既然要稱霸天下，怎麼會容忍周邊的一個小國不聽話呢？

況且，鄣國是沒想去招惹齊國，可是它做過紀國的附庸，紀國滅亡之後，又有大批紀國難民逃亡鄣國，這在齊桓公看來，自然是有原罪的。

齊桓公果然等不及了。忽一日，演習突變為戰爭。兩國軍力實在太懸殊，齊軍順利攻占鄣國。鄣胡公被殺，鄣胡公的弟弟黝領著一些鄣國難民輾轉逃到河北河間。原本不少鄣國百姓已經以「鄣」為姓。但是為了勿忘祖國淪喪，不忘齊國同姓操戈，所有人再改姓為「章」。

章姓由此流傳至今。

章黝也成為章姓的得姓始祖。

「鄣」字右半邊的那個耳朵旁其實是從「邑」字演化而來。大家知道，「邑」是城郭、國家的意思。「鄣」字去「邑」為「章」，指的就是鄣國的滅亡。所以，「章」字本身就滿是國滅的苦難。如果如今的章姓兄弟姐妹們對齊桓公沒有多大好感的話，也是情有可原的。

春秋無義戰。

稍稍感嘆之後，請觀眾朋友們不要轉臺，廣告之後節目更精彩。

因為不久北戎大軍入侵燕國，齊桓公又要帶上人馬，遠征去了！

追殺令支

北戎自然是北邊蠻族的統稱。這次興兵來襲燕國的，前面已經出場過，就是當年膽敢欺負齊僖公，最後被鄭世子忽使用詐敗軍師技，大敗而歸的山戎之國，名叫令支。

就在齊桓公犒賞完王子成父沒多久，侍者來報，燕國被令支侵擾，燕國遣人來齊求援！

桓公問管仲：「剛打完鄣國，不休息一下？適合出兵嗎？」

管仲回答：「士氣正盛，正好出兵。再者，戎患不平，如何伐楚？只有搞定北方，方可專心南方。小弟被人打了，大哥當然要替他出頭！」

桓公聽罷，慷慨曰：「仲父之謀，百無一失！寡人親自領軍，即刻啟程！」管仲、鮑叔牙、王子成父、賓須無、隰朋、豎刁、公子開方等人一同遠征。

大軍起兮，雲飛揚。

齊軍行至濟水，處於關係黃金時期的魯莊公在濟水邊恭候多時。

「舅舅此去伐戎救燕，外甥願同往！」

「遠征辛苦，心意留下，不勞大駕。舅舅先去，若勝，功勳表上有我的一半，也有你的一半。若不勝，再來與你借兵不遲。」

齊桓公把酒謝過，甥舅依依惜別。

之前說到過，那時候的燕國可不比現在，絕對不是什麼好地方。周武王年末發獎金的時候，把它分封給了弟弟——召公奭。因為還要留在哥哥家辦公，召公自己不能去赴任，於是這個「美差」落到了長子克的肩上。同為周天子左右臂膀的周召兩弟，他們長子的待遇卻大大不同。周公旦的長子伯禽被安排在魯國，不久封地成了禮儀之邦；召公奭的長子克卻要去上山下鄉，過了幾代人，結果還是不毛之地。

不是工作不努力，實在是條件太艱苦。

還好，次子的職業前途都挺不錯。周公召公死後，都由次子承襲爵位，分別戴著周公和召公的帽子，世為王室卿士，也就不用擠破腦袋考國家公務員了。

從陰謀論的角度上講，召公也算是被委以重任。因為燕國的東面正是商朝老臣箕子攜帶前朝遺老遺少建立起來的箕子朝鮮。箕子是位商朝大智者、大忠良，百年之後的後繼者也還是不和周王室一條心，所以條件再困難也需要姬家人前去攔一遭。推而廣之，魯國設立在周與齊之間也大有防範功高震主的子牙同志的意味。

陰謀之說就點到為止，且說燕國的條件之差，除了地理條件之外，主要還是地緣政治的因素。北戎的常年侵擾幾乎是家常便飯，而當時沒有長城，只有城牆，村落又都在城外，所以每次蠻夷的騎兵一到，村村火光，家家嚎啕。國家整天都在提心吊膽之中，不穩定、不和諧，又談何發展？

終於，到燕莊公的老爸燕桓侯的時候，實在頂不住了。

那就搬家吧。於是燕桓侯遷都到了臨易。一聽這個名字就知道，地點在大名鼎鼎的易水河畔。

燕桓侯當了七年的老大後，一個爛攤子傳給了兒子。

結果，換了當家沒換環境，戎兵依舊襲擾，燕國依舊挨打。

這次令支又來了。還是國主密盧親自帶隊，統兵萬騎，氣勢洶洶。等齊桓公趕到燕國時，燕國已經被調戲了足足兩個月，男人被殺、女人被搶。更氣人的是，密盧一聽中原武林盟主姜小白親自帶大軍前來救燕，竟然見好就收，拍拍屁股，一走了之了。

令支軍迅速撤走，一路凱歌。

燕國軍死裡逃生，沒敢追擊。

齊國軍千里趕到，不見戎兵。

燕莊公謝過齊桓公的救國之舉。管仲感慨道：「我軍若歸，戎兵必然再犯。不如乘此伐之，了除此患，一勞永逸。」

小白恨恨不平，下令：「追！」

幫主的追殺令一下達，被山戎欺負慣了的燕莊公頓時意氣風發。盼星星，盼月亮，終於盼到有管事的人了！

燕莊公站前一步，對齊桓公說：「燕國軍隊願做前驅！」

齊桓公飽含深情地勸道：「兄弟，辛苦啦！你已經苦撐兩月有餘，勞神勞力、流血流淚，哪能再讓你做前鋒呢？這次我齊軍在前，你燕軍在後。做個親友後援團，加加油、打打氣就行了。」

燕莊公聞言，感激不盡。可是齊軍在此人生地不熟，做前驅還是有點費勁。於是建言：「此去東方八十里，有一個無終國，雖然也是戎族，但是不服山戎，可找他們前來，以為嚮導。」

齊桓公一聽，心想好事好事，再者有隱朋在此，只要給點人民幣、港幣、新臺幣，說服無終出兵應該不成問題。要是錢不夠，還可以先刷VISA、Mastercard、JCB……透支透支。果然，無終國主得人錢財替人消災，派遣大將虎兒斑，率領兩千騎兵前來相助，甘做先鋒，踩踩地雷。小白大喜，想到友誼第一，比賽第二，來參加了就有功勞，於是又大賞虎兒斑。

大軍前行二百里之後，山路狹窄，地勢險要。齊桓公問燕莊公：「這個地方叫啥名？」燕莊公回答：「此地名叫葵茲，是山戎進出中原的必經之道。」齊桓公轉頭和管仲耳語一番，又回過來和燕莊公說：「大軍在此修整，伐木壘土，建一個關隘。」燕莊公感嘆，果然是盟主，果然是大手筆。

三日之後，葵茲關工程已經在火熱進行中。齊桓公帶上精銳，依舊是虎兒斑做先鋒，燕軍做後隊，等不及要先行啟程。後方有了葵茲關，今後就可以進退得據。因為此關非常重要，於是留下師傅鮑叔牙做為總負責人，負責整個工程的建造和驗收工作。另外，在葵茲關內屯糧練兵，以為後援。

大軍不日開到令支國邊。忽然，戰報傳到中軍，虎兒斑遭遇敵人埋伏，苦戰不得脫，若不速速救援，恐命休矣！桓公聽罷，傳令齊軍，車加速、馬策鞭、人跑步，速速支援前線。

原來，那令支國主密盧聽說齊桓公親率大軍前來，方知自己這下闖了大禍。中原盟主親臨，看來要大殺一場。密盧一時沒了主意，於是叫來大將速買一同商議。

速買說：「既然無終國兩千騎兵在前，虎兒斑又有勇無謀，不如設計滅了他，先殺殺敵人銳氣。」

密盧表示同意，然後使勁回憶當年令支敗給齊國的遭遇，最後拍案而起，凜然曰：「咱們就用詐敗！」

不久，速買從密盧手中領了三千軍馬，自己帶百餘騎兵故意跑到虎兒斑眼前晃蕩，剩下的都隱蔽好了當埋伏。

虎兒斑做人老實，都在小白那領了好久工資，竟然還沒幹過活，於是立功心切。當日一見速買，立馬舉起長柄鐵瓜錘，望著速買當頭就打。

速買差點偷雞不成蝕把米，險些枉送了性命，趕緊舉起長桿刀，死命抵擋了幾個回合，拍馬就跑。一切都是真情實感，已經不用裝模作樣。

虎兒斑一看速買如此狼狽，哪肯放過，率領兩千兄弟快馬去追。

不料，還是中了埋伏，無終軍被一截為二。眼看著速買在大軍中做著恢復訓練，虎兒斑卻被一幫小兵圍住。戰場上人命難保，自然沒人注意保護動物權益。不久，虎兒斑的寶貝坐騎被刺傷，虎兒斑摔下馬來。

馬戰成了陸戰。

看來做先鋒的風險就是大，虎兒斑這下危險了。

就在垂死掙扎之際，齊軍救兵天降。國防部長王子成父一車當先，左突右刺，先救起虎兒斑再說。速買一見齊軍威風無比，情知不能占便宜，於是心虛而退。

虎兒斑謝過齊侯救命之恩，恨恨曰：「必報此仇！」

齊桓公笑道：「股市有漲有跌，打仗有勝有敗。常事，常事。」

管仲也安慰：「自有報仇之日，不必過分憂愁。淡定，淡定。」

桓公還命人送虎兒斑寶馬一匹，虎兒斑感謝之至。小白低聲道：「男兒用寶馬，要建功立業，切莫撞人無辜、撒潑使橫。」

大軍再前行三十里，沒任何阻擋。齊桓公問虎兒斑：「此處是何山？」

虎兒斑回答：「此山名曰伏龍山。」

小白心說：「果然是個好名字。」

於是安排下去，大軍在此紮營過夜。

齊侯和燕伯立寨在山上，王子成父和賓須無立寨山下，以大車首尾聯絡，作城牆狀。因為僱傭兵無終軍被打得建制不全，急需修整，就被安排在「牆」內休息。

令支國主密盧看速買一人成不了事，於是第二天親自來營前挑釁。哪知，攻了半天，連個車牆都突不破，密盧洩氣了，心說這齊軍到底是比燕軍強了好多倍，暗自慶幸當初撤兵的決策是完全正確的。

不過，力敵不行，可以智取嘛！

有何計謀？

詐敗咯，他又沒學過別的。不過這回是「詐敗2.0」，升級了一下。

密盧命大軍在道路兩邊埋伏，安排一群不怕死的去齊軍前頭晃蕩。不過這回頭腦簡單的虎兒斑在「牆」內修整，想調他出來不太容易。於是，亡命徒們在馬上張口開罵，罵了許久，沒見齊軍有什麼反應，索性下馬玩起了大老二，邊玩邊罵。

管仲一看，告訴虎兒斑：「將軍，報仇的機會來了。」

虎兒斑領命衝出，口中大喊：「球場上嚴禁國罵！」

令支敢死隊四散而逃，虎兒斑緊追不捨。

不用說，又中計了。

不過密盧苦心開發的「詐敗2.0」別想瞞過管仲的眼睛。就在虎兒斑衝出大營的時候，管仲已經報請齊桓公批准，派遣王子成父出左路，賓須無出右路，迂迴出擊。兩位部長得到的命令是：「伏兵一出，殺！」

果然，虎兒斑再次中計被圍不久，齊軍再次天降。虎兒斑被救的同時，令支軍被殺得大敗而歸。

無終軍對齊軍感恩戴德，令支軍對齊軍談虎色變。

密盧有些受不了。

速買趕緊安慰：「齊軍來路必經黃臺山谷口，只要堵住谷口，再無他路可來令支。」

密盧問：「如何堵住？」

速買：「中原軍隊多為兵車，道路狀況不好是開不動的。只需在路上刨地挖坑，兵車定然不能進。再有，在谷中堵塞積木滾石，再派重兵把守，量他也飛不進來。」

密盧心說，好是好，可是路壞了以後還怎麼收養路費呢。不過，先救國保命要緊。

速買一看老闆心動，於是再獻計獻策：「伏龍山只有一個水源——濡水，此外方圓二十里再無水源。如果齊軍缺水，大軍必亂。我們趁亂伐之，必能勝利。」

密盧越聽越開心，可是速買還沒完，繼續給老闆賣弄著自己的智慧：「我們還可以派人聯絡孤竹國前來相助！」

密盧大喜過望，愛屋及烏地誇道：「速買，速買，你的名字真不錯。只有想方設法提高居民購買力，提振市場信心，便能擺脫國家如今的通貨緊縮。」於是依計而行。

消息傳到遠征軍大營，大家心中一緊，都覺不妙。路被堵，猶可退，水被斷，唯死矣。人一天喝水量不能少於五百毫升，如果不喝水，一般只能活三天。不早想出對策，遠征休矣！

這時候，管仲開動腦筋，對眾人說道：「不要著急，休息，休息，休息一會兒。」眾人不解，都火燒眉毛了，還那麼淡定？莫非有什麼良策？

管仲不著慌，跟小白建議：「既然山林茂盛，山中必有水源。可以即刻安排全軍進行一場鑿山取水的大比武，最先找到寶貝水源的給予重賞，並發放由齊燕無終臨時軍事委員會『鑿山取水』節目錄製現場頒發的純金紀念幣一枚。如此一來，必能激發廣大官兵參與活動的積極性，最快最好地發現水源，解決大夥的飲水問題。」

生死關頭，不忘以利誘導，不愧為法家的先祖。

果然，眾兵將一者不想渴死，二者很想發財，於是滿山遍野挖坑鑿井。可是，忙活了半天，連個臭水溝都沒有找到。

這下管仲也有點沒轍了。隰朋見狀搖搖頭，出來建議：「比賽區域有點太大了。我聽說有螞蟻的地方就應該有水，可以先找蟻穴。螞蟻嬌貴，夏天怕熱就住山陰，冬天怕冷住山陽。現在已經是冬天了，最好把比賽地點選在山陽。」

於是，全軍大比武改地舉行。不久，有人驚呼：「找到水了！第一類水質！還有點甜！」

眾人嘆服。

齊桓公剛才被管仲一喳呼，差點以為要命喪在北伐途中，多虧隰朋相助，簡直如重生復活一般，不禁大呼：「隰朋，隰朋，那一刻簡直是聖人附體！」於是下令，把找到的水源稱為「聖泉」，把伏龍山改為「龍泉山」。

管仲也有點不好意思，暗暗問隰朋：「這玩意兒學校裡沒教啊？」

隰朋和管仲交厚，於是坦白道：「多研究些問題，少談些主義。多讀課外書，多看Discovery。」

當晚，管仲與隰朋秉燭交流，夜談一宿，受益頗深。

次日，解決飲水問題的遠征軍需要接著解決進攻路線問題。

喝了淡水，恢復淡定的管仲叫來虎兒斑：「導遊同志，開門見山地說吧，我們高額的團費也交了，噁心的團餐也吃了，宰人的黑店也進了。現在幫我們想想辦法，還有什麼路去令支？」

虎兒斑想了一會兒，說：「此地如果從黃臺山谷口直入，驅車十五里便是令支國風景區。不過此路不通的話，還可以從西南邊小路繞上芝麻嶺，盤山下來從青山口出去，再往東開五里地，也可到達。這條路只有資深導遊才知道，沒有發表在網路文章上，應該可以出奇不意。只是山陡路險，車行不便。」

管仲笑了笑：「將軍放心！車到山前必有路，有路必有國產車。只不過是時間問題。」

管仲擬出行軍計畫，報請桓公批准。

桓公聽罷，連連點頭：「如此甚妙！如此甚妙！」

作戰計畫對外嚴格保密。管仲下令，命虎兒斑率小隊跟著賓須無回葵茲取糧。表面如此，實際卻讓嚮導虎兒斑帶著賓須無領奇兵向著芝麻嶺進發。約定六日為期，賓須無必須發揚吃苦耐勞的精神，克服一切困難，趕到令支國。

這邊，讓虎兒斑手下牙將連摯連日在黃臺山口挑戰，如果密盧出來打最好，不出來打也可以疑惑敵人，免得密盧看這邊六日沒動靜，心中生疑。

齊燕士兵也沒閒著，四處挖土，一人裝一麻袋。眾人不解，管仲也不多加解釋，只說新時期下，也要繼續學習愚公移山的精神。

到了第六天，管仲料定賓須無已經出色完成了組織交給他的光榮任務，於是下令全軍朝黃臺山谷進發。眾人不解：「敢問路在何方？」

管仲和齊桓公相對一笑，回答：「路在腳下。」管仲下令，將這幾日準備的麻袋統統裝上車，足足裝了兩百車。要是換作是警方，看到查抄到這麼多東西估計得開心得笑死。

且不說這個，管仲命兩百輛軍車先行，見坑填坑，遇洞補洞。大軍緊隨其後。雖然新鋪的路沒有高速公路平坦，不過上陣的都是悍馬，避震能力強，所以也都勉強通過。

令支國守軍見狀大驚，連忙通知密盧。

密盧和速買高掛免戰牌六日之久，天天喝酒吃肉，猥褻幼女，自以為天王老子地頭蛇，無法無天無對手，連攝影鏡頭都不怕，大不了把影像洗了。他倆天真地以為盟軍不久缺水缺糧，知難而退。哪知現在盟軍竟然還自己鋪路攻過來了！

按照誰鋪路誰收費的原則，如果盟軍最後鋪完這條公路，所有的道路收費都要進齊燕無終的口袋之中。密盧不禁心中大罵。

若按原計畫，等盟軍自亂後，令支軍就可以自行清理土木，然後直接騎馬衝出去的。可是現在盟軍路都鋪得差不多了，要是密盧清理土木路障，豈不是幫人家打通進攻道路嗎？

沒轍，只有等。密盧下令，令支軍在路口列陣以待，一旦盟軍衝破路障，就開打。

遠征軍那邊鋪路的鋪路，清路的清路，一副熱火朝天的勞動景象。馬上就要打通最後的路障了。

大戰在即，雙方都屏住呼吸。

之後戰事的經過好比一夥歹徒和一隊警察隔門對峙。歹徒躲在屋裡，他們知道警察就在外頭，而且馬上就要衝進來，於是死死盯住房門。同時，警察也在門外做著衝鋒前的最後準備。就在雙方死死盯著一扇破門的時候，飛虎隊突然縱身破窗而入，歹徒注意力一下子被分散。剎那間，警察做為主力突入房內。歹徒驚呼一句"FUCK"之後，死的死，傷的傷，束手就擒。

Mission complete!

這次戰事中，飛虎隊的角色正是由賓須無的西路軍領銜主演。結果稍稍有些不同，畢竟令支軍沒有被包圍，所以除了死傷之外，還有逃跑的。密盧和速買兩人逃得都挺快，丟下頂不住的軍隊、守不住的城池，絕塵而去。

盟軍大勝。

破國之後，所獲無數。

桓公感慨：「戰爭是由令支國的統治階級發動的，令支普通百姓也是戰爭的受害者。」於是張榜安民，還通知部隊，只要令支軍民放下武器，投降盟軍，就要優待，不准濫殺。

令支國民受到《日內瓦公約》般的保護，再加上見到中原武林盟主的威風之後，個個臣服。

不久喜訊傳來，燕伯在令支國內找到一批被密盧擄走的燕國百姓。燕民本以為有來無回，不料老大千里來救。

君民涕泣不止。

齊桓公安慰完眾人後，派人速速打探匪首密盧的去向。此人不死，誓不收兵！

不久消息傳來，密盧、速買雙雙逃去了鄰國——孤竹。

不廢話，馬不停蹄地繼續追！

兵定孤竹

從華夷之辯上講，孤竹和之前說到的徐國一樣，都是夷族。可是要細細探究，會驚訝地發現不是那麼回事。

先說徐國，祖上是伯益的兒子嬴若木，被大禹分封在徐國。

開篇說到過，大禹讓位給伯益，伯益自然不應該是所謂的野蠻人——「夷」了。不然，後世也就不會那麼反感讓「夷」做中原老大了。如果老爸不是「夷」，兒子也不應該是「夷」。可是徐國卻被大周樓主毫不客氣鑑定成了「夷」。

伯益姓嬴，據說是嬴姓始祖。此人很會鑿井，故而被尊為「井神」。不過如果伯益還不算什麼，他老爸皋陶更加是個大人物。皋陶，中華司法鼻祖兼第一任法院院長，「畫地為牢」系統的開發者。大唐天寶二年，還被唐玄宗追認為祖宗，賜「德明皇帝」封號。

人民公僕，功高德厚，會是夷狄？

當然，有人說李唐也是夷狄種，那就沒什麼好說了。

再說孤竹國，就更冤枉了。孤竹祖上是堂堂大商朝一脈的旁支。一樣是子姓，同屬墨胎氏。國為商湯所封，絕對正版，在現今河北盧龍附近。

商末，孤竹國主大兒子伯夷不想當老大，要把位子讓給弟弟叔齊。可是叔齊也不願要這個江山。情急之下，伯夷一走了之，想來國中無主，一定能讓叔齊做老大。哪知，叔齊也跑了。兩人都聽說西岐周文王人品頗好，於是投奔而去。

文王死後，武王要起兵造反，伯夷叔齊勸他不要以下犯上搞暴力革命，有問題可以透過糾察制度慢慢解決嘛。結果武王不聽，還差點殺了這兩個孤竹人。

後來，武王在神仙姐姐的配合下滅了商。兩兄弟決定不領周朝的薪資，不吃周朝的食物，逃到甘肅渭源的首陽山，最後餓死山中。

孔子評價這兄弟倆是「古之賢人」，所謂「求仁得仁」說的就是他們。

他們會是夷？

華夷之說權且拋開一邊，不做深究。只說密盧和速買帶領一班殘兵敗將跑到孤竹，見了孤竹國主答里呵，哭訴道：「兄弟啊，怎麼沒回我的求救帖！現在齊國已經占了令支。」

答里呵大驚：「悔啊！你的帖子，管理員沒加紅沒加粗，帖子一多，一走眼，沒看到。」然後又好生撫慰一番，勸道：「放心好了，國境線上有卑耳河，水深流急，我們只需收回木筏、船隻，片板不得下河，齊軍再有能耐也過不來。」

當密盧和答里呵討論如何算計齊桓公的時候，齊桓公已經接下鮑叔牙運來的五十車軍糧，帶上押運官高黑一起，豐衣足食地揮軍啟程了。行不過十里，眼見道路狀況越來越差。一番顛簸之後，小白煩了，下令燒山。火燒足足五日，草木成灰，走獸絕跡，然後開山修路。眾兵將不禁抱怨：「老大，這又修路又爬山，太累了。」

桓公問計管仲，管仲再次發揮音樂才能，一口氣創作了兩支歌曲，一名〈上山歌〉，二名〈下山歌〉，讓軍士邊走邊唱。勞動歌曲又一次發揮神奇作用，軍士徹底陶醉在音樂的海洋之中，忘記疲勞，忘記苦惱。「軍歌嘹亮」的習慣也一直傳到如今，古今中外通通如此。

不久，全軍翻過山嶺，來到卑耳河邊。燕莊公指著河對岸說：「過河東去，有一座糰子山，過了糰子山就是馬鞭山，過了馬鞭山就是雙子山，下了雙子山再走二十五里，便是孤竹國。」

齊侯心裡想：「你路線倒記得挺熟。」

燕伯心也虛：「剛查的Google map。」

要說起來，答里呵同志說的也沒錯，卑耳河的水的確很深。只是可惜，現在是冬天，科學上說，這叫枯水期。

小白差人沿河打探，想法子過河。發現往左走三里，河水漸淺，不及沒膝。小白大喜，傳令全軍從左路淺水處渡河。交通要道，就算有事故，也要快速通過。

管仲諫阻：「要是對岸有戎兵埋伏，在我渡河途中襲擊，那就大事不妙了。唯今之計，最好分兵渡河，可以提高渡河的成功率。」

於是，齊桓公命人伐木摘籐，用籐條紮緊圓木，做成木筏。其後，分兵兩路，各自行動，最後在糰子山會合。臨行前壯膽道：「雄糾糾，氣昂昂，跨過卑耳河。打死密盧野心狼！」

盟軍總司令姜小白命王子成父與高黑領大軍乘筏渡河，開方和豎刁護著自己在後；命虎兒斑與賓須無領騎兵涉左邊淺水，管仲和高摯護著燕莊公在後。

須臾雙雙過河，一路暢通，並無攔截。

孤竹這邊有探子急報，盟軍數百木筏過大河了！答里呵大驚：「中國不愧為世界工廠，造東西又快又好！」

他急忙下令大將黃花元帥點五千精兵速去河邊攔截。

密盧站出來，想要自己和速買領兵先去。畢竟空著手來做客不好意思。

黃花元帥譏笑道：「亡國之主，敗軍之將，還好意思！」密盧心中恨恨不已。

做老大的答里呵臉上掛不住，心說你這小弟說話也太直了，雖然是實話，可是對客人嘛，總歸要客氣一點。於是，對密盧君臣笑道：「別著急，另有差遣。西邊糰子山是戰略要地，就託付給你倆駐守了。」

密盧和速買點齊手上殘兵，再要了點孤竹軍馬，即刻領命去守糰子山。

黃花元帥也馬上出動，飛奔河邊，正遇高黑，大殺一場。高黑不過是一個運糧官，哪裡擋得住孤竹的先鋒大將。力不能支之際，多虧王子成父再展雄風，接過黃花的大刀，大戰五十回合。

黃花元帥雖然不是元帥，但名字威風凜凜，自我感覺超級良好，打著打著，熱情沖昏了頭腦。拜託，你這五千小弟是拉來砸場子的。砸了就跑，遲滯盟軍進攻，不是來打陣地戰的！不久小白的後軍開到，五千孤竹小部隊被澈底殺光。黃花一人倉皇逃竄，一口氣跑到糰子山下，卻見山上印有齊燕無終logo的軍旗招展，原來盟軍的左路奇兵早已占住此山。

黃花不敢硬闖，捨下坐騎，脫掉軍裝，偷偷地爬山過去。下山之後，一路小跑，跑到馬鞭山，卻見密盧軍隊在此紮營。

原來密盧領軍到馬鞭山的時候，見盟軍搶先占了糰子山，也不敢交戰，就退一步在馬鞭山下寨。

密盧君臣一見黃花元帥的糗樣，心中樂開了花。譏諷道：「常勝將軍怎麼單身到此？」

黃花啞口無言。只說：「大爺餓了，快點好酒好肉招待！」

密盧不給：「這裡只有泡麵。」

黃花一聽，噁心得也沒了食欲，說：「那就給我匹馬，我回家吃去。」

密盧笑笑，命下人牽來一匹跛腳馬。

黃花一路越顛越餓，回到孤竹後，趕忙見了老大，把令支君臣的無理之舉放大彙報，還誇讚一番盟軍如何了得。目的只有一個，就是黃花的毒計——殺密盧！黃花提議，盟軍此來無非為了追殺密盧，我們只要把密盧砍了，獻給齊侯，盟軍自退，還有大功一件。

答里呵有些猶豫。

這時二把手丞相兀律古獻策：「臣有一計，可反敗為勝。」

答里呵抬起頭來，問：「何計？」

兀律古吐出兩個字：「詐敗。」

兀律古把自行研發的「詐敗3.0」報告如下：

先清空「孤竹國」文件夾，把「國主」和「百姓」移到硬碟的其他位置，所有文件屬性設為「隱藏」。再派人在盟軍面前顯示一個網頁視窗，文字內容為「我主懼怕天威，跑到北方搬救兵去了。」這樣，欺騙誘導盟軍點擊「追擊」。點擊之後，程式會自動啟動名為「旱海」的病毒。

這裡的「旱海」是指當地北方的戈壁沙漠。此地只要風沙一起，就茫茫不辨東西南北。大軍一開進，也別想再出來。

盟軍中毒之後，精力喪失殆盡。孤竹一舉滅之，就可反敗為勝。而孤竹國只要輕鬆地使用GHOST，一鍵還原系統即可。

如此棄全國詐敗而逃，引盟軍進入大自然的包圍，然後謀求一舉殲滅的「詐敗3.0」，拿來騙人的東西之貴重，拿來殺人的武器之先進，真算得上「詐敗終極版」。

一切從開始就運行得比預期的還要順利，不過順利是有代價的，那就是密盧和速買的人頭。

那日，兀律古安排黃花同志扮演投降盟軍、請君入甕的角色。可是黃花元帥卻要公報私仇，走到馬鞭山的時候，黃花把「詐敗3.0」告知密盧。也不管之前多有齟齬，畢竟要替自己報仇，不由密盧不開心，於是擺下酒席為黃花壯行。結果酒才一半，黃花猛然一起身，一刀把密盧砍了。

眾人剎那驚訝。

黃花只一笑：「演戲要敬業。沒有你家主公的頭顱做投名狀，如何讓盟軍相信我要投降？」

速買大怒：「殺我主公，還敢狡辯託詞！」

黃花不慌不忙：「你家主公猥褻幼女㉘，殺了也活該！」

速買挺起大桿刀：「那是酒後亂性，調查組也已判定無罪。」

黃花大笑：「只許你們當官的酒後使壞，不准我們小民酒後撒潑嗎？」

兩位大將開鬥，營中令支籍和孤竹籍士兵也開始打架。

打著打著，速買料不能勝，奪路而逃。單人單馬逃到糰子山盟軍帳前，說要洗心革面，更有機密相告。可是，盟軍的前營是虎兒斑率領的無終軍。虎兒斑兩次敗在速買的詐敗中，再也不信，也不廢話，直接一刀砍了，正好回報齊侯邀功。

㉘影射深圳海事局黨組書記林嘉祥對涉嫌猥褻幼女一事坦承不諱，事後更大言不慚說自己是高官，小民能奈他何。

密盧的頭顱也很快被黃花送到齊侯帳中，桓公一看令支君臣伏誅本想撤軍了事，可再一聽黃花說到孤竹國已空，國主竟然去北方借兵？怎麼？大軍來此，天威所指，還敢抗拒？

小白下令：「黃花來投，我軍之福。大軍開到孤竹，休息片刻，由黃花引路，追殺答里呵！」

遠征軍順利開進孤竹，果然如黃花所說，國中空空。齊侯讓燕伯留在孤竹歇息，自己的齊軍和虎兒斑的無終軍在黃花的帶領下火速追擊答里呵。為防黃花反水，命高黑緊跟，明為陪伴，實為監視。

大軍不久開進旱海之中，黃花越走越快，高黑不敢跟丟，步步緊跟。不知不覺中，乍一回頭，這齊軍和無終軍早不見了。

高黑心中一急，連忙叫住黃花，說是要不在這兒等等，要不回頭去找。畢竟領路的把人丟了，這路算領給誰呢？

哪知，黃花壓根不理，還在拍馬向前。

高黑心中起疑，快馬趕上前去。沒想到剛要追到，反被黃花一記回馬刀砍落馬下。雖人命尚在，也就剩下四成。

黃花不想高黑的屍體和坐騎被盟軍發現，於是把高黑一把擒來，連同他的馬匹一起，趁著天色未黑，大風未起，偷偷地跑出旱海，回到答里呵的快樂大本營。

答里呵一見黃花已回，料定計謀成功。開心之餘，也沒想殺高黑，反而想要試試勸降。

高黑乃忠義之士，山東大漢不屈不撓，要殺便殺，一句廢話沒有。

答里呵閉眼以示無奈。

黃花元帥手起刀落。

高黑就義成仁。

兀律古見天色已晚，大風已起，落入旱海的盟軍不死也傷，於是建議老大，可以開始系統還原了。

答里呵慢慢起身，拍拍屁股，下令孤竹大軍無需再隱身，連夜打回老家去。

孤竹軍不久開到城邊，見燕國旗幟高高飄揚。答里呵料定燕軍沒啥本事，於是下令直接攻城。

城中的燕伯也自知敵不過，於是率軍突圍，死命狂奔，直到糰子山下才歇腳下寨，專等齊侯消息，嘴上不住地念叨：「小白啊，樓主，大家都等著要看你的小說呢。這一大風降溫可別病倒不起啊！」

那時，小白同志和戰友們真的在生死線上徘徊。當他們發現黃花不見了的時候，心中一涼：「糟糕，中計了！」那時天色漸暗，大風驟起，要不馬上走出旱海就危險了。

管仲命大軍全部舉火，免得四下一抹黑。哪知，風太大，一著火就滅。管仲無奈，只能再令，大軍隊伍密集行軍，千萬別走散了。

天漸黑，風漸大，還伴有沙塵暴。大家心中暗罵，這環境保護怎麼做的？都說了不要走發達國家先汙染後治理的老路，怎麼還有那麼大的沙塵暴呢？

埋怨歸埋怨，管仲漸漸發現不對勁——大軍還是走散了！

管仲趕緊報告齊桓公：「大事不好，隊伍被大風吹散了！」

小白早已沒了主意，心中黯然。

管仲急中生智，命手下軍士有鼓的擊鼓，有鑼的擊鑼，沒有鑼鼓的就以刀戟敲擊甲冑，總之是要盡一切可能發出聲響。這樣，走散的人就可以循聲找來。可惜，大風中難辨聲源，這個方法沒有多少效果。

不知走了多少路，甚至有可能只是在原地畫了無數圈之後，真是天無絕人之路，大風竟然停了。

管仲大喜過望，命眾軍士原地紮營，重起火把、再擊鑼鼓。

許久，走散的兵將重新團聚，檢點兵數，只剩七成，再看將官，唯有隰朋不見。

小白感慨：「出兵以來，一直勝績，沒想到最後落此大敗。如今不辨方向，莫非要在此荒蠻之地等死嗎？」

管仲猛然想到，那晚和隰朋秉燭夜談之中，曾經說到過「老馬識途」。剛才一頓慌亂，倒真是全忘了。於是叫來虎兒斑，讓他牽出無終軍所帶的漠北老馬，放任馬匹在前行走，遠征大軍緊跟其後。

一般而言，馬匹的年齡看門牙就能看出來。馬匹的門牙根部有一個凹槽，叫作「齒坎」。因為馬要不斷嚼東西進食，所以齒坎會被食料不斷磨損。齒坎越淺，馬的歲數也就越大。

當然，管仲對「老馬識途」也只是那晚才聽說，沒有百分百的把握，但在危難關頭，也只好一試。結果，還真走出了旱海。一出旱海，月色漸朗，虎兒斑發揮導遊地陪的功能，馬上判定方向，領著大軍往孤竹進發。

走不過十里，遇到一隊人馬，不知是敵是友。派人再探，回報：「是隰朋！」小白與眾人喜出望外。

須臾，隰朋率軍來投。原來，他和大部隊走散之後，發現只能自生自滅，於是收拾身邊的部隊。多虧有無終軍數人在此，於是也靠著老馬出了旱海。

管仲忙上前握手致意，要不是那晚的課外輔導，今天能走出旱海的，估計也就隰朋一隊了。

小白命人再檢點人數，最後統計結果，旱海之中兵力折損一成。如此結果，也算萬幸。不過小白心覺輸得太窩囊，牙根直癢癢，發狠道：「不兵定孤竹，誓不回軍！」

不久，大軍在開往孤竹的路上遇到大批回城的孤竹百姓。

管仲一聽，頓生一計。耳語小白，小白首肯。

管仲接著叫來虎兒斑，命他安排無終軍中的親信精兵數人喬裝打扮，混作孤竹居民進入城中，只待夜半舉火為號，盟軍攻城，內應開門，一舉攻入，定能成功。

這次攻打孤竹，管仲定下一計，也是攻城戰的經典戰法「圍三缺一」。管仲命不入流的豎刁、連摯、開方分別攻打南門、西門、東門，而獨空北門。王子成父和隰朋率埋伏主力於北門外道路兩側。管仲保著小白後撤十里下寨，敬候佳音。

「圍三缺一」其實就是假裝給敵人一條後路，免得敵人困獸猶鬥，來個置之死地而後生。只要敵人撒腿開跑，戰鬥力幾乎降低為零。這樣，伏兵出動，殺個片甲不留或者抓個手到擒來都是輕而易舉的事了。

果然，一切按計畫發展。先是潛伏在城內的無終兵在城內四處放火，造成城中軍馬大亂。

古時候，火災是極其嚴重的災難。一來是因為房屋多為木結構，一燒就是一整片；二來因為救火設備太差，特別是沒有高壓水槍，單靠人工潑水，想快速澆滅著火點是難上加難。這還是自然著火，要是來個惡意縱火，一心找遠離水源、易燃易爆、不燒到十成火候外人不能發現的地方下手，那麼大火一起，城中必亂。也就有了影視劇中常有的管晚間報時的更夫會不忘加一句——「風乾物燥，小心火燭！」

就在答里呵君臣百姓慌作一團的時候，南門、西門、東門同時告急。答里呵終於明白，看來盟軍沒被病毒搞死，現在返過來駭了自己一把。兀律古也沒空考慮研發「詐敗4.0」了，眼下唯有逃命而已。孤竹君臣開了北門，奪路而逃。沒走二里地，左右伏兵同時殺出。兀律古直接陣亡，黃花元帥力戰良久，力竭而死。答里呵也被王子成父生擒。

以土地換人心：發財的燕國

捷報傳到齊桓公帳前，小白滿意一笑：「既然大局已定，就不要著急，先睡個大頭覺吧。」

次日，陽光明媚。好睡一場的桓公面色紅潤有光澤，率領大軍入城。齊桓公當著孤竹百姓的面，宣讀答里呵的罪狀，然後親自操刀，砍下答里呵頭顱，懸於北門，以儆效尤。

不久，燕莊公也聞訊趕來。互致問候之後，小白坦率地說：「寡人為君滅令支、定孤竹，開地五百里。這五百里就拜託你管理了。」

燕伯多虧了齊侯才不至滅國，哪敢再得此好處。

小白勸他不要不好意思：「此五百里離齊國太遠，寡人想管也管不了。要是燕國不取，山戎一定復國，捲土重來未可知。只要燕國不忘召公忠心為周，日日頂帖，年年納貢，誓為我朝北方之屏藩，那就是大幸事了。寡人也算為天子辦了件實事。」

燕伯不好再推辭。

大事已成，無終軍先行告退。桓公再給虎兒斑一項重賞，做為車馬費。無終軍與齊燕兩軍依依惜別而去。不過，世事難料，最後無終國還是被燕國所滅，那是後話了。

齊燕大軍歇息五日後也啟程回國。大軍不日回到葵茲關。桓公感謝鮑叔牙的建設和運糧工作，對高黑的有去無回表示嘆息，然後吩咐燕莊公，一定要好好把守葵茲關。齊軍和燕軍換防之後，桓公繼續踏上回國的旅程。

燕莊公感激不盡，一路相送。兩位領導人一個勁地談天說地，弄得管仲也沒空插話。其實，齊軍已經過了燕境，都進齊界了。按周禮，諸侯送諸侯，是不能送出自家國界的。管仲也摸不透小白是真糊塗還是假糊塗，眼看小白在興頭上，一時也不敢多作聲。可是走著走著，都進齊界五十里地了，兩位領導人還是沒有停下來的意思。管仲決定，還是要說一句。於是大聲插話道：「報告大新聞！歐盟宣布解體了！」

兩位領導人聞言大驚。成功吸引領導人的注意力之後，管仲接著報告，大致意思是說，按禮法是不能送出界的，可現在燕老大已經送齊老大回國五十里了。是不是該就此別過了？

哪知，恍然大悟的姜小白馬上下令，自己既然是「尊王攘夷」，那禮法不能破。把這五十里地送給燕國吧。

燕伯聽罷，差點摔下車來，齊國大臣也大致是這個反應。只有管仲片刻驚訝之後，恢復淡定，心中暗想：「跟柯地之盟一樣，又要以德服人了。」

燕莊公在反覆推辭無果之後，收下五十里齊地。從此，燕國西北開疆五百里，東方增地五十里，在齊桓公的無私幫助下，終於成為北方大國。

燕伯回國而去，齊侯繼續行軍。大軍開到濟水河邊，魯莊公早已設宴恭候多時。上回是壯行，這回是洗塵。二舅姜小白對外甥很滿意，於是將滅令支定孤竹得來的戰利品分一半給魯國。

魯莊公笑納。

齊魯兩君拜別。哪知這一去竟是永訣。魯莊公回國後不久，突然患病，與世長辭。魯國隨之陷入大亂。

14 齊國後院失火：魯國慶父之亂

魯莊公可憐的一生

聽到魯國大亂，齊桓公姜小白收起慈善家的偽裝，露出野心家的嘴臉，忍不住問大臣仲孫湫：「魯國大亂，取之如何？」

其實「野心家」也不是什麼貶義詞。所謂「不想當將軍的士兵不是好士兵」，當一個菜鳥新兵做著將軍夢的時候，那就是有野心，政治家更是如此。玩政治的要是沒些手腕、沒些野心，恐怕連自保都難。小白同志要是沒野心，估計當年就不會拋開莒國的安逸生活，跑回齊國爭侯位；現在也不會大老遠地跑到漠北親征打仗。

要說小白怎麼就突然想到要滅魯了，還得從這個死去的魯莊公說起。

縱觀魯莊公的一生，說難聽了是窩窩囊囊，說好聽了是拚死扛著。想當年老爸魯桓公在齊國旅遊時被齊襄公所殺，魯莊公隨後即位，卻不敢替父報仇；老媽文姜和舅舅齊襄公通姦，國人皆知，視為笑柄，魯莊公卻不能怎麼樣；眼看著友好鄰邦紀國被齊攻滅，魯國卻只能那麼呆呆地傻看著，而自己還要陪著殺父淫母的大仇人一起打獵尋歡；好不容易盼到了齊國大亂，自己夢想著扶立之功，哪知卻被小白搶先；其後和小白死去活來地打了幾場仗，各有勝負，但最後還是要去會盟、歃血，抬頭一看，齊桓公高高站著做了幫主，自己依舊只能在下面待著當小弟。不過也正是莊公死扛下所有的奇恥大辱，最後讓齊魯關係達到歷史上融洽和諧的頂峰。雖然有點西瓜偎大邊的心態，但是齊魯親上加親的那幾年，誰還敢欺負魯國呢？這也許就是魯莊公的野心吧。

不禁想到了謝晉「芙蓉鎮㉙」的那句臺詞：「活下去，像牲口一樣地活下去！」其實這世間又有多少人背負著難言的恥辱苟活著。說白了，其實人活著也是一種野心。你之所以活著正說明曾經的那顆小蝌蚪發瘋似地跑得比誰都快。生命來之不易、脆弱無比、稍縱即逝，能活下去，就已然很不錯了。

魯莊公在位三十二年後，終於還是死了。不過他可能還不知，其實他除了父母之恥，自己跟老爸一樣，都遭受男人的另一個大恥辱——被戴上了綠帽子。

他自己不知，所以不會覺得痛苦。我們卻實在要感嘆：這個男人，活得太慘了。

所謂「綠帽子」自然就是指老婆出軌。在古代，綠色和相近的青色本來就被定為不是什麼好顏色。比如白素貞的丫頭是青蛇，比如古代提供性服務的場所叫青樓，再比如所謂「江州司馬青衫溼」的青衫，正是白居易被貶之後才會穿的衣服。而到蒙元時代，家中如果有從事性服務行業的女子，那麼當爺爺的、當爹爹的、當老公的就要頭戴綠方巾，久而久之，戴綠帽子就成了老婆不檢點的象徵。

給魯莊公戴綠帽子的這個老婆就是魯莊公的正房妻子，齊襄公的女兒姜氏，因為她結局很慘，故而被稱為「哀姜」。

齊國的女人怎麼都那樣

之前也說過，魯莊公和哀姜的婚事是早在齊襄公那時就定下的，當年哀姜還是個小女娃，所以不能馬上成婚。不過魯莊公的老媽文姜一直念念不忘，終於二十年後撮合成婚。魯莊公也極為重視，從齊桓公手中娶走哀姜之後，立刻封為夫人。可是，哀姜卻沒能生下一兒半女。

㉙一九八六年的電影，導演謝晉的代表作，演員有姜文、劉曉慶。描寫一個小鎮上幾個普通人物在文革前後十幾年裡命運的變化。

那個時代，女人生不出孩子就別想有地位。漸漸地，魯莊公疏遠哀姜。

有人要說，這不孕不育症會不會是莊公的問題。事實表明不是，魯莊公的兒子起碼有以下幾位：

早年魯莊公邂逅了一個女人孟任，想招幸。孟任不從。魯莊公誇下海口，只要妳從了我，我就立妳做夫人。這年頭泡良族㉚太多，孟任不信。魯莊公為泡妞豁出去了，不惜割腕滴血，對太陽盟誓，孟任信以為真，從了，還生下了一個兒子，名般。當然，她和無數希望去國外投靠老外的女人一樣，獲得的信誓旦旦終成空，到死都沒被立為夫人。

當然，孟任遇到的是魯國之主，想反抗也難。最幸運的是，她生下的是個兒子，而且是莊公最大的兒子。於是公子般被立為世子之後，母以子貴，在魯莊公沒有夫人的二十年間，孟任在後宮說話還算擲地有聲。

可惜，哀姜一來就情況不妙了。孟任鬱鬱成疾，沒幾年，死了。

還有，魯莊公親近跟著哀姜陪嫁來的妹妹叔姜。叔姜馬上回報莊公一子，名啟。

另外還有一位風氏的小妾，也有一子名申。

看來，不孕不育的問題還真的在哀姜身上。

哀姜還有個更大的問題，就是和她小姑文姜一樣，都太會春心蕩漾。就在魯莊公疏遠她的時候，馬上，另一個男人闖進了她的世界。

他就是之前多次出場的公子慶父，魯莊公的哥哥，雖然不是他媽生的。

其實，論年齡，公子慶父才算最大的哥哥，長得儀表堂堂、器宇軒昂。可惜是庶出，血脈不好，也就沒了地位。

他有一個親弟弟叫叔牙，叔牙也因被莊公排擠而和親哥慶父打得火熱。

㉚ 指專門以良家婦女為獵豔對象，一旦得手便立刻消失的那種男人。

魯莊公唯一器重的是自己的親弟弟，叫公子友。之所以取「友」這個名，是因為他的掌紋特像「友」這個字。另外，公子友是名友字季，所以後世常稱呼他為季友。

其實我們從之前每次魯國戰前會議的情況就能看出來，慶父是每回都積極發言，最後每回都不被採納。

職場失意，情場得意。忽一日，失寵的哀姜和失意的慶父走到一起。兩人盤算著，要想改變眼下的境遇，唯有造反奪權而已。只要慶父做了老大，慶父說一不二，哀姜重新得寵。還有叔牙，慶父答應事成之後立他為相。

一女兩男的「三人幫」就此形成。

魯莊公死前不完美的事

魯莊公去世的前一年，世子般看上了梁大夫家的閨女，然後學習老爸騙老媽的伎倆，也說要是從了他，日後就立為夫人。梁女半推半就之後做了公子般未過門的女人。

是年冬，就在齊桓公在征伐漠北的時候，魯國一冬無雨無雪。所謂天人感應，氣候異常時，君侯就要對老天爺做危機公關。於是姬般在梁大夫家舉辦一場冬季音樂會。實際上，無非是想藉口工作原因，再去梁家一趟私會梁女罷了。

音樂聲起，沒資格出席音樂會的梁女爬上梯子，偷偷地在牆外欣賞。姬般則在會場上遠觀梁女，早已心不在焉。

仙樂繚繞，只待仙人陶醉；色眼迷離，唯看美女窈窕。

哪知就在音樂會如火如荼、姬般梁女秋波暗送的時候，牆外卻傳來不和諧的聲音。

姬般皺起了眉頭：「什麼素質，不知道手機要關靜音啊？」他起身走到外頭查看，原來是圉人犖在朝梁女吹口哨。

圉人就是養馬人。圉人犖是姬般的一個馬夫，名犖。春秋年代還是奴隸社會，這個馬夫即使不是奴隸也是賤民，而當時只有王侯貴族才會有姓。這也就是為什麼當年那個在齊襄公遇害時挺身而出的徒人費也沒有姓，只是一個單名「費」的原因。

姬般一看小弟竟敢調戲自己的女人，不禁大怒，並以圉人犖破壞會場秩序為由鞭打三百，打得他皮開肉綻、血流滿地。圉人犖苦苦求饒，姬般才饒他一命。

後來姬般把此事回稟莊公。

魯莊公皺著眉，說還是殺了一了百了，免得生出事端。

姬般輕蔑一笑表示：一個弼馬溫還能捅破天不成？

可惜，姬般小時候是看不到《西遊記》。不過話又說回來，老在卡通頻道放《西遊記》似乎也是悲哀。吳承恩好不容易做了諷刺小說家，結果卻變成了童話大王。

且說公子慶父為首的三人造反組合日夜思反，可是齊魯關係如日中天，所以只好一直觀望。

魯莊公也不是傻子，慶父叔牙兩兄弟和他不是一條心也不是一天兩天的事情。只是，一來自己還能控制局面；二來慶父一黨只有造反的意念而已；三來手下一班文武大臣都忠心耿耿，所以莊公遲遲沒有動手除掉慶父。

當然，魯莊公沒有鄭莊公那麼陰毒，他還沒想用那種誘使兄弟造反、自己甕中捉鱉的毒計。

可是，魯莊公在濟水邊給二舅齊桓公祝賀凱旋後歸國不久，突然就一病不起了。

魯莊公感覺到自己時日不多，可是慶父一黨不除，定會成患。於是把親弟弟季友叫到病榻前商議。商議的結果是：殺慶父，動靜太大，卻沒名義。

莊公搖搖頭，最後表示，即使不殺慶父也必須削弱他的勢力！

慶父的第一次弒主

季友明白莊公所謂的「削弱」，於是帶兵到叔牙家中。

叔牙不解：「所為何事？」

季友回答：「你喜歡玩網路遊戲嗎？」

叔牙笑笑：「自然是相當喜歡。每天起碼超過六小時！」

季友呵斥道：「叔牙沉迷網絡是為神經病患者。上級有令，賜毒酒一杯！」

叔牙大驚，表示不服。要待爭辯，卻被強行扯開喉嚨，一把灌入，須臾七竅流血而死。

季友回朝覆命。

莊公緊握季友之手，託付魯國江山。當晚，莊公與世長辭，世子般繼位。

當梁女聽到這個消息的時候，應該會開始做起魯國第一夫人的夢來吧。可惜好夢一場而已，就算姬般真想娶她過門，也沒這個時間了。

為什麼呢？因為姬般做魯老大只兩個月就死了。

他的死因是遇刺。

刺客是圉人犖。

唆使圉人犖走上犯罪道路的不是別人，正是公子慶父。

那日，戰友叔牙和政敵莊公的死訊先後傳來，慶父真切地感受到什麼叫「挑戰和機遇並存」。叔牙之死，實際是敲山震虎，擺明了要慶父明白，別想歪念頭，不然和叔牙一個下場；另一方面，莊公一死，權力就出現真空。只要新主立位不穩，自己就有更大的成功幾率。

一日，落魄的圉人犖被叫到了堂皇的慶父府上。

慶父坦言道：「姬般太沒人道。人生來就是自由平等的，怎麼能如此仗勢欺人。」

圉人犖恨恨：「若有機會，定當報仇！」

慶父安慰：「機會只給有準備的人。回去好好鍛鍊身體，身體是報仇的本錢。我會幫你。」

圉人犖稱謝：「若有公子幫忙，此仇一定得報，雖死無憾！」

機會馬上就來了。

兩個月後，姬般的外公去世了。他離宮外出，前往弔唁，當晚住下。圉人犖得到慶父的指引，身懷利刃摸黑翻牆入院。眼看姬般房前門衛林立，不好動手。於是蹲在那兒守候一晚，直到次日清晨，見內侍端入洗臉水，端出尿壺的時候，趁大門洞開，保安鬆懈，乘隙突入房中。姬般一見圉人犖拿著凶器，心叫不妙，趕緊拿起床頭防身的寶劍砍殺。圉人犖已存必死之心，大叫一聲：「民工[31]也是人！」直接用左手格擋，右手刺殺，直入姬般心臟。姬般登時斃命。

這邊，值勤的保安順手把對講機扔向圉人犖頭部，圉人犖頭破倒地，被隨後趕來的衛士剁為肉醬。

死訊傳回曲阜，季友大驚，心知一定是慶父在背後搞鬼。自己這段時間忙著辦喪事、正君位，沒想到慶父這麼快就動手了。

---

[31] 中國大陸稱農民工、外來工的說法。

想來先保命要緊，於是逃到陳國。

齊桓公的第一次出手

魯國再次無主。後宮裡哀姜地位最高，朝堂上慶父資格最老。哀姜提議，立慶父做老大。重臣相視一笑，看來盛傳的哀姜和慶父間桃色新聞是真的。不過他們反對，因為莊公還有兒子在，為什麼不立兒子而立兄弟？魯國是禮儀之邦，這種於禮制不合的事情可不能做。

慶父心中感嘆，要是叔牙在就好了，當個分身做個幫手，頂頂帖子，該多好。不過慶父嘴上卻連連稱是，提議該立叔姜之子啟，因為啟是齊女所生，可保齊魯友好。

群臣不敢再有意見。

當晚，哀姜的床上。

哀姜問慶父為什麼還要屈尊？

慶父回答：「不殺光他的兒子，坐上也不會穩。再說啟年小可制，中年長不可制，所以可先立啟，再圖大事。」

哀姜聞言，佩服之至。輕吹一口氣，燈滅了。

就這樣，八歲的姬啟即位，是為魯閔公。八歲大的小孩懂個啥，幸好一幫莊公舊臣給他出謀劃策，不久，齊魯兩國領導人高峰會在齊地落姑（山東平陰）舉行。

齊桓公一看自己大哥哥的二女兒的乖兒子做了新任魯國掌門人，心中自是歡喜。魯閔公卻垂淚不止。齊桓公見狀，暗問緣故。魯閔公將大臣教他的：姬般遇害、慶父專權、哀姜私通的事情一五一十地告訴了他媽的小叔。

齊桓公大驚，心想我怎麼聽說的是：子般自然死亡、慶父一心為國、哀姜恪守婦道啊。

奶奶的，看來慶父給了不少封口費啊。

魯閔公繼續說，現在自己就是傀儡，受到慶父和哀姜的雙重壓迫，群臣中只顧看帖的多，出來頂帖的少。

齊桓公正義凜然，一心要幫他一把。於是問：「魯國大臣中就沒有一個政治合格、本領夠好的能臣嗎？」

魯閔公終於說出了最想說的一句話：「有，公子季友最賢，可惜擔心受到政治迫害，去了陳國。」

齊桓公大不悅：「有寡人在，還怕慶父！就說是寡人的意思，接季友回國輔政。」得到武林盟主的支持，魯閔公開心地拍起手來，魯國大臣們也大喜，紛紛說終於有帶頭大哥了。於是，季友回國，立刻封相。慶父一夥自然不服，不過聽說是老姜欽定，也不好強行反抗，私底下卻加快造反時程。

季友回國之後，齊桓公派出由仲孫湫為首的國際觀察團，了解魯國政治動態和君臣關係。

仲孫湫先拜魯閔公，但見他一把鼻涕一把淚，手足無措。

仲孫湫再拜公子申，發現他談吐得當，懂得審時度勢，好感油然而生。

仲孫湫三拜季友，告訴他要善待公子申。他還勸季友要小心公子慶父，早除早好。季友也不說什麼，就攤開一隻手給仲孫湫。仲孫湫馬上領悟道，這是孤掌難鳴的意思。於是安慰道：「放心，有齊桓公在，該出手時會出手的。」

公子慶父知道仲孫湫不會主動來找他，於是自己帶上金銀財寶登門拜訪。哪知，仲孫湫不理不睬，不收一針一線。慶父悻悻而歸。

仲孫湫回國覆命。小白問明情況，仲孫湫說出一句千古名言：「慶父不死，魯難未已。」意思好比，這某某不下課，球就別想踢好。再好比，這藍綠內鬥問題不解決，股市就別想破萬點。

小白兵定北方後興致不減，即刻表示，那就發兵魯國，一舉剷除慶父反革命組織。

仲孫湫搖搖頭，現在慶父造反，僅僅是意念而已。不過看樣子也快了，要等他真動手了，我們馬上平定魯亂，那才是霸王之業。

慶父的第二次弒主

公子慶父的謀反終於在魯閔公二年付諸行動。

一日，大夫卜齮來訪，說是魯閔公的老師太傅慎不害侵占了他的田產。可是警察和檢調都因為慎不害的背景深厚，沒人敢受理這個案件。卜齮知道，公子慶父其實就是魯國最大的黑社會老大。既然白社會的機構不幫他伸張正義，無奈之下只能找黑社會出頭了。

公子慶父也不繞圈子，直截了當地說，你幫我殺魯老大，我幫你殺慎不害，如何？

卜齮這段時間因為申告無效，碰一鼻子灰，早就把什麼君臣之禮拋卻腦後，殺魯閔公也不算什麼。可是對慶父這句話的邏輯關係陡生懷疑，心想：你糊弄我吶。要是早想殺人，我直接殺了慎不害不就得了。

慶父見狀，也猜中一二，說道：「你要是殺了慎不害，魯老大肯定治你的罪。我也幫不了你。可你要是殺了魯老大，我就可以取而代之，到時候不光會幫你殺慎不害，還你田產，還有更多驚喜等著你。」

卜齮聞言，感嘆道自己未嘗不想殺了這些蠻不講理的貪官汙吏，可惜庭院深深深幾許，刺殺哪那麼容易。

慶父笑笑，表示力敵不能，可以智取。小老大童心未泯，常常夜半三更還出宮嬉鬧，只要能趁機派出殺手，一來成功率高，二來可以謊稱盜賊所為，可以把自己洗脫得乾乾淨淨。

卜齮心說，既然早有此毒計，為什麼慶父自己不動手，看來是要找個墊背的。可是一看慶父的眼神，也只好認命。如今是一條船上的人了，現在要是不殺閔公，估計自己也得被慶父殺了。於是回家開始發帖找殺手，果然找到了一個叫秋亞的亡命之徒。

慶父也在那兒樂呵呵。當初直接找圉人犖殺姬般，雖然沒落下把柄，終歸惹人非議。現在假手卜齮，又多一層關係，就更容易逃脫干係了。

不久，魯閔公晚上帶少量護衛出宮遊玩。

宮中耳目報之慶父，慶父差人通知卜齮。卜齮馬上給秋亞發了一則簡訊：「月黑風高夜，殺人正當時。」

事情起初非常順利，秋亞找到閔公一行，一刀捅死。此後的發展卻出乎意料，因為秋亞竟然沒被衛兵殺掉，而是被活捉了。這下急壞了卜齮，秋亞要是招認出一切都是他的安排，那他可就只能背黑鍋了。事關重大，於是決定自己上陣，在秋亞的押運途中，帶領家丁截走秋亞，殺人滅口。

慶父已知閔公被刺，當晚派人去刺殺慎不害，慎不害不幸慘死家中。

季友聽到閔公遇害，第一反應就是慶父作亂，於是夜叩公子申家門。

公子申起初以為是夜半鬼敲門，不願起床相見。季友直衝房中，不由分說，拉起姬申就跑，一路告知慶父之變。

姬申大驚，急問：「往哪兒跑，齊魯關係這麼好，要不要去齊國避難？」

季友搖搖頭：「大國可依，不過就算日後登基也容易變成附庸，不如去小國。」最後決定逃到邾國。

插曲：慶父&哀姜出奔

慶父聽說季友帶著公子申逃跑，也不追趕，反正國中再次空虛，這回莊公的兒子不是死了就是不在，再說，太傅都能被刺殺，哪個大臣不會膽寒。威逼利誘之下，這回的大位總該自己繼承了。

想來兩次弒君都沒留下直接證據，現如今終於大事已定，慶父做著黃粱美夢，呼呼地睡著了。

次日，慶父準備更衣上朝。哪知，風雲突變。

外人來報：一千多群眾上街遊行，打出標語，說要替閔公報仇，給太傅申冤，接季友歸國，立子申為君。

慶父恨恨地罵道：「反了！不就一小撮人嗎？鎮壓！」

哪知，剛要安排，來人再報：「暴徒剛才衝入卜大夫家，卜家滿門被殺。」

慶父頓時心虛，看來是卜小弟行事不注意，被人發現了。

忽然，又有來人急報，遊行隊伍朝這裡進發了！

慶父聽罷，嚇出一身冷汗。這回沒有坦克是擋不住遊行隊伍了。慶父深深嘆息之後，決定馬上出國跑路，避避風頭。可是往哪兒跑呢？慶父想了想，還是去莒國吧。

之所以去莒國，除了莒國是天然的流亡集散地之外，還跟一個齊國的女人有關。那就是莊公之母文姜。禮節上講，公子慶父也該叫他一聲「母親大人」。

在莊公娶哀姜之前，文姜就病重而亡。死前留下兩句遺言：莊公一定要娶齊女，不然死不瞑目；齊魯一定要和睦友好，桓公圖伯，大國可依。

莊公領命，三年後與哀姜成家。是年，莊公三十七歲，哀姜二十一歲。雖然婚姻不融洽，但是齊魯邦交卻實現了深度友好。

文姜死前還做了另一件事，就是跟自己的主治醫生莒醫產生了曖昧關係。一段第二春之後，文姜因病醫治無效，離開人世；莒醫因外派任務結束，回到莒國。

醫生又稱「大夫」或「郎中」。兩個稱呼都和古代官職有關。雖然官職的大夫讀「ㄉㄚˋ」，而醫生的大夫讀「ㄉㄞˋ」，但是郎中的讀音差不多一模一樣。可見，從古至今，醫生是個挺有地位的職業。

能給文姜治病的醫生自然不是一般人物。這位莒國大夫在莒國高層人脈廣闊。公子慶父就想藉此關係打通莒國上下，先謀安身，再謀進取。還有一層原因是，莒子對齊桓公有恩。所以，如果能留在莒國，那魯閔公他媽的小叔齊桓公就比較不容易對慶父下手。

慶父跑路也不是空著手的，他順手把一些魯國寶貝都一起裝進了背包。一切發展也很順利，慶父在莒國順利獲得政治庇護。

不過，慶父跑路的時候可沒記得要帶哀姜一起。哀姜一聽百姓造反，慶父逃命，急得也想去莒國。左右侍從勸道，娘娘啊，還不明白嗎？慶父要想跟妳在一起，就不會把妳忘在這裡了。還不如去邾國吧。畢竟公子申、季友才是人心所向，要是能得到組織的認可，娘娘就還是好娘娘。

哀姜一聽有理，於是前庭的男人跑完之後，後宮的女人也撒開腿跑出了魯國。可是，到了邾國，季友根本不理這個給大哥戴綠帽子的嫂子。

不過哀姜此來也是有價值的，起碼讓季友確切地知道了一個重要的情報，那就是魯國權力澈底真空了，現在不回，更待何時？

齊桓公的第二次出手

季友拉著姬申立即出發回到魯國。現在造反派死的死、逃的逃，姬申應該可以順利即位。

可是一回到魯國，卻發現一個齊國高官正在朝堂等候。

不是別人，正是高傒。而且不是高傒一個人，他更帶上了齊國甲士三千，駐於城外。

時光荏苒，高傒已經差不多七十歲。不過，人老不一定就會心慈手軟，接下來一番心理較量，將決定魯國的命運。

因為就在小白知道魯國再次大亂，國內二度無君的時候，他問了仲孫湫開篇那句話：

「魯國大亂，取之如何？」

還好仲孫湫搖搖頭，說魯國是禮儀之邦，百姓不忘周禮。雖然國內無主，但慶父出奔正是迫於民意壓力。臣去魯國時，看到公子申談吐得當，是個人物。而且，誠品書店人頭攢動，還二十四小時營業！政論節目上討論政治民生議題火熱異常，call in的、call out的不亦樂乎，看來取魯不易啊！

小白不禁嘆息，魯國百姓覺悟真是高啊。想到這邊，一會兒百姓捅死警察，一會兒警察打死百姓；一會兒老師不管學生死活，一會兒學生一刀刺死老師 。不過嘆息歸嘆息，小白看出仲孫湫是個保魯派，於是叫來白兔先生高傒，要借他慧眼看看魯國的氣數。

他讓高先生帶兵前往魯國，待姬申回國之後，如果真如仲孫湫所言是個人才，那就立他；反之，則可滅魯。

高傒起身與公子申和季友寒暄。高傒打量了一下姬申，發現樣貌堂堂，談吐得當、條理清楚。又出了幾道腦筋急轉彎，竟然還會搶答；再看季友，早聽說季友賢明，今日一見果然忠心為主，有撥亂反正之力，有改革開放之能。想來魯國還有此等忠臣良主，應該氣數未盡，高傒決定代表武林盟主擁立姬申為新任魯國老大，史稱魯僖公。

齊國三千甲士築起鹿門之城，用以防範慶父所在的莒國和哀姜所在的邾國可能的進攻。魯國人民在喜迎新主人之餘，世代不忘高傒的恩德，所謂「猶望高子也」。不過，將近古稀之年的高傒同志還有重要的人生任務，十六年後，八十五歲的高傒再次出手，相助平定齊國之亂，讓死不瞑目的小白同志多少含笑而去。

這是後話。

很慘的後話。

且說為保魯僖公大位安全，季友開始謀劃如何除掉社會不安定因素——慶父。

詠嘆：慶父&哀姜之死

季友一邊安排公子奚斯去齊國面見齊桓公，感謝盟主定位之恩。一邊又派人出使莒國，要引渡慶父回國受審。哪知莒子託言兩國沒有引渡協議，拒絕合作。

季友心知肚明，告訴莒子：「如果遣返慶父，必有好禮重謝！」

莒子貪心不足，果然給慶父下達逐客令。

慶父虎落平陽，只得出走。路遇公子奚斯從齊國回來，奚斯與慶父交好，慶父希望他能回魯國幫自己求情。奚斯重情重義，表示願意一試。要知道，慶父現在是頭號反賊，而奚斯要在風頭上給他求情，真是夠有膽量。

不過，季友一口回絕：「造反無理，不殺不行！」

奚斯只好踏上傳話的路途，可是這等壞消息著實難以對好友啟齒。於是，他也不敲門，也不按門鈴，直接在慶父暫住地的門口大哭。慶父聽到之後長嘆一口氣，知道無力回天，命不久矣，於是在院中的大樹上上吊而死。

奚斯哭罷，進屋看到慶父已死。他命人收殮遺骸，運往魯國安葬。

季友見到慶父的遺體，也嘆息不已。

忽有人報：莒國大軍攻打魯國！

魯僖公驚問何故，原來是莒子知道慶父已死，特來索取禮品。

季友大怒：「莒國實在欺人太甚。一者，慶父不是莒國直接押解回魯；二者，積分換禮也得對客服人員客氣點，哪有動粗的道理？！」

魯僖公問季友：「怎麼辦才好？」

季友讓領導人放心，新領導人剛上臺就有人敢挑戰權威，不勝不行！於是親自領兵而去。

臨行前，魯僖公解下自己的寶刀贈與季友：「此刀名曰孟勞，一尺不到，鋒利無比，叔父防身之用。」

兩軍對陣。

季友單車出陣，來到兩陣中間，要與莒軍大帥說話。

莒軍中一車隨即出陣，原來是莒子的弟弟嬴拿。

季友提議：「老大打架，找小弟幫忙不算好漢。你我二人，肉搏如何？」

嬴拿隨即同意。

於是兩人脫去鎧甲，下車打起擂臺。比賽非常精彩，大戰五十多個回合不分勝負。季友久戰不下，開始發愁；嬴拿心想：「要再不贏，我就要咬耳朵啦！」

這時，魯國軍中響起童聲，曰：「孟勞何在？孟勞何在？」嬴拿以為是手機鈴聲，根本沒注意。季友一聽，頓悟。原來孟勞寶刀還藏在腰間。再等嬴拿撲來，直接手起一刀，削掉他半個天靈蓋。再看寶刀，滴血未沾。季友大讚：果然寶刀！

魯軍鼓噪歡呼。莒軍一看禮儀之邦都耍賴，一邊罵街一邊退場，如鳥獸散。

季友回到軍中，抱起一個八歲小童。

原來是季友八歲的孫子行父。季友寵愛他，一直把他帶在身邊，習軍旅、熟兵器。此番出發前，乖孫子曾問起這把小刀的名稱。老爸答曰孟勞，削鐵如泥，關鍵時刻能化險為夷。行父一聽便熟記在心。待到剛才事態緊急，小小的行父竟然還記得提醒老爸，最後扭轉戰局。這個小孩子長大之後，繼承爺爺季友的衣缽，成為魯國正卿，連續輔佐魯宣公、魯成公、魯襄公三代君主。職業生涯中，工作成績優異，但是凡事都三思而後行，連孔老夫子都煩了，說了句：「再，斯可矣。」就是說：哥兒們，夠了！你想太多了。

不過，謹小慎微的他卻開創了中華土地改革的先河，大名鼎鼎的初稅畝就誕生於他之手。所謂初稅畝就是承認私田，按畝計稅，讓井田制告別歷史舞臺。這是後話。

先說慶父一除，如何解決哀姜就搬上了議事日程。慶父是自家人，可以自己動手。按理哀姜嫁夫隨夫，也是自家人。可是畢竟是盟主姜小白的親戚，所以比較棘手。魯僖公和季友一時無計可施，表示琢磨一下再說。

忽一日，消息傳來——哀姜自殺。魯僖公驚問緣由。

原來是齊桓公覺得齊國嫁出去的姑娘大多紅杏出牆，不安分守己，實在是給國家丟臉。特別是姪女哀姜，與反賊慶父勾勾搭搭，竟然連續搞死了兩任魯侯。

齊桓公問計管仲，管仲嘆曰：「畢竟嫁出去的女兒像潑出去的水，已經不是自家的事了，要處理也得魯國出面才行。」

小白搖搖頭：「估計那兩位也都怕我心中不快，不敢自己動手吧。」

管仲對曰：「要想處理也得偷偷的才行。」

於是小白叫來豎刁全權處理此事。臨行前，小白再三囑咐：「記住，悄悄地進村，記得用滅音器。」

豎刁領命到了邾國，說要護送哀姜回魯國。哀姜以為娘家親友團來挺，好不歡喜。哪知，就在回魯的路上，豎刁故意諷刺哀姜：「小美眉，妳還有臉回去？我看妳不如死了算了。」當然說話不會那麼粗糙，但大意就是這樣。

被幾番冷嘲熱諷之後，哀姜心中一冷，方知娘家人此行不是保我回家，而是送我歸西啊。頓時心灰意冷，自縊而死。

豎刁收殮屍體運往魯國。差人先報僖公。

季友心中一笑，真是得來全不費功夫。他提議僖公，如此這般則可名利雙收。

魯僖公馬上著喪服迎靈柩，痛哭一場，以示輩分上的母子情意，對眾人曰：「母子之情，不可絕也。」

官民嘆服。

話雖如此，哀姜靈位卻沒能夠放入太廟。直到八年後，因為僖公每年拜祭老爸時，看到牌位旁實在太孤單，不想老爸寂寞開無主，才把哀姜之位置於莊公之側，以示陪伴之意。

想來，陸續給魯桓公、魯莊公父子戴上綠帽子的文姜、哀姜還是有很大不同的。光從名字上講，哀姜是因為下場慘淡，諡之曰「哀」，沒什麼好說的。當然同比姑姑宣姜因為嫁給了衛宣公才曰「宣」而言，得個諡號也算不錯了。但是文姜卻是因為本身文采出眾、聰慧靚麗才曰「文」。其實就在齊僖公要和鄭莊公攀親的時候，以為世子忽要娶來文姜的鄭國人大聲歡呼，奔走相告，作曲一首〈有女同車〉。眾人傳唱，穩居KTV點歌榜第一名。此曲後被收錄到《詩經》的〈鄭風〉之中，流傳至今。

自古「紅顏禍水」之說氾濫，這點早在之前褒姒之死中嘮叨過。文姜到底是個什麼人物，不聽草根民聲，光看那些古代文人的評語估計是看不出什麼的，就好比聽當今的某些專家論調，其實還不如看看網路上的「達人」來的有啟發。女人越當越快樂，估計也是最近的事了。不禁想起了文姜收到過的一封情書。上書：「桃有英，燦燦其霞。當戶不折，飄而為苴。吁嗟復吁嗟！」

落款：諸兒，也就是齊襄公。

且說，魯國大亂終於平定。魯僖公眼裡最感激的自然是叔父季友，打算大賞之。季友慚愧道：「我和慶父、叔牙都是兄弟。結果一個被我逼死，一個被我毒死。今後還有何面目在九泉與老爸桓公相見？」

魯僖公不以為然：「他們都是反賊，不殺不行的。」

季友進言：「慶父和叔牙的反心，說到底也只是推測，沒有確鑿證據。有逆心，無逆行。」

魯僖公嘆息道：「那就如此如此吧。」於是，季友、慶父、叔牙一脈都被封爵賞地，季友及其後人稱季孫氏；公孫敖繼慶父之後，是為孟孫氏；公孫茲繼叔牙之後，是為叔孫氏。從此季、孟、叔三家鼎足而立，被稱為魯國的「三桓」。

魯僖公即位後不久，戎狄兵犯中華，首當其衝的就是邢國和衛國。齊桓公既然是中原武林盟主，自然責無旁貸。

身居亂世，老大不好當啊！

15 下得了工地，上得了戰場

小弟被殺，場子被砸

這回興兵來犯的北狄叫玁鬻。傳言是夏朝的末代君王桀的兒子獯鬻在夏朝滅亡後跑到北方建立的流亡政府。這個政權傳到後來就是匈奴，也就是《史記・匈奴列傳》中開篇的，所謂「匈奴，其先祖夏后氏之苗裔也。」

當年周文王的祖上周太王的時候，老被獯鬻欺負，給錢給女人，無論怎麼公關就是擺不平。周太王手下的百姓都怒氣沖天，不想窩窩囊囊地活著，誓要與獯鬻一戰。周太王搖搖頭，嘆氣道：「人家是黑社會，咱們打不過的。惹不起，我還躲不起嗎？」於是周國決定暫且忍下，先遷徙或者說逃亡到岐地。

周太王的逃跑是戰略轉移。遠離獯鬻之後，周圍環境安寧了許多。太王精心治國，終於周國崛起，周強而獯鬻弱，獯鬻也就不敢太欺負周國了。周太王一脈傳到周武王，終於，周國搖身一變成了周朝。而後世就追溯周王室的成功史，把當年周太王的搬家行為概括為大丈夫能屈能伸，與後來的句踐兵敗為奴，其後臥薪嘗膽一舉吞吳做類比。

所謂「惟智者為能以小事大，故大王事獯鬻，句踐事吳。」說這句話的是亞聖孟子。

如今襲擾邢衛的是獯鬻大當家瞍瞞。瞍瞞聽說齊桓公同志當上了中原武林盟主之後竟敢北伐山戎，滅令支，平孤竹。自古少數民族都是很團結的，這其實跟民族沒關係，實際是人性使然。只要是有點理智的人都會明白積少成多、脣亡齒寒、團結就是力量的道理。所以，看到少數民族兄弟被欺負，瞍瞞很生氣，後果很嚴重。

幾年的秣馬厲兵之後，他決定發兵兩萬，南下教訓中原人。「既然小白滅了俺兩個兄弟，俺也要回敬他兩個。」嫂瞞打開Google map，補了補地理知識，發令：滅邢平衛，殺光、燒光、搶光。

邢國，位於河北邢臺。雖然不是大國，但是戰略位置重要。地理上，邢國可聯絡齊、衛、燕，肩負著阻止戎狄東出太行山，騷擾周朝的重任。這次嫂瞞帶上兩萬小弟，浩浩蕩蕩殺奔邢國。邢國勢單力薄，打得全國殘破。就在哭天喊地、四處派人求援的時候，嫂瞞竟然主動解圍而去。派人一打聽，原來他又跑去衛國砸場子了。不用多說，衛國軍力弱小，也抵擋不了。衛國快馬急報盟主齊國——「大哥，場子被砸，速來相救！」

當時，姜小白同志一來還陶醉在伐戎定魯的功勞之中，二來孫外甥衛懿公跟自己動過刀兵，再加最近股市好轉，成天忙著看盤，也沒心思管。於是偷了偷懶，說是讓衛國堅持一下，等明年開春，集合諸侯，再來相救。

哪知，是年冬天，衛國大夫甯速親自登門報喪，說是衛國已破，懿公被殺，現欲立公子毀為君，特來恭迎。

小白大驚，急問孫外甥被害的詳細過程。

都是仙鶴惹的禍

原來，正在衛懿公和寵物逗樂的時候，邊報傳來，說是北狄入寇。懿公平時不恤百姓，不管政務，成天和寵物鬧著玩。

這個寵物還不是普通的阿貓阿狗，而是仙鶴。一個世間庸人非要擺出一副世外神仙的架勢，可把衛國官民噁心壞了。

為什麼當官的覺得噁心？

因為衛懿公把自己養的仙鶴封了官品。一級為大夫，賜大夫級別的口糧，二級為士，賜士級別的口糧。每次出宮旅遊，還要把仙鶴們塞在頭車上，賜名「鶴將軍」。所以弄得衛國的大夫將士在稱呼上基本等同於畜生。

為什麼老百姓覺得噁心？

說來也好理解，畢竟那年月農業水平低，靠天吃糧，靠地吃飯。遇上個不好的年景，飢一頓飽一頓也是常事。所以，小弟還沒吃飽的時候，大哥怎麼能花錢花糧養寵物呢？

現在的美國第一家庭都會養寵物，還大秀特秀一番，就是想讓普通家庭知道，總統和大夥有一樣的嗜好，以示其親民形象。中國古代正好相反，但凡王公貴族喜歡養寵物的都難免會挨罵。除了費糧之外，還因為容易被懷疑不務正業。同理，喜歡作詞的李後主、喜歡書法的宋徽宗和喜歡當木匠的明熹宗都被看作不幹正事，游手好閒的敗家子。

不過細細想來，邏輯上，多少有點事後諸葛亮的意思。因為李後主手上南唐被滅了，宋徽宗手上大宋亡國了，明熹宗手上閹黨起勢了。可是，同樣是游手好閒，喜歡在名家名畫上蓋章確認的乾隆同志除了自命「十全老人」之外，也被後世無數導演以謳歌的手法搬上電視螢幕；另外還有喜歡橫槊賦詩的曹操，喜歡詩詞書法的毛澤東等等，後世無不將其業餘愛好當作革命樂觀主義和多才多藝的象徵符號。

當然，凡事是講「度」的。衛懿公這種以仙鶴利益高於一切的態度，終於給衛國的滅亡埋下了惡因。

當時衛國有兩位大忠臣，一個是大夫石祁子，是大義滅親的石碏的後人；另一個就是開頭說到的甯速，也叫甯莊子。兩人見衛懿公不幹正事，於是再三諫言，可惜沒什麼效果。不過話說回來，衛懿公也算不上壞人，不然石祁子和甯莊子的小命估計早沒有了。

公子毀一看衛國的盤面，技術面、政策面、消息面統統不行，料無好事，於是開溜跑到齊國。齊桓公小白收留了他，還給他許配良緣，就此留在齊國。

現在再看看人物關係。

之前說了衛懿公的老爸衛惠公就是害死兩位哥哥的公子朔，小白姐姐宣姜的兒子。

這個公子毀也是宣姜的兒子，是宣姜和自己的輩分上的兒子公子碩所生，所以公子毀是衛惠公的弟弟。

那麼，衛懿公該向公子毀叫一聲小叔，公子毀該向齊桓公叫一聲二舅。

說到底，都是親戚。

齊桓公當上正版方伯後的第一把火就是攻伐衛國，結果衛懿公竟然負隅頑抗，所以桓公極其不喜歡他。

衛國大臣因為衛懿公沒頭沒腦，覺得跟他混沒意思，所以也不喜歡他。

衛國老百姓看著這個當家的只管仙鶴，不管黎民。誠實勞動、合法經營的，沒有抓些仙鶴然後敬獻上去的人賺得多，所以也不大喜歡他。

當然，國內外輿論不喜歡衛懿公還有一個重要原因，那就是衛懿公是衛惠公的親兒子。人們對衛惠公的仇恨自動轉移到了衛懿公身上。也怪當年他爸心太狠，手太髒，孽太重，太子急子含冤，哥哥姬壽枉死。公子職和公子洩趁衛惠公出征鄭國的時候搞政變，扶立黔牟為君。結果好景不長，齊襄公組建聯軍，竟然殺退正統的天子援軍，幫助衛惠公成功復辟。據說此後，衛國百姓天天都會在吃飯和睡覺前閉眼祈禱一句：「如果世間還有天理，那就滅了他吧！」因為公子碩早亡，黔牟被驅逐出衛國，衛國宗室裡頭也就公子毀有些賢德，所以人們也不在乎這個名字不好聽，人心逐漸依附公子毀，把他當作一個利多預期。哪知，公子毀又被衛懿公的行徑氣走了。

衛國人民那個火啊。

當瞍瞞攻來，衛國大盤受到做空勢力的大力打擊，瞬間崩盤。衛懿公雖然稍有反省，可是軍民始終不能齊心。就在衛懿公率領做多力量大力做多的時候，軍民散戶卻不斷拋股。衛懿公見到老百姓四散而逃，自己手上的籌碼越來越少，都差點要哭了，趕緊命人抓幾個來問問。

衛懿公問：「為什麼要割肉賣股？」

百姓回答：「我是散戶，鬥不過法人。大盤不好所以跑了。」

衛懿公鼓勵道：「咱們要拿起武器和瞍瞞的空軍鬥爭到底。」

怎料百姓諷刺道：「你不是有鶴將軍嗎？用牠不就ＯＫ了！」

衛懿公開始大怒，不過馬上深刻反省，發現自己養什麼不好，竟然養仙鶴。仙鶴不就是做空的象徵嗎？再一想，身為管理階層平時不體恤散戶，怪不得現在說話都沒人信了。於是翻身下來，作揖致歉：「寡人知錯！馬上驅散鶴群，願百姓助寡人抗狄！」

百姓將信將疑。

在場的石祁子搖搖頭：「老大反省得太晚了。」

不過，忠臣就是忠臣。一聲嘆息之後，石祁子還是發動甯莊子，兩個大夫親自上街下鄉，一個個說服百姓，表示衛侯這回真是醒悟了。給老大一個機會，也是給自己一個機會，更是給衛國一個機會。今年國家遭大難、經濟不景氣，大家只有同心協力，越困難越堅持，方可度過難關！

百姓稍安，軍心漸穩。

衛國速亡，滎澤一戰

衛懿公一看買盤數量漸長，多方實力漸增，信心開始恢復。忽報，狄兵已經殺到滎澤（河南湯陰南）！頃刻多封戰報傳來，都說獯鬻大軍兇狠無比，戰況慘烈。衛懿公心中一驚，看來瞍瞞此次是有亡衛之心了。

石祁子建議去找盟主小白求援。衛懿公搖搖頭：「上次惹過他，怕難出手相救了。不如奮力拚殺，一決勝負！」

甯莊子請戰，說：「那就讓我領兵與北狄一戰。」

衛懿公擺擺手，嘆道：「原來是寡人治國無方，現在要不親征，怕民心不附，軍心不振。」說罷命人取來玉玦，交與石祁子，要他代理國政。再取來御用的弓矢，交與甯莊子，讓他代為守城。自己以渠孔為將，子伯為副將，黃夷做先鋒，孔嬰齊為後隊，點齊兵馬，殺向滎澤，誓與瞍瞞一決雌雄。

臨行前，衛懿公留下遺言：「國中之事，全委二卿。若不勝，不得歸！」

石甯二人灑淚泣別。待懿公走後，兩人一合計，覺得還是要差人去找齊桓公幫忙。一來衛軍料難取勝，不求援不行；二來小白以德服人，不像是個心胸狹隘之人。

可惜了，這回小白還真有點偷懶，救兵發晚了。當然，也得怪衛軍輸得實在太快，一戰即亡。

這就是滎澤之戰。

衛軍奔赴滎澤，抗擊獯鬻。一路上軍士心中怨氣不斷，口中怨言不絕。還作曲一首，人人傳唱，大意就是說衛懿公平時就知道給仙鶴幸福，戰時只知道讓百姓送命！歌曲傳到衛懿公耳朵，懿公嘆息不已，都是自己平時不燒香，事來抱佛腳，挨罵實屬活該，也就不想責罰。不過正將軍渠孔不這麼想。軍心不一，士氣不盛，如何能戰？於是動用軍法，罰一儆百。可惜效果不佳，士兵們更加軍心渙散。

大軍終於開到滎澤，斥候來報，前方果然發現敵軍。衛軍擺開陣式，卻見獯鬻軍殺來千餘軍馬，鼓噪而進，根本沒什麼章法。渠孔笑道，看來這獯鬻軍隊只不過街頭的打架小混混，單憑蠻力取勝罷了，跟咱們的大規模集團軍作戰，必敗無疑。

渠孔遂向懿公請戰，懿公也求功心切，下令全軍衝鋒！

衛軍擊鼓，全軍向前。

那千餘獯鬻兵看到如此架勢，撒腿就往回跑。

衛軍緊追不捨。

忽然，左右兩邊呼嘯而起。定睛一看，靠，原來是獯鬻詐敗，衛軍中埋伏了！狄軍瞬間將衛軍一截為三。衛軍本來就士氣低落，一看如此情形，丟盔棄甲者居多，抱頭逃命者不少。

獯鬻軍看到衛侯旌旗，知道懿公在中軍，於是先行攻殺前後兩軍。

戰況急轉直下，不費半點功夫。

先鋒黃夷戰死、孔嬰齊自刎，懿公的中軍被重重圍困，其後副將子伯中箭墜車。渠孔建議懿公，事情緊急，趕緊扔掉旌旗，脫掉侯服，換車逃跑，不然怕是要死在這裡。懿公嘆息道：「孤寧一死，以謝百姓！」

須臾，數刀砍來，懿公和渠孔先後被殺，狄人還不解氣，亂刀砍下，剁為肉泥。

終於，知錯的衛懿公解脫了。

可惜，陪葬的無辜者太多了。

衛軍全軍覆沒！

瞍瞞看著烏鴉滿地的戰場，得意地笑了。這時，軍士押來兩位衛國官員。瞍瞞一問，方知就在軍刀即將砍落兩人人頭時，兩人發話，說自己和鬼神是哥兒們。

通靈之人，誰殺誰倒楣，所以獯鬻小兵不敢擅動，權且押來聽老大發話。

瞍瞞問：「你們─幹什麼活的？」

兩人自我介紹，原來是衛國太史華龍滑和禮孔，太史掌管國之祭祀。要是瞍瞞不放他倆回去先行說服天上衛國的保護神，那獯鬻就別想拿下衛國。

現在領導人出場時，總有人負責拍照，一般會登報的都是美麗的瞬間，ＰＳ一下效果更佳。那時候君主親征的戰役，一般會有史官相隨，用以記錄言行，無論好壞，都將載於史冊，不得更改。華龍滑和禮孔知道獯鬻迷信，篤信鬼神之說，所以撒謊。

瞍瞞料定這兩個文官也不會鬧出什麼風浪，於是放兩人回國。也算留個活口，嚇唬嚇唬衛國守軍也好。

於是，就在甯莊子速巡城之際，只見兩位太史單車回國。驚問何故，方知大軍已歿，大哥已死。

禮孔在城下對甯速說：「狄兵強盛，不可坐以待斃，快快轉移，避其鋒芒！」

甯速命人打開城門，說道：「快快入城，再作商議。」

禮孔朗聲曰：「與君同出，卻不同歸，枉為人臣。此番回來也只想報信而已。事已畢，吾將事君於地下。」話音未落，拔劍自刎。

身旁的華龍滑來不及阻攔，嘆息不已。自言自語道：「歷史不能沒人記，史書不能沒人管，帖子不能沒人發！」說罷入城，收拾史籍。

甯速回宮與石祁子商議，最後敲定要效仿周太公當年──逃！

稍作收拾，天色漸黑，是夜開城。

石祁子保住侯室宮眷先行，華龍滑抱著史籍在後，還有衛都的庶民百姓，拋家捨業，扶老攜幼，緊緊相隨，甯速親自帶領守城士兵和宮廷衛隊斷後。

狄兵殺到。

落後的百姓基本上被殺光，衛都殘破，火光沖天。

甯速帶兵且戰且退。

不過，獯鬻的騎兵太厲害，飄忽無定，來去無蹤。繞開後軍，見人就殺，逃亡的百姓幾乎死亡過半，眼看連宮眷都要保不住了。

黃河！

黃河！

前面就是黃河，難道舉國官民都要死在母親河邊嗎？

城邢封衛，大搞建設

這時，神兵天降！

宋桓公渡河來救！

宋桓公的老婆正是宣姜和公子頑生下的大女兒，衛懿公他爸的妹妹，衛懿公自己的小姑。政治聯姻終於派上了用場。宋桓公一聽衛國被攻，毫不猶豫，即刻起兵，渡過黃河，正巧碰上狄兵追擊衛國官民。宋桓公大怒，接過狄兵刀兵，殺將過去。狄兵猝不及防，撤退而走。宋桓公無意追趕，先保住剩下不多的衛人渡河要緊。狄兵一口氣退回衛都朝歌，洗劫一空，毀城而去。

且說衛國難民渡河，來到漕邑（今河南滑縣）。檢點人數，發現只剩下七百二十人。幸好宣姜之子公子申倖存，石甯二大夫尚在。國不可一日無主，石甯二大夫商議，要立公子申為君。可是遺民太少，不合編制。於是，從共邑、滕邑中各抽出三成，共計四千餘人，加上從朝歌逃回的七百多人，權且湊滿五千人眾。也來不及挑選黃道吉日，馬上在漕邑舉辦新君登基儀式，立公子申為老大，是為衛戴公。宋桓公和許穆公派人祝賀。

要說這個許穆公，便是鄭國破許時的小孩子新臣。時光荏苒，時代變遷，年齡從兒童變成了青年，時代也從鄭莊公小霸變成了齊桓公首霸。他之所以也來弔唁加祝賀，也是因為他老婆是宣姜和公子碩所生的小女兒，人稱許穆夫人，《詩經》上有多部作品出自她之手。

不過，衛戴公本來身體就不好，再加上狄兵這一折騰，竟然在即位後沒幾天歸西而去。石甯二大夫無奈，還得費腦子重新推選新領導。想來公子毀在齊國，不如去請他回來主持大局，順便告訴一下盟主小白衛國大盤如何悲涼，總該出手救市了吧。

於是甯速到了齊國。齊桓公一聽自己的孫外甥死得如此淒慘，也唏噓不已。連連自我批評之後，小白下令，命公子無虧率車三百乘護送公子毀去漕邑。當然，光送人回去還不夠，公子毀既然是從小白那裡回國登基，禮儀不可草率，否則如何彰顯諸侯首霸的氣度和風範。於是小白贈送公子毀登基用的服裝首飾、儀仗化妝、燈光道具，還送良馬一匹，外加牛、羊、豬、雞、狗各三百隻，湊成女媧的「六畜」。再送公子毀夫人車轎一頂，錦緞三十疋。其他諸侯國一看盟主替衛國張羅得如此用心，也不甘落後，送錢送物、紅包采禮比比皆是。一番安排妥當之後，公子毀順利而體面地在漕邑做了衛國新任掌門。

次年開春，改元，是為衛文公。

衛文公即位前，還聽說了一件忠義之事——弘演納肝，不禁感動。

弘演同志是衛國大夫，獯鬻攻衛前出使陳國。待其歸國，衛國早已滅亡。聽說衛懿公死在滎澤，於是帶著隨從前往收屍。一路上，烏鴉遍地，屍橫遍野。忽見地上衛侯旌旗掩臥，料懿公屍體就在不遠處。從人細細查探，屍體沒找到，倒找到個沒死的懿公侍從。那人手臂折斷，飢腸轆轆，奄奄一息。弘演趕緊打聽懿公遺體下落，侍從指著一堆血肉說：那就是。

弘演再看，七零八落，肉泥一片，唯有肝臟完好無損。他後退幾步，跪地，行禮。如同懿公在世一般，備述出使經過、會談紀要、外交成果。一番報告完畢之後，起身與眾人道：「主公無人收葬，吾將以身為棺。」

話音剛落，拔刀剖腹，將懿公之肝納於自己的腹中。彌留之際，留下遺言：「埋我於林下，待有新君，方可告知！」

從人依言料理完身後之事，渡河尋找大部隊。找到衛國遺民的時候，正好趕上衛文公毀即位。衛文公聽完報告，命人速速抬棺前往滎澤收屍，再追封弘演，並錄用其子，以表其忠。

就這樣，衛文公在一窮二白的環境下開始主持工作。雖有公車三十輛，卻連辦公府邸都沒有。布衣布帽，頓頓吃素，清湯寡水。日日下鄉走訪百姓，天天上網了解民情。所謂起得比雞早，睡得比豬晚，幹活比驢累。不過再苦再累也沒什麼，人人都說他是人民真正的父母官，這就足夠了。

公子無虧留下三千甲士，幫助衛文公協防狄兵。回齊後，甲士將文公艱苦創業、弘演忠義納肝之事稟告桓公。桓公嘆曰：「有此明君賢臣，天不絕衛國。」

管仲建議：「畢竟漕邑不是長久居所，災民天天住臨時避難所也不是個辦法，不如築城安民，再造衛國。」

齊桓公表示同意。通貨緊縮之下，多搞點基礎建設還可以拉動內需，對水泥、鋼鐵、地產也確是不錯的利多。

人多力量大。小白給各同盟國發通知，要盡快地建設新衛國。沒料，通知剛剛下達，邢國的求救信就來了，說狄兵又去攻打邢國，邢國岌岌可危！

小白看到求援信，頓覺頭疼，剛想搞建設，怎麼又要動刀兵？於是問管仲要不要救。

管仲心想：大哥，你糊塗了吧。有困難，找小白。你是老大，小弟的場子被砸了，你不出面怎麼行。於是對齊桓公說必須要救，不然霸業不再！不過方法上可以探討探討。

小白願聞其詳。

管仲對曰：「現在邢狄戰事正酣，這時候幫邢國就算打勝了也說不清是誰的功勞。不如等邢國行將被滅之際再出兵，那時狄師也已筋疲力盡，我軍方可事半功倍。」

小白依言，傳檄宋曹魯邾，要求一起出兵救邢。宋曹兩國先到，不過齊桓公託言魯邾未到，等等再說。於是三國軍隊只是駐紮在聶北，觀戰而已。

一等就是兩個月。

忽一日，探子回報，狄兵即將破邢，難民陸續出逃。齊宋曹三國馬上戰前動員，三國領軍人物一起在齊國中軍大營開會，商量協同作戰的問題。

會議開到一半，報營外有人求見。只見一人披頭散髮，撲倒在地。左右扶起一看，傻了，竟然是邢國老大叔顏同志。只聽邢侯叔顏的嘴上不停念叨：「崩盤了！斷頭了！國滅了！」

桓公心中感慨，怎麼敗亡的速度如此之快！然後連忙對邢侯做自我批評——「罪在寡人」，都是自己救援遲緩，你看，我們還在開會，正在商議出兵之事。

叔顏趕緊求救，否則恐怕要君臣盡死，百姓盡亡了。

齊桓公假意詢問宋公曹伯的意見。二位心想，來此兩月有餘，早該一戰。不過也不好駁人家的面子，於是起身對曰：「願同心一戰！」

小白大喜，說魯邾不來，以致貽誤戰機，現在不能再等了，三國大軍立刻拔寨而起！

瞍瞞一聽援軍出動，反正已經賺得盆滿缽滿，於是獲利了結，見好就收，落袋為安。獯鬻軍也不追趕邢國難民，在三國聯軍趕來之前，將邢國劫掠一空，再放一把火，興高采烈地回家去了。

待三國兵到，邢國早已殘破不堪。小白本不想出兵，也就沒心情再來一次追殺之旅。只是派人速速進城滅火，再問邢侯：「今後的日子打算怎麼過？」

遭此大難，國破家亡的邢侯頗為傷感，表示老百姓都跑到了靠近齊國的夷儀，願追隨百姓遷都到那裡，休養生息。

齊桓公心中有愧，於是說服宋曹兩國，一同築城。不久，夷儀新城落成。桓公從齊國運來吃喝住用行等生活必需品，還給邢國重建宗廟，再修宮舍。交房的那天，百姓領到盼望已久的房門鑰匙，如歸故里，喜極而泣，紛紛感謝桓公大恩大德，真所謂「恩同再造」。舉國親齊的氣氛下，此後邢國墮為齊國的附庸之國，也不難理解。

邢國的建設已畢，宋曹打算辭歸回國。桓公也不留，也不攔，只說一句話：「城邢而不城衛，衛謂我何？」

宋曹兩君聽說話的意思，要是不去建設衛國，衛國人怎麼罵齊桓公，齊桓公就會把所有的怨氣怪在我倆頭上了。也罷也罷，跟著盟主走，到哪兒都不怕。

於是，三國建設隊辭別邢國，來到衛國。

衛文公遠遠接風。只見依舊身著布衣布帽，還是為懿公之死的喪服。

桓公心中過意不去，問文公：「漕邑不是長久之地，打算在哪兒重建都城啊？」

衛文公嘆口氣，說道：「算命的說，應該定都楚丘。可是衛國太窮，建設成本又太高，怕是只能想想而已。」

齊桓公拍胸脯保證：「此事包在我身上！」

於是，下令三國在楚丘修城。還從齊國運來上等木材，修宗廟、立宮殿，謂之「封衛」。三國建設兵團一番如火如荼之後，楚丘新城竣工。衛國官民感激涕零，作曲一首，名曰〈木瓜〉，廣為傳唱，載於《詩經・衛風》之中：

投我以木瓜，報之以瓊琚。匪報也，永以為好也。
投我以木桃，報之以瓊瑤。匪報也，永以為好也。
投我以木李，報之以瓊玖。匪報也，永以為好也。

這一會兒「桃」、一會兒「李」的並不是「投桃報李」的成語來源。不過，這個成語也同樣出自一個衛侯之口，那就是命長、心好、功高、愛民的衛武公。當年雙武為卿，衛國蒸蒸日上，武公不忘自勉道：「百姓皆效君德行，故行為舉止，既善且良。謹言慎行，不失禮儀，不逾本分，不悖常理，則眾人皆以君作則矣。人以桃饋我，我以李報之，乃合乎情理。」

再看如今衛國淪為如此境地，不甚感慨。

順便閒話一句，琚、瑤、玖皆是美玉的名字，所以瓊瑤阿姨也就是以美玉為筆名。

後世對齊桓公救燕存魯、城邢封衛之事大為讚賞。在以德服人的指導思想下，全部都是志願者的義務勞動，不收一分工錢。大名人陶淵明也大讚「桓公糾合振傾頹，大義堂堂五霸魁」。

必須承認人總是有私心的，本次小白出兵遲緩也有自己利益的考量。但是，畢竟，我們能看到這位武林盟主開始有些犯懶了。所以，其後桓公大會諸侯伐楚，結果不了了之，也在情理之中。

說到伐楚，還是地段太好的鄭國當了最後的導火線。

16 插話在諸夏伐楚之前

謎一樣的中國

齊桓公在北方義存邢衛、廣布恩德的時候，南方楚國是楚文王的兒子楚成王熊惲當家。中原的消息輾轉傳到南方，楚成王不服，想要和齊桓公較較勁。恨不得每天起床照鏡子，都要問問：「鏡子鏡子告訴我，誰是世上最屌的男人？」

接下來的諸夏伐楚還是東周旗下中原諸侯的第一次超大規模的集體行動。

所謂諸夏，指的就是隸屬周王朝旗下的中原各華族之國的統稱。「諸夏」一詞源自管仲的一句話：「戎狄豺狼，不可厭也。諸夏親暱，不可棄也。」正是齊桓公猶豫要不要救邢國的時候所說。桓公聽罷，決定不棄邢國，提兵去救。後人也把管子的這個「諸夏」之說，視為華夏族民族意識啟蒙的肇端。

其實，民族意識好比人與人之間的團結。一般越是敵眾我寡的時候越容易團結，同樣，越是危難關頭也越能激發民族意識。周朝，特別是東周亂成一鍋粥的時候也便是危難關頭了。

話說先秦三朝的夏商周。

第一個居於中國的便是德高望重的大禹傳下來的大夏朝，經過之前三皇五帝的苦心經營，留給夏朝的中原之地已然成為中央之國。

末年夏桀殘暴，商湯起兵，誓曰：「有夏多罪，天命殛之。」具體什麼罪，沒有說。再者，夏朝存世資料太少，也不好多說。總之成王敗寇，鳴條一戰，夏桀一輸到底，被流放到南巢（今安徽巢縣）。最後鬱鬱而終，留下遺憾：「吾悔不遂殺湯於夏臺，使至此。」商部

落本在夏朝東邊的黃河下游發跡，土地肥沃、物阜民豐。大商建立後，商朝強大。孟子曾說

商湯年代「十一征而無敵於天下」。商朝共傳三十代，立國五百五十四年（按照夏商周斷代

工程的結論）。期間開疆拓土，遠超夏朝。直到末代的商紂王亦不曾倦怠、全力打拚，特別

著力開拓東南方市場。

商王的名號除開國的商湯之外都是以天干取名。比如商紂是為帝辛，他老爸則是帝乙。

所謂「天干」就是甲乙丙丁戊己庚辛壬癸。另外，常說「天干地支」的「地支」便是子

丑寅卯辰巳午未申酉戌亥，總共十二個，故而稱為「十二地支」，簡單理解便是十二生肖。

當然，先有十二地支，才有十二生肖。地支拿來計算時間，一天分為十二個時辰，每個

時辰等同於今日的兩個小時，每個時辰有不同的名稱，最後物化為十二生肖。雖然現在不能

還原古代的生活環境，不過有幾個還是比較好理解的。比如，夜晚十一時到凌晨一時是子

時，正巧，那時候老鼠最為活躍；晚上七時到九時，為戌時，小狗開始值班守夜；晚上九時

到十一時，為亥時，萬籟俱寂，豬正好酣睡。

有一個很神妙的地方是，中國有十二生肖，西方則有十二星座。

天干總共十個，故而稱為「十天干」，其實說白了就是從「一」到「十」的十進位制。

遠古商民採用與當今一樣的十進位制，撰著《中國科學技術史》的李約瑟先生高度評價：

「如果沒有這種十進位制，就不可能出現我們現在這個統一化的世界了。」據說，小時候常

背的「九九乘法表」，什麼「二二得四」、「九九八十一」，便是創作於商代、繼承於西

周、成型於春秋。看來商民除了加法外，連乘法都學得這麼好，知識改變命運，也難怪商滅

後，還能做生意做得如此出色。

另外，十個天干中「甲丙戊庚壬」為陽干，「乙丁己辛癸」為陰干，也就是奇數為陽，

偶數為陰。男為陽，女為陰，重陽抑陰，所以「九五為尊」，「九」和「五」皆為奇數，也不足為奇。另外，只有奇數的人湊在一起討論，最後才能以多數壓倒少數；而偶數的人湊在一起，最後有可能不分勝負。潛臺詞便是——男人可以拍板決定，獨斷乾坤；女人卻會吵吵鬧鬧，得不出結果。

古代中國人就用十天干加上十二地支一起，從甲子推到癸亥，共六十個組合，成為常說的「六十甲子」。古人計數的另一個神祕之處便在此——如果六十除以五（金木水火土的五行），便還是十二。常有的十二地支也罷、十二生肖也罷、十二個月也罷、十二個時辰也罷，總之都與十二有關。這也讓每一個時間點可以具有五行中的某個屬性成為了可能。

真是謎一樣的中國。

其實他不叫商紂王

權且逃出謎霧，先來說商紂王。

有一點比較清楚，所以需要給他正名。「商紂」不過是個假名，其實堂堂的商殷帝辛姓子名受。「紂」是「受」的諧音，簡直算詆譭造謠。事實上，子受同志從小天資聰穎，反應靈敏。稍長，力氣過人，光膀鬥九牛，徒手斷梁柱。最終以其良好的文化修養和健壯的身體素質得到老爸帝乙的傾心，立為嗣子。其後順利即位，百官朝拜，萬民敬服，四夷賓服。之前說到創立朝鮮的箕子便是他的老師。

在子受同志的腦子還清醒的時候，聽從課堂老師和朝堂百官的諫言良策，勵精圖治，政治清明。其後不斷征伐江淮東夷，大拓疆土。完成一番成就之後，有了事業的子受和現在的富商們一樣，開始享受女人和美食。當然，做為天下第一男子，還能幹出更可怕的事——濫用權力和刑罰，剛愎自用乃至不聽良言、不敬鬼神。所謂「酒池肉林」、「炮烙剖心」、「意淫女媧」，便可能是這個傻瓜幹下的荒唐事。

當一個獨裁者除了自己之外什麼都不在乎的時候，便是天下最黑暗的時候。

不過，話雖如此，帝辛真有那麼嚴重的罪行嗎？暫時說不清楚這些事情是否是後人的栽贓嫁禍，單說周武王準備變天之後，發帖遍告諸侯方國（夏商諸侯皆曰「方國」，所以才有了「方伯」之說），上書「殷有重罪，不可以不畢伐」。諸侯聞訊雲集，會於盟津。武王歷數帝辛的罪狀：「用其婦人之言，自絕於天，毀壞其三正，離逖其王父母弟，乃斷棄其先祖之樂，乃為淫聲，用變亂正聲，怡悅婦人。」說白了也不過三條罪：

一、聽信婦人，不聽忠言良諫。
二、疏遠親族，不用王公兄弟。
三、淫詞豔曲，篡改傳統聲樂。

到了《封神演義》裡，更是變成了十大罪狀，其間濫竽充數者居多。跟後來努爾哈赤的「七大恨」一樣，驢頭不對馬嘴的也拿來當十惡不赦的重罪。光看武王說的三罪也只不過馬馬虎虎。

不管有理沒理，且看其後周國出兵戎車三百乘，虎賁騎兵三千人，甲士步兵四萬五千人，再加上諸侯的軍隊，一共三十餘萬，殺奔殷商的朝歌。哪知帝辛聞訊，只不過微微一笑，芝麻大的周國，糾合這點小破兵算得了什麼？當時，他正在專注攻滅東夷，商軍主力窮追猛打，力戰而勝，東夷俘虜陸續被押解回京。帝辛忙著給軍隊開慶功會，封賞軍功之後，便可殺向周國叛軍。

怎料，周國正是趁著商朝國防空虛，才起兵而來，行軍自然比正常的快好多。在帝辛毫無防備時，已然殺到牧野。

東漢許慎的《說文解字》裡說，牧野在朝歌南七十里。漢代的一里合現在的四一五・八米，七十里約合現在二十九公里。二十九公里，按照每小時六十公里的汽車速度來算，一踩油門，不到三十分鐘便可抵達。

帝辛大驚，無奈下只能動員手頭的力量。令人稱奇的是，他一下子湊齊奴隸和俘虜七十萬，數量遠遠壓倒蓄謀已久的叛軍。可惜，飽受痛苦的奴隸和不服失敗的俘虜「前徒倒戈」，戰鬥力完全喪失，七十萬大軍最後被殺得「血流漂杵」。周兵下手之狠，跟炎黃大敗蚩尤的涿鹿之戰一模一樣。

不過帝辛沒那麼快承認失敗。他收拾潰軍，加上衛隊，背城一戰，終因寡不敵眾，再戰而亡。

周武王見到帝辛的屍體，二話不說，亂箭辱屍，然後親自操刀，割下頭顱，以示勝利。不久，大禹的九鼎從朝歌被遷到鎬京。至此，商朝亡，周朝立。

慢慢地，帝辛的名聲跟滿清謠傳明朝皇帝一般，被越抹越黑、越傳越壞，傳到孔子那時候，終於有人忍不住跳出來說了句公道話：「紂之不善，不如是之甚也。」說這話的是孔子的得意門生子貢。近代也有人就做過如下評價：「其實紂王是個很有本事、能文能武的人。他統一東南，把東夷和平原的統一鞏固起來，在歷史上是有功的。」說這話的便是毛澤東。

可惜，時間過去那麼久，人們也不再想著給帝辛同志平反，反而一直拿來做反面教材，教導君王。直到現在，大家還「商紂」、「商紂」地叫得痛快。不過，如果真能超越「成王敗寇」、「黨同伐異」的犧牲品，真能做為當政者的一面鏡子，也算是為後世億兆百姓造福了。

不怎麼強大的「大」周朝

回過頭來說僥倖得了天下的周王室如何治天下。

當年，商滅夏，主要靠自己的力量，如今周滅商，卻少不了倚靠聯盟。於是，有奈無奈之下，周朝開始走捷徑，大行分封。解釋一下，這好比周老大拿起一張地圖，割一塊給Ａ，你去治理這裡；割一塊給Ｂ，你去治理那裡。周王在王畿，禮樂征伐自天子出。諸侯各國得令後，各自行政，完成生產計畫和業務目標，再給周天子不斷納稅進貢。不服管理的，聯合起來打！當然聽從管理的，歡迎加盟。

當年之所以有那麼多方國支持周國，也無非想分一杯羹。現在押寶成功，獲得分封也大快人心。可是，要想小弟聽話，大哥就得強。

可惜，周國又不是那麼強。

天上神仙幫忙的屁話也就無知或者貌似無知的百姓才信。周朝建國不久便馬上發生了商朝遺民的武庚大亂（管蔡之亂）。武庚是帝辛之子，商滅之後，周武王為了安撫商朝的遺民，彰顯替天行道的本色，留武庚在殷地管理商民。開始的時候，這一招很管用，商民大悅。可惜武王死得太早，成王尚且年幼，周公代為行政。武庚便趁勢聯合不服第一代周公姬旦的武王另外兩個弟弟蔡叔、管叔起兵叛亂（也得怪文王那麼多兒子），妄圖復國。多虧周公發飆，力挽狂瀾。

平叛之後，周朝立刻把商民一分為二。一部分讓成王的叔父康叔負責，建都朝歌，是為衛國；另一部分由微子啟負責，建都商丘，是為宋國。其實這個微子啟才是帝乙的長子，帝辛的哥哥。在帝辛面前裝傻躲過死劫，周滅商之後乖乖地做了順民。

這裡要閒話一句，之前提到過，在帝辛面前裝瘋的箕子不想順從周朝，帶上商朝遺老闖關東，建立朝鮮政權，史稱箕子朝鮮。做為一個大賢者，箕子受後世景仰。後來朝鮮平壤建成了一個箕子的衣冠塚——箕子陵。代代相傳，無人敢輕薄。不過，連抗美援朝的烈士墓都敢搗毀，有著「兄弟般友誼」的金日成主席自然例外。他在一片反對聲中動手，至今，金日成的兒子還不敢公布發掘報告。而所有古蹟早已蕩然無存。

成王長大之後，周公還政，繼續苦心輔佐。可惜，實力不濟的周朝也不過成王、康王一個「成康之治」而已。一旦周朝大盤開始有下跌跡象，做空勢力就開始大行其道。四夷侵擾，中原不寧，就連分封的諸侯國自己都開始不拿老大當一回事。稍稍中興的周宣王沒能改變周朝的基本面，最後終於在兒子周幽王時釀成了被夷狄的犬戎和諸侯的申繒聯合絞殺的慘運。

正是在這種外敵紛至沓來、王室傾頹無力、中原日益危機的大形勢下，諸夏必須聯合方能自保。聯合的最好方法就是激發民族意識。這一點，在近代殖民主義時期也可得到印證。

團結才有機會活下去。

團結才有機會活得更好。

天子無用之下，禮樂征伐自諸侯出的時代終於到了。管子適時地提出了「尊王攘夷」，讓齊桓公更簡單地成為了天下的救世英雄。桓公不負眾望，當上方伯。諸侯日漸同心同德，實際上已然以齊國為主軸。

終於，齊國大會中原諸侯、兵指南蠻楚國成了可能。

黑馬誕生，楚國上市

打楚國其實也是正好替周王出氣。

自信天下只有一個王的周天子自己沒能力聯合諸侯，征討這個比夷狄更可惡、學自己稱王的諸侯國。周朝不是沒打過滅楚的主意，之前也提到，第四代的周昭王就起兵攻伐楚國，可惜有去無回。楚國從此越發囂張、日益強盛。

先前齊桓公也想過起兵討伐，卻被管仲制止，便是考慮到楚國的強大。

其實，楚國本不是什麼蠻夷，不過早已不服周朝倒是真的。也正因它不服管理，脫離集體，甚至自封為王，天子和諸夏又都打不過它，只能選擇口誅筆伐，夷狄長、夷狄短。楚國倒滿不在乎，聽煩之後直接表態：「我，蠻夷也。」活脫脫一副「我是流氓我怕誰」的模樣。不過，哪個人都不會天生是小偷，也不會天生是流氓，更不會天生捅死警察。同樣，要是周天子好好地對楚國，別自詡文明，瞧不起人家，楚國也不至於橫下一條心，自力更生，奮發圖強，分庭抗禮，反攻中原。

傳說楚國老大姓羋，熊氏。好歹也是顓頊之後，黃帝苗裔，淵源遠溯火神祝融。始祖鬻熊見周文王有前途，不惜九十歲高齡出山做了他的課外輔導老師。其後武王、成王都多次詢問討教。可惜，鬻熊活的時間夠長，卻死得不是時候。對周朝有功的鬻熊仙逝之後，成王才開始又一次分封。那年，連鬻熊的兒子和孫子都死了，只能封他的曾孫熊繹。令人失望的是，不光只給了個子爵，還被分到了南方，建立楚國。別說那時候的南方，後世貶官也大多到此，可見有多麼不宜居了。周王也沒想熊繹掛帥的這個小破分公司能產生多少利潤，只讓他年年稱臣叩首，歲歲進貢苞茅即可。

苞茅主產在非洲，少數分布在亞洲、大洋洲與南美。中國的主要產地便在華南地區。所以對身為河南人的周天子而言，苞茅絕不像現在某些用來騙錢的冒牌旅遊產品那樣，絕對算得上堂堂正正的楚國特產。春秋時期，苞茅用於釀酒。祭祀也需要酒，所以苞茅的供應算是國之大事。

古人祭祀，先將苞茅紮成束狀，直立，將酒從上淋下，酒糟留於茅中，酒汁滲透下流，得到清液。所謂「苞茅縮酒」指的就是用特有的苞茅做濾酒之後，方可用於祭祀，供給神人先祖。當然沒它也可，只是有它更好。

起初，歷代楚子圓滿地完成總公司安排的提供苞茅的重託。期間，楚國逐漸開始本土化。透過本土化，提高當地百姓僱員的生產勞動積極性，同時迅速實現民族融合。

可是，本地化的代價便是「蠻夷化」。所謂的「蠻夷化」，用跨國公司來打比方，也就是：總公司自認本身的文化高、修養好，擔心如果分公司採用文化低、修養差的本地人當高階主管的話，會影響公司的文化，拖累公司的發展，不利於整個跨國公司的運行發展。這一點，如今也只有歐美人才看得穿，至今一些儒家文化圈下的日韓公司還是理解不了。所以，在中國的歐美跨國公司擯棄「蠻夷化」的想法，企業高階主管大多採用熟門熟路、了解市場的中國人，而日韓公司的高階主管大多仍是日韓人士，頂多就是中文流利的中國通罷了。

東周那時候，連孔子都說「夷狄入中國，則中國之。中國入夷狄，則夷狄之」，所以，「華夷之辨」下，從楚國在南蠻之地建國，沾染夷風蠻俗的那刻起，「正統」的中原人士就再也看不起它了。哪知，貧戶子弟也能讀大學，戎狄蠻夷也能窮開心。原來周王一直以為安排給楚子的日常工作是如此艱苦，楚君應該成天鬱悶才對。怎料，總能看到楚君在工作時容光煥發，還不時笑出聲來。周王不解，仔細一看才發現，楚君竟然上班還偷玩網頁遊戲，買奴隸、爭車位、種田偷菜，不亦樂乎！周王受不了。終於，周昭王藉口南巡，南下攻楚，可憐兵敗身死。

至此，周楚關係迅速惡化。

眼看周朝無力報仇，楚國日漸猖狂。

從熊繹開始算起，五傳到熊渠時，便放肆而坦率地說出了先頭那句：「我，蠻夷也。」整句話是：「我，蠻夷也。不與中國之號謚。」說完，楚子熊渠便開始僭越稱楚王。當熊渠自己定義文件屬性為「王」時，周朝當家正是烹殺齊哀公的周夷王。所謂內戰內行，外戰外行。管理員周夷王對駭客熊渠的行為毫無辦法。

熊渠箭法出眾，據說等級比射日的后羿還高。準確之外，力道十足。有傳言，一日熊渠夜行，將一塊石頭誤判為老虎。一想起「周老虎」欺世盜名實在可惡，於是奮發用力，一箭射去。待走近一看，只見箭矢已被射入石頭幾許。後來的李廣將軍依樣畫葫蘆，名留青史。

當然光有蠻力，治國無用，可貴的是，熊渠還很有治國頭腦。在江漢地區甚得人心，蠻夷盡皆率服。熊渠繼承前四代楚老大的實力積累，開始發飆，瘋狂兼併。興兵攻打庸國、揚粵、鄂國，將楚國勢力迅速擴展到長江南岸和中下游。特別是鄂，當年是煉銅中心，銅礦資源豐富，軍事意義非凡。

等周夷王一死，周厲王即位。厲王的威嚴傳到楚國，確實搞得熊渠十分害怕，於是暫作隱忍，不再稱王。不久，周厲王遭遇國人暴動，棄國而逃。其後，幽王徹底say goodbye。楚國再次蠢蠢欲動。終於，到了熊通做老大的時候，恢復稱王。那時正值東周桓王時代。桓王自己早被鄭莊公搞得沒了脾氣，實在顧不上楚國瞎鬧。

這才有了先前「楚文王」、「楚成王」的稱呼，而做為中原盟主的齊國只是侯國而已。所謂「稱王稱霸」，「稱王」、「稱霸」孰先孰後不重要，但是缺一不可。「王」只是名義，「霸」才是實力。自貶為蠻夷的最大好處再次顯現，楚國不再有道德負擔，不再受禮法約束。

「我是蠻夷」，所以我可以自行其道；「我是大王」，所以我需要君臨天下。

從楚王熊通開始，歷代楚王都一直在努力圖霸，這也是現在楚國和首霸齊國最實際的衝突之處。

楚武王熊通

人說熊通殘暴，大多是因為他的位子是殺姪子後篡奪而來。不過那個年代先有刀下鬼、再有堂上人，再平常不過了。

話說熊通剛想要再次稱王的時候，重臣鬥伯比勸道：「楚國久未稱王，現在復名，不動刀兵，諸侯不服，怎麼可以？」

鬥伯比是楚若敖熊儀之子，熊通的長輩，鬥姓的始祖。熊儀生活在西周滅、東周續的年代，是春秋時期第一代楚君，死後被尊為「若敖」。「敖」是楚語中對真強者的尊稱，「若」則是熊儀的歸葬之地。這也是楚君第一次擁有諡號。

且說楚王熊通聽了鬥伯比之言，決定向不服他的諸侯國開刀。首當其衝的便是「漢陽諸姬」之首的隨國，現湖北隨州附近。

如同建立姬姓燕國於北方，是防北狄和異姓的朝鮮；建立姬姓的魯國於東方，是防東夷和異姓的齊國；所謂的漢陽諸姬，便是建立數十姬姓國於漢水之陽，組成集團，互為犄角，監視淮夷和異姓的楚國，再者便是保障湖北寶貴的銅礦資源，以免落入蠻夷之手。銅，除了造青銅器，便是造兵器，為當年戰爭所需的寶貴的戰略物資。中國銅礦較多、分布廣泛，如今的各省幾乎皆有產出。話說回來，有銅是一回事，能不能順利採到銅又是另一回事了。當時漢陽的銅礦較容易開採，如今的湖北大冶仍然是中國主要的銅產地。不過這個寶藏最終還是被楚國攻鄂後奪取。

搶礦不是目的，礦坑滲水事故頻傳，每年光給封口費就是一筆不小費用[32]。有了礦之後，就要日造刀槍，夜做盾甲。當然，造兵器也不是目的，拿來當燒火棍簡直是浪費，拿來攻城掠地才是終極目標。

讀者盡可以將以上這小段視為廢話。只要礦主和貪官別把人命當兒戲，別把安全生產當廢話，就阿彌陀佛了。

樹大招風。

隨國既然是漢陽諸姬之首，便成了出頭之鳥，難免挨楚國的槍子。熊通親率大軍，屯兵於瑕。熊同志聽從鬥同志的建議，打算先禮後兵。大軍壓境之後，派出使者薳章去隨國招安。此行目的是，招安若成最好，這樣，漢陽諸姬皆會效法；若不成也沒事，打到你服為止。當時，隨侯身邊的左右手，一個是賢臣季梁，一個是諛臣少師。隨侯喜歡聽好話，所以少師比較受領導人器重。楚軍壓境後，隨侯驚問退敵之策。

季梁表示：「打仗要靠實力。楚國勢大，硬拚是不行的。不如一邊搞和平談判，一邊搞戰鬥動員。等非打不可的時候，再做最後抉擇不遲。」

少師表示自己能說會道，談判非他莫屬。

隨侯和季梁同時點頭，「能說會道」這句自我評價的確很中肯。於是派遣少師速往楚營，開始和談。

鬥令尹一聽來者是頭腦簡單、嘴巴發達的少師，頓生一計。安排下去，如此如此。

㉜ 影射中國礦災頻傳之內幕。

少師一入楚營，便不停打探楚軍實力。但見甲盾髒、劍戟鏽、兵多老幼、馬多羸弱。少師心中得意，看來蠻夷就是蠻夷，條件如此之差，不過貌似強大而已。於是態度開始強硬。

少師進中軍大營，拜見熊通。

少師問：「各堂口的地盤是周老大劃分的。楚國提兵前來，妄圖招安，蓄意兼併，是何道理？」

熊通答：「哥兒們，誤會啦。您也看到了。我的小弟面黃肌瘦，實在是最近連年饑荒，吃不好，穿不暖。怎敢招安啊？只因國運不濟，又擔心漢陽各堂口的兄弟趁火打劫，特來與隨國會盟，約為兄弟，互相幫助，共同進步。」

少師笑道：「漢陽諸姬各堂口以隨最大，只要隨國與楚國關係融洽，哪個小弟敢放肆？」

熊通點頭：「正為此而來。地區同盟也好，戰略夥伴也好，就拜託您代為周旋了。」

少師大笑：「不用代為周旋了。隨侯早已委派我做為全權談判代表，是戰是和，現在就能拍板決定。」少師說到「戰」的時候，音特別重，還特意瞧了瞧熊通。只見熊通眼神中透露出恐懼，少師心中大悅。

於是，兩國結盟。熊通當著少師的面下達班師回國的軍令。

在楚軍撤退那會兒，少師匆匆趕回了隨國，面有得色地報告隨侯結盟事宜。隨侯聽之任之，沒什麼意見。不過，少師又提議，楚軍武器質量太差、士兵體力太遜，隨軍應該出其不意，尾隨而追之，便可大獲全勝。生擒熊通，押解回周，大功一件。

果然，隨侯猛然間被強大的賺錢效應觸動，立刻衝動起來。身旁的季梁趕緊勸道：「老大，衝動是魔鬼。別忘了，你的前股王現在跌得只剩一成的價錢了！」

隨侯聽罷，稍作冷靜。

少師不服：「楚軍不堪一擊，要是放過，太可惜了。」

季梁再勸：「楚國自若敖以來，秣馬厲兵，日夜思反。如今以老弱示我，分明是『養套殺[33]』。我軍一旦出動，楚軍必然拉高賣出，轉手做空。到時候，我軍孤零零地站崗，痛苦自知。老大，寧可放過，不能套牢！」

隨侯見左一言，右一語，心中沒了主意。聽煩了，打算扔硬幣作判斷算了。於是，卜了一卦——凶。隨侯嘆了口氣，富貴在天，罷了罷了，放楚歸國，暫且不追。

楚軍這邊故意行軍很慢，就等隨軍來追。全軍上下賣力表演，目的就是想設計隨國，隨若驕，兵必敗。結果，隨軍片甲未至。主角熊通一看連個捧場的都沒有，有些無奈，再問鬥伯比：「導演，票房不行啊。怎麼辦？」

鬥伯比不慌不忙：「不要過分緊張，一切都是天意。《無極》裡有每個人的生老病死。再不行，還有《梅蘭芳》不是？[34]」

鬥伯比的新想法如下：

既然楚隨已經結盟，楚國就可藉機大會漢東諸侯。管他姓啥名誰，來的就是朋友，不來的就是敵人。特別是隨國，他若來最好，兩國相安，楚國可以騰出手去打別人。要是不來，便可藉口隨國毀約，出兵討伐，師出有名，也可以在諸侯面前顯顯楚國的威風。

熊通言聽計從，馬上向江東諸國群發簡訊，說要到沈鹿（今湖北鍾祥）搞個party，車費報帳，酒水免簽單。

江漢地界上有些名頭的老大都接到了通知，一者害怕楚國欺凌，二者聽聞楚國已經和隨國結盟，於是紛紛與會。

---

[33] 股市裡大户設計散户的手段。

[34] 此句言外之意是：「莫説票房差，更有票房遜君者。」

來者：巴庸濮鄧鄾絞羅鄖貳軫申江，共十二國。

未至：黃隨，共二國。

楚熊通當著十二國的面，大發雷霆，派大夫薳章去黃國，面責黃子；派大夫屈瑕去隨國，質問隨國。黃子被薳章一頓痛批之後，乖乖地遣使，表示後悔莫及，以後不敢不聽楚國號令。隨侯就沒那麼乖，自認楚軍弱小，根本不理屈瑕，只說忙於「看星星」，沒顧得上。其實屈瑕也很滿意隨國的這個態度，於是高高興興地回報熊通。熊通對堂下諸侯們表示：「隨侯不來，不是不給我面子，就是不給你們面子。各位暫且回國，看好了，我立刻起兵，拿下隨國，給諸位出氣！」

在沈鹿的諸侯們眼見楚國軍容齊整，知曉楚軍的厲害，於是拜楚子如拜天子，已然臣服於楚。沈鹿一會，實際上成了楚國舉辦的第一次諸侯會盟。

熊通大手一揮，準備多時的楚軍即刻出發。這回隨侯不像之前那麼緊張了。自以為楚國沒什麼了不起的他，親率大軍布陣於青林山下。季梁開始就反對隨國冒冒失失地去打架，他認為，楚國強大，中原諸侯都不敢小視，何況隨國。不如請降，還能宗廟得存，百姓得活，留下青山不倒松，再圖復國後來事。如今既然出戰，按照民主集中制的原則，組織已經決定的事情，有意見可以保留，但是必須在行動上與決定保持一致。於是，季梁也隨軍參賽。只見對面的楚軍陣形分左右兩軍。

季梁建議，中原以右為尊，楚國以左為尊，所以熊通必在左軍，主力精兵也必在左路。隨軍可以先攻打右路，右路若潰，我軍士氣上升，楚軍左路士氣必受影響，再全力攻打左路，尚有獲勝之機。

少師信心滿滿：「怕他作啥？明知楚君在左，卻避其鋒芒，豈不是貽笑大方？以後還怎麼在漢東地界上混了？」

隨侯聽從少師之言，揮師攻打楚軍左路。

楚老大熊通果然在左路之中，見隨侯竟然直接朝自己殺過來，不禁大笑：「自不量力！」他命前軍開陣，放隨軍進來。隨軍一路衝鋒，眼瞧著快要衝到熊通面前，這時，左右兩邊楚軍開始合圍，隨軍成了甕中之鱉。

少師遇到楚國大將鬥丹，不出十個回合，一刀被斬。隨侯算是看到楚軍的真正實力了。楚兵勇猛，個個都是肌肉男。隨侯感嘆，全民健身真是不可少呀。

生死關頭，也沒法再想些有的沒的。戰況急轉直下，季梁帥軍保著隨侯向國中撤退，可就是殺不出去。事情到了這分上，隨侯又和其他親征中吃敗仗的君主一樣，只能脫去侯服，改穿便裝，T恤加牛仔褲，跟平頭百姓沒啥區別。

隨侯混在紛亂人群之中，多虧季梁冒死衝殺，終於突圍成功，逃回國中，檢點兵馬，只剩三成。

隨侯後悔不聽季梁之言，表示接下來的事，舉國聽子。

季梁馬上去楚營請降。

熊通大怒：「我開的party你都不來，漢東諸國已經推舉我為漢東盟主。看我一口氣拿下隨國，正好立威！」

季梁不慌不忙，解釋道：「隨侯與我一直主張和楚國和平共處。您要做盟主，我們也舉雙手支持。只是原來少師貪功，蠱惑隨侯，才和楚國交手。多虧天自有道。如今一戰，少師命隕、隨侯悔過，特遣下臣來此求和。人們常說，知錯能改就是好孩子。如果楚君您大人大量，赦免隨國，隨國願意以漢陽諸姬一哥的身分，做表率作用。常稽首於麾下，永臣服於君前。」

熊通有些心動，想來以德服人，未嘗不可。

鬥伯比進言：「隨侯左膀右臂一諛一直、一惡一良。青林山一戰，唯獨諛臣身死，不得不說是天意。況且，隨國畢竟是漢陽諸姬的一哥，若留它，近可服漢東，遠可通周室。」

熊通聞言，點頭稱是，於是接受隨國無條件投降。

隨侯聽完季梁回國後的工作彙報，大喜，總算是虎口脫險吶。哪知季梁嘆口氣，說道：「老大，臨行前蘧章跟我說，要您去雒邑出趟差，讓您跟周天子說說，楚國現在是江東的中流砥柱，讓天子分給他個王當當。」

隨侯大驚：「天子是王，怎麼可能再封別人王，這個蘧章太沒常識了吧。」

季梁搖搖頭，說：「多半是熊通自己的主意。天子如果不肯，正好有口實可以自立為王。」

隨侯硬著頭皮去雒邑稟報。期間連發數帖，對楚子歌功頌德。其中一句，提到希望天子封楚子王爵。時任天子周桓王看完帖子，不禁大怒，大罵：「隨侯是網軍[35]！」

隨侯無奈，了無寸功，回南方報告熊通。熊通裝怒，說：「想當年祖上對周朝有恩，結果被發配到南方上山下鄉；現在鄭國肩射桓王，結果桓王連個屁都不敢放。這就是有恩不獎，有仇不報！如此之人，怎麼能當老大？咱楚國又不是沒自立過王！」

熊通立刻實施了早已準備好的稱王備案，是為楚武王。

漢東諸國盡皆來賀，恭喜發財，大吉大利。隨國也順利淪為楚國附庸。隨姓之人大多始於該國。至隋朝年間，隨姓之人改姓隋的不在少數。

這是後話。

熊通稱王後開始掃蕩江東，開疆擴土。

---

[35] 指政黨派遣的黨工，專在網路上散播有利於該政黨的言論。

之前出場的屈瑕是熊通之子。公子瑕被老爸封於屈地，遂以屈為姓，成屈姓之祖，一脈往下數，便有著名的屈原。屈瑕任楚國莫敖，也就是武官之首，戰功卓著。曾與鬥廉一起征討鄖國，在蒲騷（今湖北應城）一戰，勝。一年後陪著武王伐絞。大軍屯兵絞之南門，屈瑕建議如此如此，便可破城。熊通聽從兒子的計策，派士兵去戟卸甲，到絞國南門附近的山中砍柴。

士兵也挺樂意。「砍柴」怕什麼，滿「十年」那就是名人[36]！

絞國一看楚軍如此掉以輕心，派兵偷偷上山，追殺砍柴大隊，當日活捉三十人，拖回城中。第二日，楚國再接再厲，繼續派砍柴大隊上山。占了便宜的絞軍更加放肆，以為砍柴大隊就是白送的戰利品，竟然大軍出動，殺向山中。雖然砍柴大隊再次以破壞山林、盜伐木頭為由被扭送出山，但是剛出山林，絞軍大驚。楚軍早已把此山團團圍住，絞軍無路可逃。死的死，見了閻王，傷的傷，做了俘虜。

絞國平定。

屈瑕從此心有驕意，自詡人才，不聽他人。再過一年，自領楚軍伐羅，嚴禁眾將獻策，終於有去無回，自縊而死。眾將自囚謝罪，聽候武王發落。其實，在出兵前鬥伯比早勸誡領導人要注意一下屈瑕同志，驕傲對革命工作是有害的。可惜，武王過分相信兒子，以致楚軍兵敗，兒子身死。事發之後，楚武王深刻反省，明確表示這是「孤之罪也」，絲毫沒有怪罪將士，並封屈瑕之子，也就是自己的孫子屈重為新任莫敖。

算起來，楚武王在位有五十一年之久。

晚年時，隨國見武王年老，以為好欺負，便有所放肆。哪知武王雖然英雄白鬢，卻雄心不減，毅然親征。

---

[36] 中國一著名作家筆名為「十年砍柴」。

不服隨國，死不瞑目！臨行前，武王問老婆鄧曼：「老婆，我最近胸口疼。要是這次伐隨真的有去無回，怎麼辦？」

鄧曼回答：「老公，我看你確實壽期已滿、王祿盡矣。不過生死有命，如果你死在軍中，要是能讓楚軍不受損失，就已經很不容易了。」

武王笑笑：「即便必死，也要出征。軍人就該死在沙場之上！」

楚武王毅然出征，兵過漢水時，心臟病突發，溘然長辭。所幸武王死前早有備案，讓隨軍的令尹鬥祁、莫敖屈重祕不發喪。全軍照樣向前，直殺到隨國城下。隨國再次臣服。

楚軍全勝，班師回國。

二渡漢水，死訊公開。

全軍慟哭，吾王去矣！

武王死後，其子熊貲即位，就是那個開啟齊楚交惡之先河，脅迫鄭厲公侍楚不朝齊的楚文王。

楚文王熊貲

楚武王曾曰：「欲以觀中國之政。」

楚文王謹遵父命，登基後即刻遷都到戰略要地——郢。

楚國最早定都丹陽，位於今天的湖北秭歸東南方。郢則東接雲夢，西扼巫巴，北連中原通衢，南臨長江天險。三國時，諸葛亮反覆強調的荊州之地中有江陵、江夏、襄陽、樊城等等城市。楚國新都的郢便是湖北江陵。文王遷都發出的信號已經非常明顯。

沒錯！文王要做的便是——挺進中原！

老爸武王留給文王千里楚地，卻沒有留給文王多少時間。因為武王活得太長，文王登基時已是中年。時不我待，只爭朝夕！文王沒什麼建設國家的想法，繼承了武王的原始積累之後，開疆擴土、稱霸中原才是重中之重。所以，所謂的「文」其實還是因為「楚武王」的ID已被註冊而已。楚文王可沒少動武！通往北方中原的道路上所有的阻礙就將被清理。第一波遭殃的便是申國和鄧國。

申國，地處河南南陽，就是那個招呼犬戎、賣親賣國的申侯之國。平王從長安遷到洛陽，更是直接搬到了申國的北面。平王不想也不敢追究申侯的罪過，反過來要倚重申國把好周王室的南大門。

楚文王的老師是申國人，名曰保申。文王很了解申國。滅了申，周王就該失眠了。申與楚不接壤，中間還有個鄧國。不過跟鄧國借道應該不成問題，因為當政的鄧祁侯是文王的親舅舅。文王的老媽鄧曼便是鄧祁侯的親妹妹。果然，鄧祁侯欣然同意楚軍經鄧滅申，還把外甥楚文王接到宮中好生款待一番。

鄧祁侯的臣下勸他不如趁機抓了楚王，獻給周王。

鄧祁侯不以為然，他認為楚鄧聯姻，鄧曼在楚國母儀一方，口碑很好，楚國應該不會向自己下手。再者，沒見一哥隨侯的下場嗎？楚國惹得起嗎？別偷雞不成蝕把米。

楚文王吃好喝好，辭別舅舅，去打申國。楚師所指，倒真沒吃過多少敗仗，滅申也很順利。滅申之後，楚文王沒有分封，直接在此設縣，是為申縣，直轄管理，做為進出中原的要地。

回師途中，再過鄧國。

楚文王再向鄧祁侯提議，說想進城吃頓飯。鄧侯笑道，不如在城外找個別墅，一晚美酒美肉美女，有滋有味。文王婉言拒絕，說現在經濟危機了，還是吃餐館吧，能省一點是一點。

於是，鄧侯命人開門納楚。

門衛剛打開城門，當頭就是一刀。

制門權被楚軍奪下。

楚軍殺入。

鄧滅。鄧國百姓為紀念故國，多改姓為鄧，流傳至今。

楚文王滅申滅鄧，回到國中。老師保申不慍不火，老媽鄧曼不哭不鬧。這不是因為什麼「統一是歷史趨勢」，而是楚軍滅國，基本上會留下宗廟，不殺百姓。這也是為什麼楚國吞國無數，什麼姬姓、姜姓，什麼姓的都有，什麼華族、夷族，什麼族的都有，這麼一個多民族的國家卻鮮有民族叛亂。同樣被中原武林人士視為蠻夷的秦國人後來就做得過分得多。

不過這是後話。且說楚文王挺進中原之後，附近的諸侯都驚顫不已。不管心裡如何罵得兇，嘴上卻只說好聽的。獨有一國，自恃和武林盟主的齊桓公是親家，對楚國不溫不火。那便是蔡國。

蔡國在今河南駐馬店附近，武王的五弟叔度被安排到此扎根。後來，不滿哥哥姬旦的叔度參與武庚之亂，失敗後被流放。如今當政的蔡老大是蔡哀侯獻舞。姬獻舞同志之所以混到「哀」這個諡號，實在是拜楚文王所賜。

話說這位蔡國老大和息國老大先後娶了陳國兩姐妹。因為陳國姓嬀，所以大姐叫蔡嬀（不是那個蔡閨），二姐叫息嬀（也不是那個西瓜）。息嬀是絕色美眉。無奈又一次被鑑定為紅顏禍水。

地理上，陳息中間隔著蔡。

一日，息嬀回娘家省親，途經蔡國。蔡哀侯早聽聞小姨子美色絕倫，便執意擺酒設宴，藉著姐妹團聚的幌子，想好好欣賞欣賞。看完舉止看身材，看完身材看五官，看完五官開始意淫。先說黃色笑話，再伸出鹹豬手，最後竟然想約砲了。息媯大怒：「你以為自己是大導演、大老闆、大製片啊！膽敢深更半夜的約我進房看體型！」罵完回家。再待歸息，寧可繞道也不入蔡國。

息侯知道老婆被蔡侯調戲，不禁大怒，心生一計。不久息侯遣使入楚，寒暄數語之後直入主題：請楚王伐息！

楚文王不解，你一個息國使者怎麼如此賣國？

使臣連忙解釋，說：「這是息侯的主意，都是替楚國著想。現在楚國日盛，蔡國恃齊慢楚。想必楚王也早想出這口惡氣了吧。蔡侯和息侯同娶陳國姐妹，也算是親戚。只要楚國出兵伐息，蔡國一定來救。到時候楚息聯手，抓住蔡侯豈不是易如反掌？」

聽完這一席話，楚文王發現自己中彩券了！

約期一到，楚國伐息。息國位於淮河之邊，差不多就是現在河南的息縣。息國向蔡國求救。不明就裡的蔡侯親領軍馬來救息國。哪知大軍剛到息國邊，還未下寨，便遭遇楚軍埋伏。此時離蔡國已遠，蔡侯只得拚命突圍到息國。沒想到息侯竟然拒絕打開城門，蔡侯無奈，再逃，最後被楚軍活捉。蔡侯姬獻舞旋即被帶到楚王面前。蔡侯抬頭一看，卻見息侯立於楚王之側。蔡侯的腦子嗡的一下，澈底明白自己上當了。

楚文王把蔡侯託運回國，然後下令——殺姬獻舞，祭楚宗廟！

大夫鬻拳聞言大驚，趕緊勸文王：「方圖霸業，就殺諸侯，天下寒心！」文王不聽，殺人立威，天經地義！

鬻拳磨破嘴皮都沒用，怒了，左手一把拉住老大，右手當即拔出佩劍，威脅文王：「我寧可和你一塊死，也不想讓你背上不仁不義的罵名。不然以後楚國還怎麼混！」

文王大驚，連連點頭：「別激動！別激動！聽你的還不行嗎？」他馬上下令，取消對蔡侯的格殺令，另作處置。

鬻拳放開衣袖，向文王請罪：「以下犯上，罪當萬死。請大王殺了我。以正視聽。」

楚文王擺擺手，表示鬻拳也是為自己好，剛才之事就當沒發生過吧。既往不咎了。

鬻拳感謝完文王大人大量，又說：「老大不責怪小弟是給小弟面子，小弟不能不懂事。」轉臉對在場諸位說道：「人臣有無禮於君者，視此！」於是手起一刀，砍下自己的雙腳。

一聲慘叫之後，鬻拳昏迷。

等鬻拳甦醒，旁人告知：文王後悔起初不聽勸誡，現在封存鬻拳之足，以示警戒。還命醫師盡心治療，養好身子，出任大閽，掌管郢都城門。

鬻拳聽罷，長舒一口氣。楚國有此明君，霸業可圖！

接著說文王擺酒給蔡侯壓驚。

獻舞乖乖聽話，希望保命，連連自我批評說自己原來怎麼怎麼不像話，怎麼能對楚國這麼不敬呢？楚老大你要長命百歲，這樣小弟才能混口飯吃，云云。

文王一看蔡侯態度不錯，打算以德服人。於是叫來楚宮中最靚的宮女服侍蔡侯，陪吃陪唱再陪睡。文王問蔡侯：「漂亮吧？滿意否？」

姬獻舞終於說出了苦心醞釀的這句話：「沒有息媯好啊！」

就這一句，亡了息，報了仇。

只是可憐了美人息媯。

事情是這樣的。

蔡侯把息嬀的美貌一說，三圍一報，文王驚呆了，連連感嘆：「為人不見息嬀面，就稱色狼也枉然。」

蔡侯馬上說：「以老大現在的威儀，就算是姜小白的閨女也能娶來。還怕見不著一個小小的息侯夫人？」

楚文王是個真實的男人，色心一起，便開始反覆琢磨蔡侯的話。越想越對味，對呀，自己是漢東之主，怎麼會見不了息嬀一面呢？不久，楚文王在息國附近打獵，藉口體育鍛鍊需要中途休息，於是來到息國作客。息侯殷勤之至，在宮中擺酒設宴。酒過三巡，文王跟息侯說：「上次寡人教訓蔡侯，是替君報仇，也是幫君夫人出氣。現在寡人在此，君夫人怎麼沒來當面道謝啊？」

息侯馬上叫夫人喬裝打扮，盛裝出席。息嬀親自給文王擺酒，但見息嬀目如秋水、面似桃花、身材迷人、舉止端莊。

文王眼隨息嬀動，心隨息嬀飄。夜宴散後，回到酒店，通宵失眠。好不容易熬到天明，毒計已成，安排下去，如此如此。

當日，息侯接到通知，說楚王馬上要離開息國，繼續打獵。左三圈右三圈，脖子扭扭屁股扭扭，接著鍛鍊身體。息侯趕緊在宮裡安排送行宴。文王說：「不用啦。來我下榻的賓館搞個party就行了。」

於是息侯趕緊帶上文武大臣，來到酒店。

又是酒過三巡。楚文王故作驚訝地問道：「怎麼息侯夫人沒來送寡人一程啊？」

息侯好生鬱悶，要知道，那時候，女人是養在深閨人不識的才好，哪能出來招待客人？陪客只是侍女奴婢的工作。可又不好駁楚王的面子，於是撒謊道：「唉，女人嘛。化妝太慢，老愛遲到。」

楚王大怒：「我看分明是你不讓她來送我吧。怕我跟姬獻舞一樣？」

息侯趕忙解釋，楚王自然不聽。本來酒店早有甲兵埋伏，專等楚王暗號。只聽楚王拍案而起，大罵息侯。左右甲兵一擁而出，擒住息國君臣。一見息國的主管階層全部束手就擒，薳章和鬥丹趕緊領兵奔向息宮，有正事要辦！

不錯，就是抓息媯。

息媯見楚兵殺來，料想夫君早已不測，息國將亡。要被活捉，難免受辱，於是索性投井自盡，落得清白。剛要縱身，卻被緊追過來的鬥丹一把拉住。

息媯奮力掙扎，卻聽鬥丹說道：「夫人，不想息侯活命嗎？」

息媯回過頭來，忙問鬥丹：「他還沒死嗎？」

鬥丹回答：「現在沒有，不過要是妳死了，他肯定活不成。」

息媯默然無語。為了自己的丈夫能活命，息媯含淚站起身，整理了一下衣襟，跟鬥丹說：「走吧。」

傻子都明白將會發生什麼事。

國破家亡之後，男的被殺掉，女的被糟蹋，古往今來、國內國外不都如此？

就此，楚國輕而易舉地滅了息國。

楚王沒有毀掉息國宗廟，也留了息侯一命。

息侯被滅了國家、搶了老婆，最後鬱鬱而終。

息媯受寵被立為文王夫人。人稱桃花夫人。

一個陌生的男人壓在她的身上。

兩行無助的眼淚落在她的枕邊。

一晃就是三年！三年間，楚文王寵信有加。桃花夫人回報他兩個兒子。要是陳國二小姐當年直接嫁給了文王，估計會生活美滿，家庭幸福吧。可是，小桃花從未跟文王說過話！

後世有詩感嘆息媯的遭遇，吟道：

息亡身入楚王家，回看春風一面花；感舊不言常掩淚，只應翻恨有榮華。

作詩的便是杜牧。

其實文王也知道她的苦楚，不過都三年了，難道還不能把自己當老公嗎？一日，文王實在忍不住，再三反詰，問小桃花，為什麼不跟自己交流。要知道，不交流不溝通是家庭和諧的大敵。

桃花夫人掩面哭泣：「一女事二夫，還有何臉面與人說話？」

文王一聽，還是心結未了。只好哄了哄，再說：「這都是蔡侯的罪孽。我替妳出氣！」

蔡哀侯被抓後一直沒能回家，不過生活條件還不錯。這次就不一樣了。文王把火撒在他的身上，不給好吃的也不給好穿的，還天天要他裝粉絲頂帖，累得死去活來。

姬獻舞實在受不了了，趕緊跑到文王面前，脫去上衣。

文王一把攔住：「幹嘛？我不喜歡男人！」

獻舞心裡明白，再三叩頭：「老大，千錯萬錯都是小弟的錯。現在肉袒服罪，任憑處置。」

文王當然不會殺他。不然鬻拳就得再自斷其手了。他對獻舞說：「事情鬧到這個地步，都是你當初巧言令色，迷惑寡人。寡人也不殺你，罰你抄寫青年十大守則一億遍。自己悔過去吧。」

獻舞退下。回去開工。

再過六年，倒在案頭，累死他鄉。他的佩劍終於在一九九九年於楚地（丹江口）出土。

蔡國終於在獻舞同志被抓九年後等來了老領導人的死訊，並諡之曰「哀」，然後安排獻舞的兒子登基為新君，是為蔡穆侯。蔡穆侯看著老爸反楚，兵連禍結，客死異鄉，又看息侯親楚，引狼入室，國破家亡。心中一橫，決定繼續保持連齊抗楚的基本國策，並嫁妹給齊桓公，被立為三夫人。

不過，楚文王持續扣押蔡侯，以致蔡國一直無君，國不像國，新君繼位也難有起色。楚王也就不把蔡國放在心上。下一塊絆腳石便是必爭之地的鄭國。

那時，鄭厲公在小白的幫助下成功復位，此後投入齊桓公的懷抱。可是抱著抱著，覺得南方那個楚國還真是不好惹，於是遣使去楚國，表示自己已經復國，初次見面，多多關照。

哪知，楚文王看著鄭國地盤被齊國搶去，本來正在氣頭上。一看鄭厲公的帖子，不禁大怒：「什麼意思？難道我會不知道你已經復國了嗎？存心氣我，是嗎？」

文王馬上起兵伐鄭，一路殺到櫟城。這下把鄭厲公嚇得趕緊投降，說要悔過自新，朝楚不朝齊。

楚兵倒是退了，齊桓公的八百里加急又來了：「兄弟，什麼意思？跟楚國勾勾搭搭的，不來和我會盟了？」

厲公左右為難，澈底無奈，派叔詹去了齊國解釋。這才有了之前那段叔詹被囚，越獄而歸的插曲。

再過了幾年，到周惠王二年的時候，巴人再襲楚。

所謂「再」，便是之前有過。

當年楚巴曾組建聯軍伐申，結果，自恃武功天下第一的楚軍對巴軍多有無禮。這就好比當年皇協軍[37]跟著鬼子混，雖說是同盟，可是踩地雷的好事總是皇協軍先上。巴君記仇在心，不久，兵襲那處（今湖北荊門那口城）。

先前楚武王滅權國（今湖北當陽），把權國撤國建縣，是為權縣，並派貴族鬥緡任縣尹。結果習慣了封國體制的鬥緡就是不服氣縣太爺的職位，於是煽動權縣的亡國百姓造反。武王鎮壓之後，遷權民到那處城（原來的那處國早年被楚滅掉。也是那姓的一個來源），再派貴族閻敖管理。一看名字，就知道閻敖應該是個很屌的人物。武王、文王都對他期望頗高。哪知，巴國襲來，閻敖撲通一聲跳到江中，一頓狂游，逃回郢都。

楚文王已經氣得想死了，大手一揮，怒殺閻敖。

這次，巴人又來了。文王決定親征！

本來，從武王開始，要說親征幾乎百戰百勝，哪怕是楚武王的最後一戰。文王頗有自信地與巴人展開火併。突然，楚軍無故自亂陣腳，乃至中軍護衛都大呼：「保護楚王！」原來，閻敖死後，他的族人伺機報仇。這回數百死黨混在楚軍之中，臨陣倒戈，殺向文王。楚軍亂象一起，巴軍便乘機猛攻。文王臉部中箭，左右死保之下退回郢都。巴人並不追趕，閻敖的族人也報仇完畢，隨巴人回國，宣誓效忠，改入巴國國籍。

楚文王這邊的麻煩還沒完。郢都的看門人是剛正不阿的愣頭青鬻拳（唉，這兩種品格有時候真的很難區別）。

文王星夜回都，鬻拳拒絕開門。要說晚上一般確實是不開城門的。主要是因為光線不

---

[37] 指華北治安軍，又名華北綏靖軍，俗稱「皇協軍」，是抗日戰爭期間，日軍華北方面軍扶植的一支中國武裝。

好，看不清是敵是友，就算對話的是友，也難保是敵人設計，混在其中，埋伏四周。不過鬻拳這回不開門不是因為這個。他當然認識文王，可是他的拳拳之心，總是恨鐵不成鋼。

鬻拳問文王：「如此狼狽，是勝了還是敗了？」

文王心想，你明知故問！氣憤之餘想到鬻拳忠心日久，也不好發作，喪氣地回答：「敗了。」

鬻拳一聽，頓時氣炸了，說道：「自先主稱王以來，還沒有吃著敗仗回家的！現在黃國不服楚，我看你還是去伐黃國，勝了我就放你進來。」

文王聞言，一咬牙，一跺腳，豁出去了。是夜在城外安營，次日整頓軍馬，對手下眾兵將發誓：「不勝不歸！」一路殺到黃國（今河南潢川南）。

文王親自擂鼓，將士萬分用命。楚軍在黃國西南郊的碏陵一戰得勝，黃子俯首稱臣。

文王開開心心地回到營中。終於可以堂堂正正、體體面面地回家了。

當晚，軍中盛宴。文王有傷，早早睡下。哪知，沒多久，狂歡的兵將就被急令叫停——馬上準備！速速回國！

原來文王箭瘡發作，血流不止，病情惡化，必須盡快離開黃國勢力範圍，以免黃國乘隙來攻，而且要趕緊回到楚國治療，不然文王休矣！一番急行軍之後，楚軍來到漢水邊的湫地（今湖北鍾祥的北邊），突然中軍大帳傳來嚎啕之聲——吾王去矣！

楚國武文父子倆竟然都死在征途之上，不免讓人唏噓不已。

就這樣，鬻拳翹首以盼的勝利之師變成了喪王之軍。默然中，鬻拳開門納王師與王屍，喪葬已畢，文王大兒子熊艱即位。鬻拳因為出於忠心，沒有被楚王追究責任。鬻拳選擇再次自罰，舉劍自刎，追隨文王於地下。

怎奈，熊艱執政後，好吃、好喝、好遊獵、好女人，就是不好政事、不好打仗。難道文王留下的沃野千里、兵強馬壯、鄰國多臣服、威名傳四方的楚國就此和霸業擦肩而過嗎？

當然不會。

六年後的一天，熊艱被殺，其弟熊惲即位，是為楚成王。下手的不是別人，正是親弟弟熊惲。

楚成王熊惲

要說熊艱的毛病，老爸文王也是有的。哪個有權有勢的男人不喜歡香車美女、錦衣玉食、遊山玩水呢？但是，光顧著享受那是不行的。就說文王，當年雖然自己也有這些嗜好，但是他不忘開疆拓土，可以和齊桓公泡妞稱霸兩不誤相媲美。

史載，文王有一次因為實在玩心太重、不理政務，竟然被老師保申責罰，乖乖地挨了一頓打。這縱然是管鮑恐怕也不敢對小白如此吧。

可見楚文化與中原文化確有不同，有點「愛國不一定要愛政府」的意思，只要是為國家好，犯上都不怕。這也難怪會有鬻拳這樣的直臣了。當然也是因為文王腦子清醒、善於納諫。不然鬻拳自斷其足又能如何？

這裡插一段，當時足斷之人又何止鬻拳，還有一個大名人便是卞和。

楚人卞和，攀爬荊山之時發現一塊璞玉，如獲至寶。卞和同志的法治觀念很強，知道發現文物一定要通知文物管理部門，上交國家。於是毅然決然地上呈楚君。哪知楚老大不識貨，瞪眼一看，馬上一個大耳光搧來：「敢騙我？斷其左足，趕出宮外！」就這樣，卞和獻寶未成，反虧一足。

其後楚武王即位，卞和仍不死心，再去鑑寶。武王一看，不就一塊石頭嗎？現在蹲在大馬路上擱個小碗，硬說是剛挖到文物的騙子比比皆是，於是大罵卞和，竟然死不悔改，還敢來騙，並命人砍去右足，讓他不能行走，免得再四處騙人。

武王在位五十一年後終於輪到文王上場。文王聽說荊山之上有個白髮老人，日夜啼哭，不知何事。再問方知，原來還是那個卞和。只不過年輕人已經成了一個老頭子。文王覺得有點意思，命人抬來卞和。

卞和傷心地說：「兩代楚君都把寶玉認作石頭，把守法公民認作騙子，實在讓人傷心之至。」

文王命人呈上寶玉，也納悶：「不就一塊石頭嗎？」

卞和回答：「這是璞玉，玉之外還有一層皮殼罷了。」

文王將信將疑，命玉工剖開，發現果然是上等美玉。

終於卞和被澈底平反，此玉命名為「和氏璧」，定為一級國寶。

當然，國有寶貝也是禍端，特別是敵強我弱之時，此後多起歷史事件都因和氏璧展開，這是後話。

且說楚國君臣從熊艱身上看不出半點楚文王那時稱王稱霸的樣子。大家明白楚國的霸業不能因為這個敗家子就中道傾頹，於是熊惲成了眾望所歸。

熊艱幹活不行，不表示他腦子不好使。他知道自己最大的威脅就是他弟弟，每每找他的碴，意在殺之以絕後患。在位第五年，熊艱終於忍不住了，要對弟弟下殺手。哪知，熊惲早就得到線報，出奔隨國。第二年，熊惲率附庸之國的隨軍打回老家，趁著熊艱田獵之時，毫不費力地一刀結果了他的性命。結果，早已人心所向的熊惲沒有受到任何阻力，順利即位。

熊惲信心滿滿，打算完成爺爺和父親留下的不朽事業！可惜，他年紀不大，經驗不足。在野黨議政是一回事，執政黨幹活又是另一回事。於是，他任命叔叔子元為令尹。

怎奈，子元也不是省油的燈。

楚成王早聽聞子元好色，這也沒什麼，男人嘛。可是，後來才發現，這個子元竟然看上了自己的老媽，也就是桃花夫人。不僅如此，子元大權在握，似乎有篡位的傾向。不過子元黨羽眾多，光說他有反心就殺了不足以服眾，只有逆行畢露的時候方能一網打盡。何況自己剛剛登位，根基不穩，需要從長計議。於是，成王打算接著忍。

當年子元見到哥哥熊貲搶來了這麼個如花似玉的息嬀做壓寨夫人，自己也垂涎三尺。哥哥在位時，只敢「遠觀」，後來哥哥一死，就打起了「褻玩」的主意。

熊艱在位期間渾渾噩噩，不理朝政。子元仗著是當今楚君的叔父，努力培植自己的勢力。其後，熊惲即位。熊惲封子元為令尹，看重的就是他叔父的實力，沒想到，引狼入室了。楚成王只好裝傻，表面聽任子元，暗地另起爐灶。

子元則自我感覺超級良好，白天行大權，生殺予奪，晚上想桃花，死去活來。他是個情場高手，決定一步步來，非搞到桃花不可！

追女生有如下三部曲：

一、跟女生搭訕。

不認識的就想辦法認識，稍微認識的就利用一切現有的人際關係進一步打聽，找機會說上一句話，問來ＭＳＮ、手機號碼。

二、吸引對方。

取得聯繫之後，就要開始交流。交流的目的是要讓她感覺你不是一個庸俗的男人，最好讓她覺得你簡直是個人才！吸引的方式中，最基礎的是吹口哨，不過容易遭來白眼，所以這個要慎用。一般可靠的有：拉個吉他、吹個薩克斯風、唱歌比王力宏還動聽、寫詞比李後主還悶騷，或者文章比天際孤鴻[38]還搞笑等等。

三、進入她的生活。

一般，如果她對你的才能佩服得五體投地之後，她便會接納你。有沒有追到手不說，起碼，她不會反感你在他身邊出現。於是就到了這個第三步。你需要創造機會和她邂逅。比如她常去什麼地方買東西啦、常去什麼地方看書啦、常去什麼地方鍛鍊身體啦等等，你就要摸清她的日常路線，然後裝作有緣分一樣突然和她相遇，邊作靦腆狀邊說：「Hi，真巧啊，咱們又見面了。」

當然，三部曲之後還差臨門一腳，也最重要的一點，那就是——她是否對你心動。這也就是很多男人永遠的苦惱，明明自己什麼都為她做了，為什麼她就是不喜歡自己呢？不過這一步完全出自女方的意願，男方唯努力耳。

我們的子元同志也一樣。他想盡一切辦法，努力完成上三步，結果還是沒能換來桃花的傾心，反而身首異處，全家被殺！其實要是換作追別的女人，子元絕對沒有問題，誰讓他知難而上，非要追中華第一完美女桃花夫人呢？

且說桃花夫人是子元的嫂子，子元的第一步是很好實現的。

[38] 提醒一下，這是本書的作者。

在子元當上令尹之後，他馬上實施了第二步。他在桃花夫人的宮殿院牆之外建了一個豪華ＫＴＶ，成天音響開到最大聲，播放流行音樂。歌曲往往是靡靡之音，什麼《愛你一萬年》，什麼《愛情限時批》，什麼「愛就愛了，做就做了，怕什麼」，什麼「今晚你寂寞嗎」……你儂我儂之類，意在迷惑寡居的桃花。要換了把持不住的，估計會忍不住和宮女們商量：「姐妹們，要不要今晚去夜衝一下？」

哪知，文夫人方寸不亂，根本看不起這個小叔子，反而放出話去：「你哥兵鋒所指，所向披靡，所以朝楚之國不絕於庭。現在你就知道唱情歌、趕時髦，有用嗎？」

此話傳出，子元一聽，發現桃花夫人原來不愛紅妝愛武裝！他猛地摔下麥克風，對左右說：「奶奶的，娘兒們都不忘打仗，爺兒們光想著唱歌！走！」

子元馬上報請楚成王，要以鬥御強、鬥梧為前隊，王孫游、王孫嘉為後隊，自己親領中軍，統兵六百乘，殺向兵家必爭的鄭國。

子元的目的是想取得軍功，好討好桃花，博得好感。而楚成王則發現子元竟然會自告奮勇替自己開疆拓土，頓感收穫一筆意外之財，於是舉雙手同意。要按照原來武王、文王的習慣，統兵六百乘的大場面一般是楚王領銜主演、親自下廚的。

這就有了之前說到的那齣子元大軍攻鄭、叔詹空城退敵的好戲。結果大家都知道了，子元伐鄭無功而回。眼瞧著六百乘的大軍都沒拿下鄭國，桃花夫人越發看不起子元，成王也發現這個權臣竟然外強中乾，於是開始考慮動手。子元的一些手下同樣有些心灰意冷，因為他們發現老大不顧士卒生死，竟然只是為了一個女人！

唯獨子元同志毫不在意，他色心不死，馬上實施了追女第三步。子元為了能增加和桃花邂逅的機會，一不做二不休，竟然趁著嫂子身體不適，藉機搬到寢宮居住，還派甲兵三百圍在宮外。名為照顧，實為禁錮。

桃花心中害怕得不行，難道小叔子要用強的？兒子怎麼不來管管。

兒子熊惲心裡當然著急，可是他不得不繼續忍耐。他無法估計以現在自己的實力是否能對抗子元。政治鬥爭，一步錯，便會招致殺身之禍。他首先需要明確朝臣的態度，然後一鼓作氣搞死子元。

楚成王在苦苦等待。

還好，他等待的事情馬上就發生了。

事發不久，大夫鬥廉因看不慣子元的胡鬧，竟然隻身衝入宮中。正巧子元正在更衣打扮，鬥廉明知故問：「令尹在幹什麼？」

子元頭都不回，淡淡地說：「沒長眼嗎？剛睡醒，穿衣服呢。」

鬥廉激動不已：「這是做臣子的能睡覺穿衣的地方嗎？」

子元還是不以為然：「這是我的家事，不用你管。」

鬥廉忍不住了：「你是文王之弟不假，那你也是人臣。人臣該做什麼你不會不知道吧？何況這裡是夫人的寢宮，連最基本的男女有別都不懂嗎？」

子元大怒：「楚國之政，在吾掌握。連整個楚國都是我的，你還嘰嘰歪歪地幹什麼？」子元命人拿下鬥廉，手銬腳鐐伺候，找間房子扔進去，不再放他出宮。

這段爭吵自然被裡屋的桃花夫人聽到。夫人越發擔心，眼瞧著大臣都看不慣了，怎麼兒子還沒動靜。

夫人對兒子絕望了，不過再等怕要真出亂子，於是派人偷偷地出宮去找人幫忙。這回找的是鬥伯比之子鬥穀於菟。「穀」在楚語中與「乳」的發音相近，「於菟」則跟「虎」相近，所以實際的名字應該是鬥乳虎。取這樣奇怪的名字是有原因的。

傳言如下所述。

鬥伯比的老媽是鄖國人。老爸若敖熊儀死時，鬥伯比年紀尚幼，隨老媽回到鄖國安居。因為有老媽這層關係，鬥伯比老去鄖國宮中玩耍。當時的鄖國夫人有個女兒，算起來和鬥伯比是表兄妹，所以大人們雖然眼瞧著這一對小男女成天膩在一起，也不以為奇，毫不阻攔。哪知，性這種東西不學就會。幾個月後，鄖夫人竟然發現自己的女兒有了身孕。一問才知，是鬥伯比犯的事。

小小年紀就學大人幹這種事，再說，真換大人幹的時候還不一定一炮中的呢。不然哪來那麼多專治不孕不育的醫院。這事要是傳出去，以後這些黑心醫院還怎麼活，咱的廣告費還怎麼收？

鄖夫人馬上找鬥伯比母子倆攤牌。鬥伯比母子自覺臉上無光，回楚國去了。

鄖夫人繼續瞞天過海。她把女兒關在屋裡，不讓她走動。外人問起，只說身體不適。產期一到，誕下一子。鄖夫人命人丟棄在雲夢野林之中。

本來，事情到此也就沒下文了。怎料，一日，鄖子去雲夢遊獵途中遇到一隻老虎，左右箭射無數都不中。這還不算奇怪，更奇怪的是這老虎毫不躲閃。鄖子納悶，莫非湖南也有「假老虎[39]」嗎？左右查探後回報，恭喜老大，這隻華南虎是真的！而且是雌的，正在給一個襁褓餵奶，見人也不迴避。

鄖子一聽，心想這看來是神物。於是對眾人作林志玲式的娃娃音：「小聲點，別嚇著牠。嚇到牠，奶就吸不出來了。」

鄖子回家後，趕緊和老婆彙報當日的所見所聞。當聽到這一段的時候，鄖夫人大驚，趕

---

39 指一陝西農民以印刷出來的假老虎冒充真老虎，並拍下照片領賞之事件。

緊把整件事的來龍去脈告知丈夫。丈夫聽說女兒年幼失身，恨恨不已。這回鄖夫人卻反過來勸丈夫，說：「想當年帝嚳的元配姜嫄與他人野合之後產下一子。姜嫄覺得不好意思，於是丟棄於冰原之上。哪知，百鳥逗留，以羽翼覆蓋襁褓，為之取暖。姜嫄認為這個孩子是神人，於是重新帶回收養，取名『棄』。這個『棄』就是周人始祖！」

鄖子一聽，看來這個孩子也是神人！他立即命人找回，交與女兒撫養，然後找到鬥伯比母子，約定雙方子女長成之後，馬上登記結婚。這個男孩則取名為鬥乳虎，即鬥穀於菟。後來老爸鬥伯比死後，兒子鬥穀於菟繼任為楚國大夫。此人有安民治國之才、經天緯地之能，在朝臣中也頗有口碑。

不過，出人頭地是需要機會的。幸運的是，當宮人急促間敲開鬥穀於菟的府門之時，機會便一同進來了。

鬥穀於菟聽完宮人的哭訴，馬上下決心要集合鬥家的力量，為國除奸。行動前他祕密徵求了老大楚成王的意見。苦苦等待這一刻的成王笑逐顏開。看來除掉子元已經是人心所向了！臨行前，楚成王語重心長地說：「中央沒有兵，你們自己搞，要殺出一條血路來！」得到中央的支持之後，鬥穀於菟叫上兒子鬥班，趕緊聯絡了鬥梧、鬥御強，定好某日夤夜，殺入王宮。任務目標：殺子元，放鬥廉，救太后，安社稷。

磨刀霍霍之後，鬥家甲兵如期殺入太后寢宮。那三百子元侍衛本以為是被拉來站崗的，哪有作戰準備，頓時被殺得屁滾尿流。子元剛和宮女睡下，驚醒後仗劍出逃，最後被鬥班一刀砍掉腦袋。鬥穀於菟趕緊釋放鬥廉。

料理妥當之後，鬥穀於菟、鬥廉、鬥梧、鬥御強、鬥班拜倒於桃花夫人門外，隔門問安，報告戰果，稽首而退。

次日早朝，成王先公布子元罪狀，殺得他全家死光光，然後加封平亂之人。原本想讓老臣鬥廉接任令尹之職。鬥廉擺擺手，感嘆自己腦子一熱去找子元說理，結果束手就擒，毫無還手之力，要不是鬥穀於菟，恐怕連自己的性命都沒著落。實踐表明，鬥穀於菟遇事冷靜，有勇有謀，可堪大用。應該讓他做令尹。有如此能人輔佐，方可爭霸中原！

楚成王相信鬥廉的眼光，馬上官拜鬥穀於菟為新一屆令尹。

鬥穀於菟字子文。楚成王打算學習齊桓公叫管仲的做法，呼字不呼名，彰顯其尊貴。既然管先生名夷吾，字仲，其後齊國官方只叫他管仲，那麼從此以後，楚國官方也只用「子文」稱呼鬥穀於菟。

上任之初，面對楚國因文成交替中出現的動亂導致的國庫空虛，子文義無反顧地帶頭「毀家救國」。就是說，他把家中的財物無條件地充公，以為國用。這就好比如今經濟危機下，一些有良知的企業主管會主動減薪，而不是一心想著裁掉一個月拿些零頭養家餬口的小員工們。

終於，在子文的輔佐下，楚國馬上從「文成」交替間的動盪中走出來，君臣一心地踏上了爭霸中原的道路。楚國大治。

大治之後就要繼續稱霸。這時，齊桓公正好在北方存邢衛、布恩德。楚成王心有不甘，決定馬上動手。

這次挨打的會是誰呢？

唉，還是兵家必爭的鄭國。

不過，估計成王始料未及的是，這一次，火是點著了，最後竟然燒得太旺了。

17 握緊了拳頭沒打架——諸夏伐楚

楚又伐鄭，八國聯軍

楚成王讓鬥章率軍二百乘，去攻打鄭國。一來碰碰運氣，看能不能兵服鄭國；二來打探打探，看看齊國是什麼反應。結果，二百乘殺到鄭國。鄭文公舉措得當，一面安排聃伯日夜巡城，作持久防守狀；一面速派人去臨淄告急。齊桓公一聽必爭之地的鄭國有難，馬上傳檄四方，大會諸侯於檉，在宋都睢陽附近。

鬥章一看如此情景，想到當年子元六百乘都乖乖地撤退了，自己這二百乘兵力哪有勝算的道理。於是無奈撤兵。

大軍雖然未歸，消息早已傳來。

楚成王怒了。「學誰不好，學子元！」當即解下佩劍，交與鬥廉，讓他趕到軍中，立斬鬥章！

鬥廉拿劍在手，匆匆來到鬥章軍內，告訴鬥章：「唯有戴罪立功，方可免於一死！」

鬥章趕緊請教，鬥廉連忙獻計。

有人可能要問了，這個鬥廉為什麼執法不嚴，違法不究啊？

因為鬥章是他親弟弟。

楚成王也不是傻子，他當然知道小說的人物關係。其實所謂的「解劍斬將」，無非是激將而已。打仗親兄弟，要的就是這股幹勁。如果楚王真要殺鬥章，就不用勞煩鬥廉走一趟了。

鬥廉的計策很簡單：「殺回鄭國去。鄭國知我退兵，必定鬆懈。所以，如果馬上殺個回馬槍，勝算超高！」

鬥章覺得哥哥說得有理，於是分兵為二。哥哥一軍，弟弟一軍，偷偷地殺奔鄭國而來。那時，聃伯聞楚軍已退，於是出城巡邏，探明虛實。哪知，這剛一出來就遇到鬥章的楚軍。聃伯來不及撤兵，趕緊接住廝殺，打算且戰且退。怎料，鬥廉一軍繞到聃伯後面，兩下夾攻，鄭軍死傷過半，聃伯束手就擒。

這下鬥章來了精神，打算乘勝，踏平鄭國。鬥廉趕緊攔住弟弟，教育道：「見好就收，落袋為安。現在有功，趕緊回國。功過相抵，可保人頭。」

楚軍隨即凱歌而還，擄獲聃伯，獻給楚王，接著解釋，當初退兵只是詐敗。可惜一心為得金馬獎，演得過火了一點罷了。讓楚王擔心了，實在不應該。

楚王心裡開心，表面還要裝作不快。問道：「為什麼不乘勝攻擊，一鼓作氣拿下鄭國？」

鬥章無語，鬥廉趕緊站出來回答：「擔心兵力不足。怕打輸了，給國家丟臉。」

楚王心中一笑，得，上當了吧。表面再作發怒狀：「託詞！那我給鬥章double！這次四百乘，拿下鄭國！否則，休來見寡人。」

鬥章心中一涼，這次不是鄭國投降，就是自己沒命。這時，哥哥鬥廉又挺身而出：「臣願同往。就算鄭國不投降，也要抓鄭伯回來。」

楚王再也忍不住了，哈哈大笑。馬上拜鬥廉為大將，鬥章為副將，殺向鄭國。

待朝會結束，弟弟趕緊問哥哥，這次又有何計謀？

卻見鬥廉搖搖頭：「聽天由命吧。」

鬥章頓時大汗。

鄭國這邊，探子來報，楚軍又來。

鄭文公無奈了，這打來打去的何時是個頭啊。不如楚來降楚，齊來降齊。免得枉送士卒命，白費腦細胞。大夫孔叔趕忙勸阻，說：「現在只要鄭國有事，齊侯就會大會諸侯來救。要是鄭國不戰降楚，大寒天下之心啊！」

鄭文公覺得有理，於是一邊守城，一邊求援。

不久，鄭國接報，齊桓公命他，或君或臣，領一軍東出虎牢，去河南上蔡與聯軍會師。同去會師的還有齊桓公小白、魯僖公申、宋桓公御說、衛文公毀、陳宣公杵臼、許穆公新臣、曹昭公班，加上鄭國，共計八國。戰略目的：先拿下蔡國，最後直指楚國！

鄭文公看完齊桓公作戰計畫，連連後怕。要是當初不聽孔叔之言貿然投降楚國，現在諸夏大軍估計要朝自己殺來了。如今八國聯軍一伐楚，鄭國之圍必然自解。要是伐楚得勝，就再也不用受楚國的欺負了。鄭文公一想到這是中原第一次大聚諸侯討伐荊楚蠻夷，這麼有意義的歷史事件，一定要親自出馬才行，於是他領兵偷偷奔向上蔡會盟。

有人要問了，齊蔡不是聯姻嗎？怎麼齊國要帶領眾兄弟踏平蔡國呢？

事情還要從蔡穆侯嫁妹給齊桓公開始說起。當初蔡穆侯把自己的妹妹，也就是蔡哀侯的女兒嫁給了齊桓公。齊桓公非常喜歡，直接立為第三夫人。有一天，「小三[40]」和小白在池塘裡划船，採蓮為樂。小白怕水，要不是寵愛「小三」，也不會來湖上泛舟。哪知，「小三」恃寵而驕，先是往小白身上潑水，後來又晃蕩小舟，弄得小白直暈船反胃。小白一怒，把她休了，趕回蔡國。

蔡穆侯當年嫁妹妹無非就是巴結齊國，現在竟然被退貨了。蔡穆侯大怒，給你個原裝的，你還我個二手的？蔡穆侯一賭氣，心說我蔡國沒你齊國照樣活，這不還有楚國嗎？於是

---

[40] 中國大陸指婚姻中的第三者之意。

反過來投靠了楚國，還把妹妹嫁給了楚成王。

占有齊侯江山之前，先占有了齊侯的女人，楚成王非常滿意，立刻封蔡姬為第一夫人。

這次小白統領八路諸侯攻打蔡國，既是為了報私仇，也是為了打狗給主人看。

果然，楚成王一看蔡國被諸夏聯軍圍剿，心中大為不安。只見楚成王在老闆桌前喃喃自語：「來者不善啊。」楚王的案頭除了蔡國的戰報，還有之前送來的同盟舒國被滅的消息。

齊楚口舌之爭

舒國，位於江淮地區。武王滅商以後，皋陶後裔受封建國。實際上是由舒國、舒庸國、舒蓼國、舒鳩國、舒龍國、舒鮑國、舒龔國七個國家組成的軍事聯合體，近乎於一個國家，因而又稱為群舒國。群舒國在楚國的東方，是楚國的東方門戶。所以小白在開展本次諸夏伐楚行動時，就考慮先滅掉舒國，剪除楚國羽翼。

為了不打草驚蛇，小白沒有自己動手。他說服徐國出兵拿下舒國。徐國也確實很好說服，一來是齊魯曾經打得它俯首稱臣，二來齊徐有婚姻之好。齊桓公的第二夫人正是徐嬴。

東夷老大就是不一樣，一出手就滅掉舒國。舒國公民集體落難，逃的逃，躲的躲。為了不忘亡國之恨，不少人改姓舒，流傳至今。

還真別說，起初果然把一門心思想著鄭國的楚成王瞞住了，以為舒國之死無非是東夷幫內火併。可等蔡國一告急，楚成王馬上恍然大悟——一切軍事行動都是衝著楚國來的！成王和子文趕緊商量對策。第一次和整個中原武林過招，不縝密安排怎麼可以。君臣一商量，打算做好以下四個準備：

一、召回鬥廉，充實軍力；二、發動救兵，幫助蔡國；三、準備談判，拖延時間；四、積極備戰，準備打仗。

早已無計可施的鬥氏兄弟聽到退兵的命令，簡直就像重生一般。四百乘楚軍火速回國，馬上投入到保家衛國的戰前動員中。而救援蔡國的軍隊要出發時，突然被叫停了。不用去了，因為蔡國已經被攻破，蔡穆侯都逃到楚國來了。

蔡穆侯回顧出逃經歷，顫巍巍地說：「當時蔡國大火一片，要不是有人喊了一句讓領導人先走！不然命喪九泉矣。」

楚成王聞言一皺眉，諸夏行動迅速，楚國反應遲緩，怕要吃大虧了。

馬上進入第三步，刻不容緩！

找誰去談判呢？楚成王和子文一合計，決定派屈完去國境線收費站等候諸夏聯盟軍，先在邊境上搞個談判，能拖多長時間就拖多長時間。

不久，屈完等來了諸夏大軍。遠遠望見，真是好大的排場啊。光齊國就出動了三百輛軍車，一萬步兵。不過，屈完發現八面大旗之下，唯獨許國一軍沒有BOSS。原來，許穆公新臣為了能讓小小的許國得到盟主齊侯的重視，不惜帶病出征。哪知，到達上蔡的當晚便病發身亡。小白特意在上蔡發喪三日，以侯禮葬之。之前在鄭莊公伐許的時候提到過，許國僅僅是個男爵之國，可見姜小白有多麼看重許國這個小弟。

面對如此大軍，屈完毫無懼色，於軍前朗聲曰：「來者可是齊侯？楚國使者屈完求見。」

齊侯一看大軍不動了，心想不是取消高速公路收費站了嗎？後來方知，楚使攔路。小白稍稍一驚：「看來楚國有所準備啊。」管仲安慰道：「楚君也不是腦殘，搶了他門下舒蔡的地盤，做老大的肯定會有所警覺。且不瞎猜，先去會他一會。」

說罷，管仲驅車，趕到前隊，打個招呼。

兩方寒暄已畢。

屈完先開口：「齊居北海、楚近南海，雖風馬牛不相及也，何故犯我邊境？」

管仲笑道：「昔日周王封太公於齊，命曰『世掌征伐，以輔周室』。自東遷以來，諸侯放肆。寡君奉命主盟，賜為方伯，修太公職，得專征伐。」

屈完一聽，也知道管仲說得在理。齊國是正版的方伯，楚國是山寨的假王，要論起理來，非輸不可。這個節骨眼上可不能再放肆地說「我，蠻夷也」了。要還這麼說，八國就會馬上接話：「對，打的就是你！」

屈完想了想，託詞道：「周室東遷，諸侯放恣，天下皆然。豈唯荊楚？」屈完把這句話的重音放在了「天下皆然」上，再加上眼神的配合，聰明的管仲怎麼會不知道暗示的是什麼？既然你說天子早就讓齊國世掌征伐，以輔周室，那犬戎進京的時候，齊國大軍在哪兒？鄭國大鬧的時候，齊僖公為什麼還和鄭莊公通好？齊襄公手上就沒沾染過天子王師的鮮血？周惠王大亂的時候，齊桓公出兵匡扶了嗎？可以說，齊桓公轉正之前，齊國就沒拿天子當回事。現在倒好，洗底轉白了，想打誰就打誰。

管仲越想越心虛，趕緊止住思緒，使出撒手鐗：「那我問你，周昭王南征不返，亡於漢水，難道不是因為你們楚國嗎？」

管仲說的昭王南征，前文中已經多次說明過，罪魁禍首千真萬確是楚國。這下屈完該啞口無言了吧。哪知，屈完淡淡地回答：「昭王死於漢水，這點不假。不過，我們楚人認為這是王舟船漏進水，周王溺水而死。冤有頭債有主，這個罪過寡君不敢承擔，我看你該問問漢水。」

管仲一聽，怎一個囧字了得。看來是遇到談判專家了。他必須找一個論據確鑿的論點。

管仲想了想，趕緊換個話題：「楚國有歲貢苞茅的義務，楚君為什麼長年不貢苞茅，害得天子無法縮酒為祭。」這個質問確實擲地有聲，不容置疑。

只聽屈完回答：「管大夫說得對，關於這點指控，我的當事人已經勇敢承認。明年開始，聽天子的話，年年納貢苞茅。」

沒料到屈完態度如此之好。管仲嘿嘿一笑，坦白從寬，知錯就改，好同志！

屈完繼續說：「如果管大夫沒有別的要求，我建議先行休庭討論。我也好通知楚王，做最後陳述。」

管仲拱手：「靜候佳音。」

管仲退回軍中，稟報齊侯。

齊桓公感嘆：「楚人刁鑽，真會推卸責任。」

當時鮑叔牙隨軍在場，忍不住插嘴道：「楚國之罪，僭越為大。自命為王，無法無天。為何單單批判他不供苞茅？避重就輕，是何道理？」

管仲搖搖頭：「一來，楚國僭越稱王已久。二來，咱們把它排擠為蠻夷也已久。世代敵對，缺乏互信。如果現在非要讓楚國自革王號，除非踏平楚國，楚人怎麼可能乖乖聽話？可是戰端一起，勝負難料，兵連禍結，生靈塗炭，何苦為之？如今不戰而屈楚，恢復歲貢苞茅，也足可慰藉天子、誇耀諸侯。包賺不虧！」

鮑叔牙被管仲的「慷慨陳詞」噎了回去。

齊桓公一聽，見好就收，也沒意見。

消息傳到其他七國，幾乎個個同意。

畢竟只要跑跑腿、動動嘴，就能馬到成功、長官滿意、百世流芳，何樂不為？

唯有一國國主默然無語。

那便是鄭國文公。

鄭國飽受楚國侵凌，盼了超久，終於盼到帶頭大哥替自己報仇。本想著一戰換和平，沒料到最後就要楚國恢復納貢而已。鄭文公心中大為不快，他開始懷疑齊桓公的實力。這個武林盟主莫非真的人老心衰了？

不過鄭文公心裡再不舒服也沒用，誰讓鄭莊公小霸的年代一去不復返了呢？

且說，管仲跟齊桓公提議，畢竟八路諸侯舉兵而來，光在邊界上晃晃太丟臉，總該打到楚國境內才行，而且邊打邊談才能獲得籌碼，提高效果。於是八國大軍再次起程，殺入楚境，兵至陘，安營紮寨。

一般人心目中的楚國大多是在湖南、湖北之類的地界，可是這個陘，卻還在河南漯河的郾城附近，實在讓人大跌眼鏡，搞了半天，還沒出河南省。不過這畢竟是諸夏第一次進入傳說中的楚界，八路君臣先是心中忐忑，而後熱血沸騰！楚國本土還沒有被大軍侵擾過。反過來也就是說，諸夏只有挨打的苦痛記憶。

終於，有諸侯忍不住了，意氣風發地說：「兵已深入，為何逗留？殺將過去，決一死戰！」

管仲擺擺手，表示不同意：「使者既來，楚必有備。干戈一起，勝負難料。吾料楚使必定再來，和談成功，大功一件。討楚而來，服楚而歸，有何不可？」

諸侯議論紛紛，莫衷一是。無奈齊國主盟，只能聽之任之。

再說楚國早已火速動員全國力量對抗八國聯軍。子文為將，陳兵漢南，熱身已畢，就等楚王一聲令下，便要殺過漢江，北上抗敵。不過，屈完早已回報楚王，說已經答應給王室供應苞茅，八國聯軍也將不戰自退。成王問計子文，子文答曰：「如果續供苞茅就可換來和平，為上上策。畢竟我方備戰稍晚，對方來勢洶洶，勝敗難料。現在八國停兵漢北，不敢渡河，看來也沒有一決雌雄的鬥志。不如再派使者，double check，探明虛實，或戰或和，再定不遲！」

既然楚國君臣中唯有屈完和諸夏八國有過聯繫，中國之地，凡事都講個人脈關係，那就還是派屈完去吧。楚王告訴屈完，此次任務既要當使者也要當間諜。是戰是和就看他的諜報了。

哪知，屈完堅決不同意，表示，如果要和談，自己二話不說，立馬就走；如果要打仗，無論怎麼強迫，打死不去。

楚成王只好表示：「是戰是和，你來決定！」

屈完領命而去。

待屈完走後，楚成王轉臉安排：「子文同志，保持警戒，準備打仗！」

不久，屈完來到敵營，見過齊桓公，行再拜之禮，信誓旦旦地向中原盟主小白表示：「寡君為了避免干戈，已經同意續供苞茅。只是為表彼此和談的誠意，請退師一舍，如何？」

一舍就是三十里。

齊桓公和管仲對了對眼神，看來不戰屈楚、續供特產的計畫基本成功了，一舍算什麼？為了以德服人，歸還魯國領土、追殺燕國仇敵、白送燕伯土地、免費建設邢衛，幹得還不夠多嗎？於是馬上下令，全軍後退三十里，來到召陵（現河南漯河召陵區）紮營。

屈完又回到楚國，見過成王，再次表明態度，說自己再次同意楚國續供苞茅，桓公為表和談誠意，退兵一舍。和平來之不易，老大切不能出爾反爾。

沒料楚成王一見八國後撤，再加上自己已經準備充分，還真想出兵打一仗。這時，子文出來勸誡，說人家姜小白即使被曹沫脅迫，也照樣還地放人。武力不能解決問題，以德服人方可萬國來朝。要是失信，個人信用檔案就會有不良記錄，以後刷卡、貸款都不方便。

楚成王心想，將來還要行走四方，稱霸中原。要是異地消費刷不了卡、擴張融資貸不了款，也太不方便了，於是下定決心，守信求和，再命屈完去一趟召陵，送去八車錢糧，一國一車，以示破財免災之意；再送一車苞茅，讓八國過目，然後打包發往周室，用以表示「停止空談，開始行動」之決心。

齊侯這邊聽聞屈完要來，馬上安排下去，如此如此，方可彰顯諸夏的秩序和氣勢。

那天，屈完帶著八車鈔票和一車特產到了營前。齊桓公對屈完說：「大夫有看過中原軍隊嗎？」屈完回答：「偏居在南方，一直沒機會。」於是桓公和屈完同乘戎車，開始檢閱八軍。只見八國軍隊分列八個方陣，齊軍居中。當桓公和屈完來到齊軍面前時，齊軍鼓點一起，將士便一聲雷吼。餘下七國隨後擊鼓，七軍將士也跟著狼嚎起來。

桓公於陣前喊道：「將士們辛苦了！」

八國軍士齊聲回答：「為天子服務！」

齊桓公面有得色，喜洋洋地對屈完說：「哥兒們，你看我有這麼多小弟，還不是想打哪兒就打哪兒，想砸哪個場子就砸哪個場子？」

屈完不卑不亢，義正詞嚴地回答：「君所以主盟，是為天子宣德。君若以德服人，天下誰敢不從？君若以武制人，楚國雖小，也有方城為城，漢水為池。城堅池深，雖百萬之眾，勝負猶未可知也！」這裡要說明一下，這個方城位於河南西南，是南陽盆地的北端。當年曹操南下，便是穿越南陽盆地，殺到新野，收降襄陽，兵發江陵，駐守赤壁，威迫江東的。

齊侯小白聽完屈完的話，面有愧色，感慨屈完果然是楚國的棟梁之才。然後表示想和楚國會盟一次如何？畢竟大家大老遠來一趟不容易。

這下，屈完倒有點犯難了。屈完表示：「你們都打到楚國來了，我們老大既送錢糧又送特產，如果還要親自來和你們會盟，如此屈辱，恐怕有點強人所難。這事不好辦，你看我代為出席，行不行？」

齊桓公和管仲一商量，認為屈完說得也對，要是楚成王真的來了，是該稱呼他楚王還是楚子？稱呼楚王自然萬萬不可，可要是稱呼楚子，那就是革除王號，矮化楚國，弄得不好，一場大仗，最後連土產都拿不回去送親戚了。

於是，齊桓公朗聲曰：「可！」竟同意屈完大夫代替楚王出席會盟。

就這樣，第二天，九國會盟在召陵召開。

各回各家，召陵會盟

會議在和平友好的氣氛中進行。屈完代表楚王與會，並表示「自今以後，世通盟好」。

九國歃血為盟，執牛耳者自然是齊桓公小白。

會議的重要成果還有：楚國同意釋放鄭國大夫聃伯回鄭，八國同意撤出蔡國，仍由蔡穆侯回國執政。總而言之，這是一次團結的大會、勝利的大會。

值得一提的是，許穆公死後，兒子姜業嗣位，是為許僖公。許僖公為了延續老爸流血流汗、丟人丟命得來的許齊友好事業，趕緊派遣大夫百佗趕來與會。

楚人看在眼裡，也明白了這許國對齊國真的是死心塌地。

至於九方和平會談之後的撤軍，一切也都很順利。只是有一小段插曲。

因為八國撤軍，特別是齊魯兩國要從河南回山東，最簡單也是最近的路線就是直接策馬東向，不過這就要路過陳國和鄭國。陳國大夫轅濤塗跑去和鄭國大夫申侯商量（此申侯非彼申侯），說：「要是大軍經過陳鄭，迎來送往、擺酒設宴可是筆不小的開銷。最近經濟不景氣，國家一心節約開支，哪裡有這麼多招待費預算。不如說服齊國繞道東邊沿海，從徐國、莒國回國，這樣咱可以替老闆省下不少錢。」申侯表示非常支持轅濤塗去和齊侯商量。

於是，轅濤塗趕忙去會見小白。理由冠冕堂皇，說什麼齊侯服楚，曠世奇功、海內沸騰，正該藉機兵過東夷，經徐莒凱旋。東方諸國見我中原武功，敢不遣使臣服？小白仙福永享，壽與天齊！

齊桓公被捧得雲山霧罩，當即點頭同意。

待轅濤塗滿意而歸之後，申侯也去面見小白，假意問道：「大軍走哪條路線？」

小白回答：「原本想直接路經陳鄭，早點回國。不過剛才轅濤塗建議，大軍取道徐莒，威加東夷，寡人也覺得是個好辦法。」

申侯故作驚訝，表示：「八國出兵已久，勞師遠征，正該早早回家休養，以免勞民傷財。如果路經陳鄭，吃喝拉撒睡外加洗腳按摩都是陳鄭掏錢，順順利利、穩穩當當、舒舒服服、安安全全地凱旋。要是取道東南沿海，最近經濟不好，工廠倒閉，老闆逃匿，工人失業，治安不太平、社會不穩定、官民不和諧。要是遇上個攔路打劫的、撬門開鎖的、坑矇拐騙的，諸夏之軍真不知該何時才能回家睡覺呢？」

小白一聽，頓覺有理。大讚申侯的同時，叫來鄭文公，要他把鄭國的虎牢之地賞賜給申侯。

鄭文公得知原委，氣不打一處來。

第一，鄭文公也不想出錢幫人家買單，特別是諸夏合力都沒能把楚國怎麼樣的情況下；第二，這虎牢之地是他老爸拚了性命，力納周惠王之後獲得的封賞。齊侯竟然一句話，就要命令自己賜給申侯做采邑！

鄭文公怒了。

不過沒辦法。

鄭文公忍了。

申侯爽了。

濤塗慘了。

小白命人抓了轅濤塗治罪。陳宣公知道小弟忠心為主，替國家省錢。這年頭，出國考察的、藉機揮霍的比比皆是，真虧了轅濤塗還有這分替老百姓省錢的心思。於是再三求情，遞菸使錢，終於保了下來。

八國安然回國。

不久，屈完押運的苞茅送至周室。周惠王覺得好幸福，簡直是受寵若驚，趕緊跑到文王、武王的太廟，感謝祖上顯靈。不過因為事出突然，實在沒準備好對楚國使者屈完的臺詞，於是先賞胙賜肉，再簡單地教導了一句：「鎮爾南方，勿侵中國！」意思很明白——管好自己，別來打我！屈完稽首再拜而去，歸國覆命。

楚成王還是心有不甘。

子文勸道：「只要勿忘國恥，總有報仇的時候！」

齊國大司行也就是外交部長隰朋隨後也到了周室，面見天子，告知戰況。主要目的就是表明，這件事是齊國帶頭搞定的，以此邀功。不過，隰朋這趟差還帶回來一個不好的消息。

只見他對齊桓公的出差報告中寫道：「周將亂矣！」

18　姜小白最後的輝煌

把手插進了天子的褲襠裡

看報告的齊桓公跟看書的咱們一樣都驚訝不已，怎麼周室又要亂了？

隰朋描述了一下自己的所見所聞。

他說剛開始覲見周天子的時候，天子對他態度超好。隰朋按禮節，問候完天子，就想問候一下天子的第一繼承人，也就是世子。結果，周天子惠王同志的臉立刻就垮下來了。磨蹭了好一會兒，世子姬鄭和寵兒姬帶一同出來會面。這個姬帶是小兒子，惠王特別喜歡，稱呼他為「太叔」。

太叔是個暱稱，因為古語中「太」和「大」通解，所以古書上是寫成「大叔」的。當然，這個「大叔」與現在年輕美眉身邊的「大叔」完全不是一個概念。

追溯一下，原來姬寤生也就是鄭莊公的弟弟叔段被封在京城之後，也被取了個暱稱——「京城大叔」。

隰朋懷疑，周惠王的倉皇之色是心中有變。莫非是要廢太子立幼子？無論如何，周惠王如此寵愛子帶，看來距離重蹈子頹之亂的覆轍也不遠了。隰朋建議，身為盟主的小白同志，必須見微知著，早做準備，力保太平。

小白問計管仲，管仲感慨隰朋課外知識多，腦子就是活。於是和小白商量，最後討論如此如此，便可一舉兩得。

小白聽管相國之言，給各國發通知，要明年夏天在首止（現河南睢縣東南）會盟。議題就是：見世子之面，定君臣之禮。再派隰朋出使周室，直接跟惠王表示，諸侯各國在齊國的帶領下，行尊王攘夷之大業。現在想讓世子鄭一同去首止開會，互相了解、增加情感。周惠王一來礙於齊侯情面，二來尊王攘夷事業既然要世代相傳，那諸侯見世子也情有可原。於是只好派世子鄭去開會。

第二年開春，小白命陳敬仲去首止監造會場。這個陳敬仲原名媯完，陳國人。這裡要嘮叨一句。

陳國，成立於周武王年間，建都宛丘（今河南淮陽城關一帶）。那時候周朝新成立，忙著派發紅利，想找阿舜的後代建一個諸侯國。人肉搜索了半天，終於找到了媯滿。周武王對媯滿同志非常滿意，不僅封侯、賜國、給房，還下嫁大女兒太姬。不過，太姬也不用吃苦，畢竟陳國地處中原之地，氣候好、地勢平、土壤肥、河水多。要是當年熊繹被封在此地，估計也成不了「蠻夷」。

媯滿死後，諡號陳胡公，成為後世陳姓和胡姓的得姓始祖之一。

從陳胡公傳到陳桓公的時候，那已經是周室東遷、莊公小霸的年代了。陳桓公有生之年，與大義滅親的石碏合謀幹掉了篡權的衛國公子州吁。不幸的是，陳桓公百年之後，自己的兒子媯免還是難逃你爭我奪、你死我活的權力爭鬥。爭鬥的結果是，媯免被叔叔媯佗殺死。死時還沒來得及給老爸取個諡號。桓公之諡竟是篡位的公子佗一拍腦袋想到的。

媯佗同志的「老大夢」只做了八個月。不過這八個月也算史上留名。他派遣大夫伯爰與周桓王一起出兵伐鄭，就是桓王慘遭箭射的那次。

當時一同出兵的蔡軍統領是時任蔡國老大蔡桓侯的弟弟之一的蔡季（蔡哀侯獻舞是蔡桓侯封人的親弟弟）。在一次蔡季和伯爰的聊天中，蔡季得知了兩件事情。第一，媯佗人心不附；第二，媯佗喜歡遊獵。歸國之後，蔡季把這份情報告知哥哥蔡桓侯姬封人。蔡桓侯心花怒放，馬上和弟弟商量如何板倒嬀佗，另立嬀躍。

嬀躍是陳桓公的庶子，也就是已死的嬀免的同父異母的弟弟。嬀免和嬀躍的老媽都是蔡國人，而且是姐妹。再而且，這對姐妹都不是普通的蔡國人，是蔡桓侯的兩個妹妹。所以，嬀免和嬀躍就是蔡桓侯的外甥。大外甥被殺之後，蔡桓侯心中已然不悅。現在聽說嬀佗既沒有人氣、又游手好閒，於是決心下手。終於有一天，趁著嬀佗出遊打獵，蔡季提兵圍剿，新立外甥嬀躍為陳侯，是為陳厲公。

可憐嬀佗，得一個諡號陳廢公。

現在這個嬀完便是陳厲公之子。陳厲公死後，公子完沒能繼承侯位。陳厲公的弟弟嬀林即位，是為陳莊公。待莊公死後，由於膝下無子，於是侯位繼續往弟弟手裡傳。嬀林的弟弟嬀杵臼即位，是為陳宣公。所以，總結一下，厲公、莊公、宣公三兄弟都是陳桓公的兒子。其後，陳宣公杵臼懷疑太子禦寇要謀反，直接先發制人把親兒子殺了。因為公子完和禦寇關係好，禦寇一死，公子「完」頓感要玩「完」了。於是趕緊逃跑，出奔齊國。

到了齊國以後，齊桓公相當地看重嬀完，想直接把這個流亡之臣封為卿。頓時舉朝愕然。嬀完也自感無德無能，只願接受工正之職。春秋時司馬（國防部）以下設有「校正」和「工正」。「校正」自然不是現在的校正作業；「工正」也自然不是公益彩券開獎的時候照本宣科的公證人員。那時的校正和工正都屬後勤補給部門。校正管戰馬，工正管戰車。公子完不當卿士當工正，桓公覺得他具有願意從基層踏實幹起的良好作風。

後來小白請嬀完喝酒，從白天一直吃吃喝喝、侃侃談談。眼看天黑了，小白覺得沒喝爽、沒吃飽、沒聊夠，力邀嬀完來個續攤。不料嬀完守身如玉，拒絕去夜店。就這樣，小白越發覺得嬀完是個好同志，懂得克制，於是格外器重。

古時，「陳」與「田」同音，陳公子媯完就直接改姓為「田」，自名田完，扎根齊國。直到後來，田氏代齊，鳩占鵲巢，多少也有點「小陳滅大齊」的意思。另外，田完字敬仲，所以陳敬仲、媯敬仲、田敬仲；陳完、媯完、田完說的都是他一個人。

PS田完一脈傳到後來便有大名鼎鼎的孫武。

且說田完造完會場之後，當年農曆五月，伐楚的諸夏八國於首止再次相聚。世子鄭如期光臨，下榻高級飯店。齊桓公親率眾老大登門問安。世子鄭感動之至。是夜，叫來齊侯單獨會面。這次的會面內容不是聊女人，而是哭訴公子帶如何虐待自己，情勢如何危急，要是小白不出手相助，恐怕被廢是小，被殺是大。

齊桓公拍著胸脯保證，世子鄭這個天子位置是坐定了，放一萬個心。當然，團結就是力量。此後幾日，齊桓公發動由齊國代表團起頭，八國代表團輪流招待世子，拉拉家常、問問寒暖。世子受寵若驚。不過時間一長，也越發想家。畢竟這次出差不是常駐，現在時間夠長了，也該回去了。齊桓公趕緊攔住，表示世子在諸侯這裡待的時間越長越能顯示自己面子大，不如避暑之後，秋天再回。那時再辦一個歃血為盟、擁戴世子的歡送儀式，豈不更好？世子鄭一聽有理，便屁股一坐到了八月。

周惠王這邊本不願意世子跟諸侯走得那麼近，沒料一去許久不回。心中一想，肯定是齊桓公搞的鬼。諸侯越擁戴世子，惠王就越心中不快。這不是存心要跟我過不去嗎？我要立誰廢誰難道還要諸侯說了算？

惠王咬咬牙，覺得既然齊國不聽話，不是還有楚國嗎？楚國已經納貢歸服，現在正要借力打力！不過，操作起來還需要一個中間人。惠王閉眼一琢磨，忽然靈光一閃，馬上叫來周公姬孔，告訴他，要他親自去首止見鄭文公，不過一切保密。

周公孔甚為不解，問惠王要自己幹嘛。

惠王臉一陰：「密令鄭國，背齊事楚！」

牆頭草鄭文公

周公姬孔連忙勸阻，說楚國歸附也是齊國的功勞。再說，齊國與周室本來就是親家，現在要棄親家之齊國，用蠻夷之楚國，不知是何道理？

周惠王哪裡聽得下去，大袖一舞，讓周公趕緊shut up！當即命人列印出一篇密令，封於函內，交與周公。吩咐道：「喔——再會吧！喔——啥咪攏嘸驚！喔——再會吧！喔——向前行！」

姬孔無奈，只好偷偷地來到首止，交給鄭文公。

鄭文公打開郵件一看，發現竟然是天降大任，不禁大喜，自我誇耀道：「當年爸爸的爸爸莊公、爸爸的爸爸的爸爸武公可都是王室的卿士。那時鄭國是何等榮耀！後來老爸厲公納天子回宮，也是不世之功，現在周天子直接密函一封，要我背齊事楚，擁立姬帶，頗有託孤的味道。齊侯不是尊王嘛，老子也要尊王！」

鄭文公準備命令下去，要學當年宋桓公御說逃盟一樣，先撤回國內，然後聯絡楚國。

在場的孔叔一聽，大驚，勸道：「齊國是正版方伯，受法律保護，說一不二。當年宋國是逃了，最後不還是差點被K一頓嗎？況且，鄭國有難，齊國幫忙也不是一次兩次了，背齊事楚實在是自尋短見。再者，周天子廢長立幼，人心不服！王子頹之鑑不遠，五大夫的教訓也不遠。」

鄭文公輕蔑一笑，表示：「你不說齊國幫忙還好，上次大會諸侯攻伐楚國，結果不了了之，撤軍的時候還要我們好吃好喝好招待，這也算幫忙？再說，不管天子要立誰廢誰，凡是周天子做出的決策，我們都堅決維護；凡是周天子的指示，我們都始終不渝地遵循。這不是做臣子的本分嗎？」

鄭文公轉臉看了看大夫申侯。申侯腦子活，知道文公話裡有話，一定還在嫉恨自己浪費國家錢財，還拿了虎牢之地。於是趕緊出來擁護文公，說道：「天子所命，誰敢違之！太子有黨派支持，姬帶也有。二子誰上誰下，猶未可知。不過有一點很清楚，現在從齊盟誓、效忠世子就等於對抗王命。我看不如藉口國中有事，暫且回國，看看再說，兩頭不耽誤。」

鄭文公聽罷，心中已有定計，馬上回國。路遇他人，託言有事，必須回家。路人趕緊回報齊侯。

小白大怒！打算提兵去追。管仲勸道：「昔日宋國逃盟，只因身居公爵之位，有所不服；今日鄭國逃盟，八成背後受人指示，非周即楚。不如先歃血為盟，擁戴世子之後，再作處置。」於是，小白擇日與餘下的魯宋衛許曹陳一起歃血立誓——保護世子，助其登位。

世子居高臨下，觀摩了整個歃血儀式。所謂「世子臨之，不與歃」，就是類似老師在講臺上監考。這回世子鄭只看不動，也是以示諸侯不敢跟他作對的意思。儀式完畢，世子下臺階與眾人互拜一番，最後合影留念。

次日，姬鄭起駕回洛陽。因為首止在衛境，齊桓公為表重視，拉上衛文公一起把世子送出衛國。姬鄭垂淚不已，揮手而別。

等世子見面會一結束，齊侯就開始籌劃如何伐鄭。

消息傳到鄭國，當時腦子一熱就開溜的鄭文公開始沒了主意。

要想做名人的小三，光有姿色也沒用，如何能攀上關係呢？就在文公苦苦考慮如何和楚國接上頭的時候，申侯站出來拍胸脯保證，只要自己出馬，楚兵必來相救。

鄭文公抬眼看了看申侯，恍然大悟——這申侯堪稱楚國通，自己怎麼就沒想起來呢？

話說當年，申侯正是發跡在楚國，那時是楚文王當政。文王將死，擔心自己的寵臣遭人嫉恨，於是勸申侯跑路。申侯揮淚以別，逃到櫟地，追隨鄭厲公。患難見真情，厲公對投奔而來的申侯大為寵愛，拜為大夫。厲公復國後，申侯也似「開國之臣」一般地位頗高。等厲公一死，便是現在的文公即位。

鄭文公終於想起這個申侯的簡歷背景，於是馬上任他為全權談判大臣，出使楚國，務必說服楚王出兵相救。

等申侯到了楚國，面見楚成王之後，沒說幾句話就把楚王說動了。當然這也不是他口才有多好。如果申侯是當年孤竹國的使者，估計就算自斷筋脈也感召不了楚國的一兵一卒吧。

其實就在鄭國逃盟的消息傳到楚國時，楚成王就料定「吾得鄭矣」。小白那邊一動員，楚國也在忙活。等申侯一來，沒說兩句，楚王就開始問計群臣，如何才能救鄭。關於救鄭國的決議案幾乎毫無阻攔地在朝堂上通過了。畢竟雄楚要崛起，不派兵爭取利益怎麼行。索馬利亞的海盜是要打的，鄭國也是要救的。

不過如何救才能事半功倍呢？子文同志提議，屈完說過，許國事齊國最勤，齊國對許國最好。不如圍許救鄭，也可控制戰爭，以免過快升級。

成王准行，就依令尹之見。

不久，齊侯就帶著中原精神文明辦公室的相關主管上鄭國家砸門去了，歷數文公的不檢點行為，竟然背棄周禮，從了蠻夷。文公不服，心說我是聽了周王的意見才背齊事楚的，怎麼能說我給周朝丟臉呢？不過密函就是這樣，你說有就有，同樣的，人家說你沒有就沒有。所謂「矯詔」的鑑定過程往往是最真實的「成王敗寇」原則的外在表現。

就在齊侯帶著眾領導人對鄭國口誅筆伐、刀砍箭射之際，消息傳來，許國被楚國帶領的拆遷隊圍困。小白大罵，奶奶的，想趁機暴力拆遷？於是，諸侯聯軍馬上撤出鄭國去救許國。

楚國一聽齊國救許，也罷兵回家。

鄭國之圍一解，申侯便回國邀功。

哪知，鄭文公託詞申侯當初受賞虎牢之地，已經算計畫外的加賞，這次就不再發獎金了。

申侯一聽，心中怨恨不已。

鄭文公看出申侯不服，自己心裡也恨恨不平：「當初要不是齊侯開口，老子才不把虎牢之地給你呢。再說，這回楚國也沒來直接救自己，要是齊侯不去救許國，怎麼辦？」

鄭文公心安沒多久，就在第二年，心有不甘的姜小白又領兵而來。鄭文公再次明白了，什麼叫「兵家必爭」，什麼叫「熱門景點」。恨不得天天早晚手機鑵頭簡訊裡都要加一條：「今天鄭國又打仗了！」不過，自己投楚就算一次溼吻出軌而已，希望大人大量的齊桓公能諒解自己吧。於是又開始謀劃著從齊算了。

巧得很，這時候孔叔收到了齊國陣營來的一封mail，主要內容如下：「申侯之前以國媚齊，獨擅虎牢之賞。今天又以國媚楚，使君背義，自召干戈，禍及民社。若殺申侯，齊兵可不戰而罷。」

孔叔把mail轉送給文公，文公一看，發件人是陳國大夫轅濤塗。鄭文公心中有悔，口中嘆氣，問孔叔：「殺申侯不難，可是殺了之後齊侯真能原諒鄭國嗎？」

孔叔安慰道，「放心吧。齊侯以德服人，懷柔四海。只要認真承認錯誤，應該可以得到寬大處理。」

文公心想也是，周慧敏和倪震不也照樣結婚嗎？出軌也沒啥大不了的嘛。於是叫來申侯，一刀砍了，割下腦袋，交與孔叔，飛速送到齊侯帳中。

面見小白時，孔叔歷數申侯的交易記錄有多差，加上小白也知道孔叔交易記錄有多好，於是非常堅定地認同了孔叔關於申侯的交易記錄的論述，並且豁達地表示，鄭伯受申侯蒙蔽，走了冤枉路。不過現在既然想重回東方陣營也為時未晚，為表誠意，那就一同去甯母開會吧。

甯母在山東濟寧魚臺縣東，鄭文公一看要離開河南去山東開座談會，擔心有去無回，心中惴惴不安。轉念一想，就讓世子華代替自己前去。哪知兒子姬華也害怕得很，擔心小白笑裡藏刀，於是再三推脫。本來也是領導人的家事，不過權臣叔詹看不過去，自己挺身而出，反覆催促姬華成行。

最後，姬華只好硬著頭皮出發了。他在送行的人群中看到了叔詹。姬華衝著叔大夫微微一笑。叔詹也禮貌地回敬了一個微笑。他還不知，世子華心中已有毒計，要借刀殺人。

目標不是別人，正是他自己！

要說起來，姬華和叔詹本來就有過節。

話說世子華的老媽是鄭國的第一夫人，可惜早早地就病死了。鄭文公也就開始寵愛上了別的女人，生下一子取名姬蘭。母以子貴、子以母貴，相輔相成。姬華擔心自己會被老爸廢掉，於是去找叔詹大人商量，求道：「如何才能不被廢？」

哪知叔詹滿不在乎，只回答：「得失有命，子盡孝耳。」

姬華無奈，又跑去問孔叔，結果孔叔也只是勸他服從公司的安排。

他徹底失望了。

姬華還有個親弟弟姬臧。這位哥兒們喜歡奇裝異服，特別愛在帽子上插鳥羽。周禮中包括服飾的禮儀，穿什麼衣服、戴什麼帽子、梳什麼髮型都是法定的。大夫師叔看著姬臧的後現代作風非常不爽。他不顧小弟身分，直言不諱地對老大的兒子說教：「非禮之服，公子勿服！」

姬臧覺得，師叔如此放肆多半是因為他們兄弟倆漸不得勢引起的，於是兄弟倆互通聲氣之後，斷定叔詹、孔叔、師叔跟自己上的不是一條船。

這次世子華被催促著去了甯母，他心生一計，面見齊桓公後，假意悄悄地說有密報。桓公屏去左右，靜靜地傾聽。

姬華同志的意思是：鄭國之所以首鼠兩端，朝齊暮楚，完全是因為叔詹、孔叔、師叔結黨營私、惑亂朝政。特別是這次鄭國逃盟，那都是這三個人的鬼主意。老爸受人蒙騙，不能撥亂反正。要是齊侯能出手剷除亂黨、力挽狂瀾，那等我姬華即位之後，便將鄭國變身為齊國的附庸，聽命齊侯，如同再生父母。

小白一聽鄭國能澈底歸屬自己，不禁心動。小白馬上找來管仲商量，管仲耳語一番，簡明扼要，歸納起來就是三個字：「不可靠！」

小白全聽管子，於是轉過頭來對姬華推諉道：「事情重大，回頭我會和你老爸商議。」姬華一聽，嚇得毛骨悚然，囧得汗流浹背。

待姬華回到國內，趕緊來個惡人先告狀，跟老爸說那個姜小白如何無禮、如何蠻橫，跟他媽的索馬利亞海盜一個德行。哪知，管仲早把所謂的「密報」抄送給了鄭伯。鄭文公看兒子竟然賣國求榮還顛倒黑白，敢在自己面前撒謊，不由大怒，命人關他禁閉。本來禁閉幾日，姬華也能被放出來。可是，姬華卻趁人不注意，翻牆逃跑。看守人上報中央，問如何處置，文公緊閉雙眼，慢慢地說道：「追上！殺掉！」

就這樣，姬華的世子之位終於還是被廢了。可憐的是，竟直接搭上一條命。

不過他還不是最慘的，更慘的是弟弟姬臧。姬臧被認為是太子一黨。聽聞哥哥被殺之後，姬臧也擔心受到牽連，連忙出奔。

消息再次上報中央，文公還是緊閉雙眼，說出了同樣的話：「追上！殺掉！」

鄭文公自絕二子之後，齊鄭復盟。

鄭國「再再次」背楚事齊的消息傳到楚國。

楚成王變得有些無奈。子文勸道：「大哥，咱們還是先積蓄力量，有朝一日，一鼓作氣，兵行天下，稱霸中原！」

楚成王點頭，自言自語道：「那就先忍忍吧。」

九合諸侯，一匡天下

就在鄭國歸附齊國的那年冬天，周惠王病逝。死前，眼瞧著老爸大限將至，世子鄭趕緊派人求告於國家棟梁、諸侯方伯兼光彩照人、無人能敵的齊桓公小白同志，大喊：「老哥，幫幫忙！」

世子鄭的做法受到了周公孔的支持，下士王子虎星夜趕去齊國發快遞。小白再次召開八國會議。會議地點在曹國境內的洮（今山東省鄄城西）。

ＰＳ已經用兒子摸過底的鄭文公這次也親自出席。

齊桓公主導下的齊宋魯衛陳鄭曹許的八國會議再獲重大成功。會後，召開記者會，宣布八國將各派大夫入京，擁立世子鄭。那八國大夫是——齊大夫隰朋、宋大夫華秀老、魯大夫公孫敖、衛大夫甯速、陳大夫轅選、鄭大夫子人師、曹大夫公子戊、許大夫百佗。

八國大夫專車抵京。這些地方上的公僕雖然穿的是制服，看不出明星樣，不過坐的都是頂級車、戴的都是名牌錶、抽的都是天價煙。著實讓京城官民是大開眼界，感嘆不已。

世子鄭聽聞八國特遣大夫來京擁立，不甚感激。先派召公姬廖去招待八國大夫代表團，然後在城內準備發喪和登基大典。一切妥當之後，八大夫先抹淚上靈堂，告別舊主，呼天搶地；再叩頭在廟堂，祝賀新君，恭喜發財。

這新君便是世子鄭，是為周襄王。昔人的紅人公子帶在堂下只能默然無語。不過瞧這地方一心擁護中央的架勢，也確實沒啥好說的了。

第二年，正式改元，是為周襄王元年。春祭結束後，襄王讓周公切點祭肉派送給小白。小白聽聞新天子要賜胙賞肉，馬上在葵丘大合諸侯，等候周公來會。葵丘便是當年連稱苦等瓜熟、無奈戍邊之地。

於是便有了著名的葵丘會盟。

與會者除了周室的召公，主盟的齊桓公之外，還有魯宋衛鄭許五國。所以，從會議規模上講不是最大。不過，葵丘會盟的意義卻非常。它成了齊桓公方伯事業的頂峰，也是他「九合諸侯，一匡天下」的最後一次。反過來說，葵丘之盟成就了「九合諸侯，一匡天下」這句超有力的slogan。

且說齊桓公在葵丘等來了天子特派員周公。周公宣讀天子口諭，開始賞肉儀式。桓公按禮降階下拜。周公一把攔住，說天子有令，齊侯免拜。小白剛想起身，管仲低頭耳語，說道：「老大剛給點陽光，小弟不能立刻燦爛。君雖謙，臣不可不敬。」於是，小白聽管相國之言，依舊施禮如故。其餘五國國君看在眼裡，不禁佩服武林盟主知書達禮。

受賞儀式結束後，小白攜其餘五位國主對天發誓：凡我同盟，言歸於好！毋壅泉，毋遏糴，毋易樹子，毋以妾為妻，毋以婦人與國事。

翻譯一下，便是說：今日為盟，往事不咎。不亂修堤壩，要保護水源；不囤積糧食，要保障供應；不輕言廢立，不讓二奶扶正，不許婦人議事等等等等。

等聯合聲明兼合約條款宣讀完畢，馬上得到鼓掌通過。最後大家簽字畫押，歃血盟誓，拍照留念。

等白天枯燥的會議一結束，晚上就開始high了。high到一定程度，有點輕飄飄的小白竟然告訴周公，自己打算去泰山封禪。周公大驚，這可不是一個諸侯該幹的事，難道姜小白一世清白、尊王攘夷、以德服人，最後還是有不臣之心？當時管仲也在場，一看周公姬孔的臉色，也知老大出言不當。不過當著小白的面不好說話，便熬到晚上的狂歡散場之後單獨約見了周公同志。

沒等管仲說明來意，周公直接氣哄哄地抗議，剛才在ＫＴＶ包廂裡頭，姜小白問起封禪之事如何操作，自己也一五一十地回答了。結果小白竟然說自己打算去實施一下。「管相國你說，這封禪是諸侯能幹的事嗎？」

管仲本來就為此事而來，沒料周公如今著急，心中不禁暗笑，於是假意裝傻：「當時我也在場。我聽老大說的理由也挺好呀。夏商周三代都城都離泰山甚遠。交通不發達，旅途很勞頓，天子仍然不辭辛苦。現在泰山就在齊國境內。齊侯登山也方便，現在自己鍛鍊也好，以後混個天下第一名山的名號，開放旅遊也能賺不少。」

周公無語。

管仲接著說：「話又說回來，畢竟從古至今，封禪之事都是天子的事。可剛才齊侯說要封禪的時候你也沒反對呀。你還記得剛才說了句什麼嗎？」

周公當然記得剛才說的那句話。就在小白得意洋洋地問周公自己去封禪怎麼樣，周公不好駁他面子，說道：「君以為可，誰敢曰不可？」現在回想起來，真恨不得抽自己嘴巴，只好央求管仲，可否發一言諫止？

看到周公無奈，管仲微微一笑，終於表示自己會盡力讓齊侯回心轉意。「不過吾君好勝，只可隱奪。事不宜遲，現在就去。」

當晚，管仲夜見小白。小白很奇怪，問他大晚上的不好好地過平安夜，跑這裡來幹嘛？

管仲作揖，祝賀道：「老大生蛋快樂！」

小白不解。「生蛋？大男人的，生什麼蛋？」

管仲故作驚訝道：「剛聽說主公下了一窩金蛋，如此祥瑞之兆，特來道賀，莫非是謠傳？我這就去拿人治罪！」

小白笑著擺擺手，大度地表示這無非是商家藉機炒作賣點貨、百姓乘興過節圖個樂[41]，也不礙事的。

沒想到管仲板起了臉，說道：「要是這樣就有新問題了。老大不是想要去泰山封禪嗎？如此大事，沒有祥瑞，怎麼行？」

小白哈哈大笑，拍著胸脯說，自己身為方伯，迄今為止，兵車之會有三，衣裳之會有六，合計九合諸侯。北斬孤竹、南伐荊楚，勞苦功高。「封禪之事，理所當然，還需祥瑞？」

管仲繼續作認真狀，回答：「古之受命者，必先有禎祥示徵。鳳凰來朝，麒麟來會，水有比目之魚，天有比翼之鳥。可如今，連隻華南虎都那麼難找。也就剩點熊貓，還送來送去。其他祥瑞之物更是招之不來，說啥沒啥。如果這樣還貿然封禪，恐怕被人笑話。」

小白默然無語。

管仲見狀，退出大帳。

第二天，幾位領導人一起吃早飯。周公心懷忐忑地面見齊桓公，就怕他再問封禪之事。可喜的是，從那天起，小白壓根就沒再提。

團結的、成功的、勝利的葵丘之會終於結束了。各國領導人各自回家。

---

41 指中國人也過聖誕節，無非是商人藉機刺激消費者多花點錢。

話分兩頭。

第一，周公同志向西走。

姬孔路上竟然遇到了還在前往葵丘開會的晉獻公。周公馬上表示：「遺憾地通知您，會議已經結束了。」

晉獻公感嘆，一者走得有點慢，二者路途實在遠。自己趕了這麼遠的路，最後連個紀念品都沒拿到。再說，齊侯稱霸已久，不去捧場實在不好意思，於是心中好生後悔。

周公看出他的心思，安慰道：「現在齊侯傲氣沖天，所謂日中則昃，月滿則虧，我看齊國的霸業也快over了。風水輪流轉，不去也沒啥。」

晉獻公唯唯而退。沒想到，中道染病，歸國而亡。晉國隨之大亂。再沒想到，等晉國平復，這輪流轉的霸主之位竟然輪到了晉國的頭上。

第二，小白同志向東走。

臨行前，姜小白和宋襄公依依惜別，感情真摯，別於他人。

路上，小白叫來管仲，深沉地問道：「把世子昭託付給宋老弟，真的沒問題？」

管仲回答：「這事誰也沒法打包票。我看我們的智慧不夠，後代可能要比我們聰明，能夠解決我們現在不能夠解決的問題。不妨先擱置爭議，留給後人來處理吧。起碼目前看來，已經是最好的出路了。」

小白嘆口氣。那年的他已經六十五歲。

車馬，一路向東。

黃河之水，亦然。

時光流逝，亦然。

19 英雄駕鶴，又是一地雞毛

兒子多了不是好事

說起為什麼齊桓公要把兒子姜昭託付給宋襄公，也實在是因為自己產業又好，兒子又多，生怕死後兒子起來爭家產，所以想找個外力幫忙罷了。

就在齊桓公來葵丘的路上，小白和管仲聊天談時政，說起現在周室的世子鄭雖然有名分但無實力；弟弟姬帶要鬧事，王室就會大亂。說著說著小白一聲嘆息，想來現在兒子姜昭雖然被立為世子，可誰能保證將來別的兒子們能乖乖聽他話呢？兒子當中，無虧最長，姜昭最賢。自己到底立誰合適？

管仲知道小白一直有廢立的念頭，於是極力阻止，還建議他趁著這次葵丘之會，看看有沒有賢者之君可以託付，以為世子外援。

小白一眼相中了穿著黑色喪服的宋襄公茲父。

第一個要注意的是，子茲父穿的是特別的黑色喪服，而不是一般情況的白色。

第二個要解釋的是，早被立為太子的茲父在老爸御說也就是宋桓公死後，竟然打算把位子讓給庶兄公子目夷。子茲父道德指數高，他認為雖然自己是嫡子，但是目夷年長，就要哥哥做老大。可是目夷堅辭不就。眼瞧著要是再逼，就得上演新版《伯夷叔齊讓國記》，茲父終於即位，是為宋襄公。

在道德崩壞的今天，竟然還有這麼一位「讓國之美」的大賢者，小白看一眼就喜歡得不得了，於是就把託子之事交代給襄公。襄公躬身表示一定不負盟主重託。

不過，幫人搶位子可不是件容易的差事。大家知道，「爭位」絕對不是簡單的家庭內部的兄弟之爭。每一個兒子只不過是一個利益集團的代表人。現在我們需要梳理一遍齊桓公的兒子和他們的母親們。

齊桓公同志有三位註冊在案的合法夫人，分別是第一夫人王室之女王姬、第二夫人徐國之女徐嬴、第三夫人蔡國之女蔡姬。可惜三位正房都無子，所以姜小白沒有嫡子。此外，小白還有「如夫人」六位。所謂「如夫人」顧名思義，就是「疑似夫人」、「貌似夫人」、「差不多是夫人」。因為禮數與正牌夫人一樣，所以可以說，她們六位比二奶多一個名義，比小三多一分從容。可巧，六位各生一子。雖然是庶子，總比沒有強。下一代齊侯也將在這六個庶子中選出——

第一位長衛姬，生下公子無虧；第二位少衛姬，生下公子元；第三位鄭姬，生下公子昭；第四位葛嬴，生下公子潘；第五位密姬，生下公子商人；第六位宋華子，生下公子雍。

既然這六個兒子都是庶子，彼此就都在一條起跑線上。

不過，六子的境遇各有不同——

三兒子公子昭以其賢德被老爸立為世子，同時得到大部分朝官，包括管仲、鮑叔牙、隰朋等權臣的支持；大W和小W之子公子無虧、公子元背後有易牙、豎刁。當年易牙治癒了衛姬的厭食症，便是現在的大W。兩大名嘴一糊弄，不由桓公不乖乖；不過說起來，同是衛國來的公子開方和大小衛姬是兄妹，是公子無虧、公子元的舅舅。可是，他卻獨與公子潘交善；公子商人則不知道是不是名字取得不好，總被他人戴著有色眼鏡看，所以他決定奮發圖強，自成一黨。公子商人和現在某些大商人一樣，喜歡撒錢做慈善，所以頗得民心。

至於公子雍，他自知資格小，所以安分守己，沒做老大夢。

當然，公子雍不做老大不冤枉，但是公子無虧不做老大就實在有點「虧」了。他老媽，也就是齊桓公的曾孫外甥女長衛姬侍奉的時間最長，資格最老。公子無虧也年紀最大。凡事要講先來後到，公子昭插隊怎麼行？從此，枕邊的長衛姬、眼前的無虧、堂上的易牙、豎刁都和桓公耗上了。這也只因齊桓公年老昏聵，他竟然沒注意問題的嚴重性。他滿腦子是自己整天搞武功、弄經濟、泡美眉，對於繼承人這種複雜而棘手的問題採取做一天和尚撞一天鐘、得過且過的態度，只是一味溫言軟語地哄著，還含含糊糊地答應到了恰當的時候會改立無虧。

其實，姜小白碰到的是歷史上無數君王遇到的難題，就是到底該「立長」還是「立賢」。按照「立長不立幼」的原則，齊侯之位想都不用想是姜無虧的。可是，國家領導人這種重要的位置難道能簡單地按照「立長不立幼」這樣的死規矩決定嗎？如果長子是個白痴也要立他嗎？

要是立賢，聽起來是不錯，不過再一琢磨，何為「賢」呢？長與幼一算便知，賢與不賢則不太好把握執法尺度。所以，如果講法治，就算白痴也要立長；如果講人治，賢與不賢這種內在的東西就看兒子們以及兒子背後的大臣寵信們如何包裝、如何炒作了。最後的結果極有可能是，老大在世時，某些兒子想方設法博賢名，希望君行廢立。老大去世後，那些兒子以己賢德，昭告天下說當今新老大如何無能，於是為了祖宗基業、世間黎民，不惜拋頭顱灑熱血，要造反了！

有點諷刺的是，從一直強調穩定的中國治國觀上講，理應是一直堅持冰冰涼涼的「立長說」的，也理應是不該有那麼多篡權奪位的。

說到底，千百年來，人們一直在有意或是無意、主動或是被迫地擔心「白痴長子當上老大」的問題。殊不知，無論是天才還是白痴，老大總是會老的。老了就會昏聵，昏聵完便還是死了。如果國家不具備一個良好的社會秩序、民主氛圍和法治環境，老大死後只能猶如輪迴一般，留下一地雞毛。以前的鄭莊公就是一個例子，不幸的是，現在的姜小白又成了一個新的例子。反之要是都具備了，即使老大白痴點也沒多大的破壞力。

不過，無論後事如何，齊老大姜小白還是一直把三兒子姜昭立為世子，宋老大子茲父也一直堅守著有朝一日擁立姜昭的信念。

幹了一輩子革命工作，也該歇歇了

周公姬孔的看人水平的確不賴，小白確是深感自己幹了一輩子革命工作，也該歇歇了。雖然沒有學天子登上泰山封禪，但是現在自己的物質精神享受也該和天子不相上下。於是在葵丘會盟之後，齊桓公華宮大室、錦衣玉食、香車美女的生活便開始愈演愈烈。

昔日老師鮑叔牙看在心裡，實在不是滋味。心說你不是還有不要驕傲自滿的座右銘嗎？看來成天喊標語說口號真是無用。本來，鮑叔牙還想請相國兼兄弟管仲代為勸導一下，免得老大誤入歧途。沒料，管老弟自己也在府邸和封地大興土木，造三歸之臺。取義：齊民歸心、諸侯歸心、四夷歸心。

鮑叔牙納悶，革命尚未成功，怎麼管老弟也開始貪圖享樂了？

管仲解釋自己這是在給老大分謗而已。

叔牙嘴上唯唯，心中不解。他不會忘記，自己這個小弟做的荒唐事早已不少，比如開了間國家級妓院。

早年間，管相國就挑選奴隸、搜羅美人，設置七百女閭，創造了最早的官妓，成為「官妓之父」。管仲解釋說一者為方便齊侯小白享樂，二者吸引四方遊士來投，三者抽稅增加國家財政收入，四者緩解男性壓力，保障社會和諧。

對於這個解釋，剛正不阿、非黑即白的鮑叔牙一直都不以為然。古往今來，中國社會對妓女這個話題幾乎就是睜一隻眼閉一隻眼的，也實在難為鮑叔牙天天鬱悶，絞盡腦汁想答案了。大半個世紀之後，古希臘的政治改革家梭倫[42]也頓悟到妓女對社會的重要性，在希臘開始了國家妓院的運營，最後被人民稱為「偉大的梭倫」。

閒話不說，且說晉獻公回國不久就升天而去，兒子在利益集團的推動下上演奪位之爭。詳情後表，單說齊桓公身為武林盟主，以匡扶天下為己任，自然不能袖手旁觀。他親領大兵前往晉國的高梁之地，並傳檄諸侯，前來會盟，要納獻公之子姬夷吾為新任晉國老大。

晉國偏西，離齊侯的有效勢力範圍有點遠。就在齊桓公打算十會諸侯的時候，晉國西邊的鄰居秦國秦穆公已經起兵，周天子襄王也重出王師平難。桓公趕緊派出老外交人員隰朋趕往秦軍和周軍，探聽虛實、表明態度，最後三方達成共納夷吾的決議案。正好晉國的一些權臣也出境來接，於是夷吾順順利利地回國登基，是為晉惠公。

誠然，他做老大的過程實在實惠，不枉「惠」公一說。

齊國大部隊一直留在高梁等消息，沒能親往。齊桓公也沒什麼不滿意的，隰朋斡旋下得來的扶立之功已經夠自己勝利凱旋了。於是小白拍拍屁股，直接回家。終其一生，也就沒能實現十合諸侯。

齊桓公還不知道，其實晉國百姓可不像衛國百姓那樣對他感恩戴德，他們甚至有點失望，因為民心所附的是晉獻公另一個兒子，姬重耳。可惜，民心也是可以拿來躲貓貓的，所以也注定了晉國之亂還要繼續。

---

[42] Solon（西元前六三八—前五五九），古希臘七賢之一，生於雅典，出身於沒落的貴族，是古代雅典的政治家，詩人，立法者。在前五九四年出任雅典城邦的第一任執政官，制定法律，進行改革，史稱「梭倫改革」。他在詩歌方面也有成就，詩作主要是贊頌雅典城邦及法律的。

先不等晉國生亂，周王室就先亂了起來。挑事的不是別人，還是姬帶。不過，他做得有點過分。他竟然學習申侯，招來北戎，想裡應外合幹掉哥哥，然後自立為王。

這下有點鬧大了。

事情發生在管仲的三歸之臺工程完工後不久。忽然間消息傳來——戎狄入寇，兵圍王城。小白懶得自己動手，揮手下令，二當家管仲領兵出征！

戎兵的攻勢很猛，多虧周公、召公率兵奮起抵抗，城才未被攻破。幸好烽火一起，四方來救。先來的是秦國穆公和晉國惠公。戎狄一看這次諸侯跟當年對周幽王的待遇不同，還真聽烽火的命令，也知諸侯會越來越多，於是放把火，跑了。

戎狄撤軍的時候，管仲率領的齊軍還在行軍路上。中途得報，趕緊快馬通知齊侯。小白感嘆，要致富先修路，信誓旦旦地說要尊王攘夷，可到了關鍵時候，急行軍跑著去都來不及。

小白火氣一上來，決定派人去戎主那兒責問：「奶奶的，為什麼打我？」

戎主知道小白有追殺的傳統，心中害怕。於是把責任全推到姬帶身上，還派遣特使入齊，表示和平誠意，同時甘當汙點證人，指控幕後黑手。

小白恍然大悟，讓管仲把第一手材料遞給周襄王。襄王念及手足之情，將姬帶驅逐出境。

姬帶是個聰明人，他哪兒都不去，直接來到諸侯之主方伯之國的齊都臨淄城下。門衛趕緊上報。小白皺著眉頭盤算著門開還是不開。想著對方畢竟是天子的血親，也只能屈服，最後開城納了王弟，從此好吃好喝好招待，收養在齊國。

咱不是狗仔隊，對姬帶的死活好壞、緋聞八卦就不去深究了。就說周襄王因為管仲遠有定位之功，近有服戎之勞，於是想給管仲升職，封他做齊國上卿，跟國家、高家一樣。

管仲婉言謝絕，表示國高世為上卿，自己怎敢同列，於是再拜回國。

襄王莞爾一笑，那就後會有期吧。

沒想到，是年冬天，臨淄城呼天搶地——管子謝世！

助手們一個接一個地死去

賢相管仲去世之前，齊桓公親往病床邊探望。這已是齊桓公四十一年，即公元前六四五年。

管仲為相四十一年，相伴小白左右，出謀劃策、治國安邦，幫助領導人首霸春秋、傲視諸侯。其中，「尊王攘夷」，功效卓著，免得中原淪落蠻夷的鐵蹄之下，令孔夫子不禁嘆道：「微管仲，吾其被髮左衽矣。」不過，管仲也有強調個人道德的孔子所看不上的，因為他最擅長的不是治心，而是治國。他在整個齊國的政治、經濟、軍事、文化、外交上均有建樹，在個人作風上卻不是盞省油的燈。比如設妓院、縱聲色，再比如對小白的好色、好玩幾乎採取無作為的態度。

用管仲當年面試的回答來講，這些都不過是粗枝末節，不傷霸業大局。

個人修養自然是十分重要。管仲也不是神人，他的所作所為也有需要批判的地方。不過，批判需要標準，而在本已混沌的，不知「良心」、「道德」值多少錢的現在，咱就不討論也無法討論這麼深奧的哲學思想、人生價值觀問題了。

只說小白拉著管仲的手問道：「要是相國一病不起，以後還有誰能輔佐寡人？」

管仲感嘆了一聲：「惜哉乎，甯戚也！」

小白一聽幾乎要哭出來，說道：「甯戚已死，提之何益？難道除了甯戚之外，就沒有託付得了的嗎？鮑叔牙，如何？」

管仲搖搖頭，表示自己這個拜把大哥善惡分明，心眼太死，不懂妥協。「識人一惡，終生不忘。這種性格混跡官場已然不易，豈能為相？」

小白無奈，想了想：「那隰朋如何？」

管仲眼睛一亮，卻馬上萎靡。他說：「隰朋倒是可以。做了這麼久的外交外事工作，駕馭百官、斡旋事態自然沒有問題。再說知識豐富還不恥下問，最重要的是，工作態度好，手機二十四小時開機，就算休假也能隨叫隨到，居家不忘公也！只是可惜，年紀也不小了。怕難長久啊。」

姜小白又問：「那易牙、豎刁、開方如何？」

沒料管仲突然變得表情凝重，嚴肅地表示小白必須遠離此三人。「人之所為，非名即利。易牙烹子、豎刁自宮、開方棄國，此三人志不在小。如果您重用他們，霸業必崩，齊國必亂！」

小白心中一驚，平時也沒見管老弟對這三人有這麼大的意見呀。於是問：「原來怎麼不提醒寡人要遠離此三人？」

管仲嘆口氣，說：「您是君，我是臣。君之欲望如水，臣之職責如堤。本來您想泡妞就泡妞，您想聽奉承就聽奉承。只要不出格，便可順意而為。現在不同了，臣將死，堤將潰，如果主公親近小人，任其氾濫，後果自然不堪設想啊。」

小白默然。

隰朋將有望繼任相國的消息傳到群臣耳中，百官竊竊私語。易牙特意跑去找鮑叔牙，裝出一副打抱不平的語氣說，都說管鮑之交，結果管仲沒讓鮑叔牙接班，實在不講義氣。

哪知，鮑叔牙卻無所謂地笑笑，表示：「知我者，管仲也。我平生最恨小人。要是我當相國，難道還會有你們的好日子嗎？」

易牙自討沒趣地走了。

第二天晚上，管仲便撒手人寰。齊桓公痛哭自己失了臂膀之餘，命人厚葬之，由高家當家的高虎親自負責。管仲子孫封為大夫，接手采邑。

易牙見狀，跑去找大夫伯氏。因為管仲曾經因那次諸夏伐楚，與屈完談判有功，小白奪去伯氏的采邑駢邑（今山東省臨朐）的三百戶，轉贈給了管仲。伯氏頓失做為生活主要財源的采邑之後，生活品質陡然下降。易牙看在心中，就趁現在管仲去世，趕緊慫恿伯氏去跟小白商量，要回駢邑。只要伯氏開口，自己一定附言支持。

沒料，伯氏感慨說自己當初被奪去采邑，都是因為沒啥功勞。而「管相國為國為民，勞苦功高。現在屍骨未寒，功勞尚在，我怎麼好意思跟老大開口要地？奪邑之事，沒齒無怨！」

易牙再次自討沒趣。總是試圖挑戰管仲權威的易牙不禁感嘆：「仲雖身死，伯氏猶服。吾儕真小人矣！」

最後，關於管仲的厚葬，這裡有兩點有些意思。

第一，齊桓公曾經跟管仲抱怨，現在經濟發展了，葬禮越來越鋪張。好布料都做了壽衣，好木材都做了棺槨。人啊，奮鬥一輩子生前置不下一間房子，死時買不起一寸墓地。管仲獻策，以後齊國不准在葬禮上亂花錢，否則「戮屍」！果然，此後齊民殯葬的浪費之風驟減。

不過現在看來，這個禁令顯然不能影響領導階層，比如相國的祭奠儀式和墓葬水平。管仲最後被葬在了臨淄的南牛山北麓。現建有管仲紀念館。

第二，人們常說，自古以來，但凡中國的每個有建樹的改革家，因為涉及強大的既得利益集團，大多沒有好下場。不過，管仲卻善終厚葬，光耀門楣。除了他順應時代潮流之外，主要原因在於他遇上了一個難得的好領導人。哪怕這個領導人好田獵、好美色、好大喜功，但就是關鍵時刻用人不疑，四十年如一日鼎力支持。

專制集權的人治社會中，領導人才是第一要義。所以賢主之下，方有良臣。這也就是後來歷代讀書人總是懷念春秋亂世的原因，因為相比太平世界的一元化統治，他們有難得的選擇領導人的權力。這種權力用現在的俗語解釋就是「炒老闆的魷魚」。不過這話又要反過來說了。不賢之主，或者說賢主變得不賢時，便危險了！

隰朋升任相國才一個月就病逝。齊桓公手下無人可用，無奈之餘，只好請鮑叔牙出山。鮑叔牙開出條件，要老大遣散三個人，不然絕對不當相國。不用說，這三人便是易牙、豎刁、開方。

齊桓公點點頭：「你說怎樣就怎樣吧。來上班就行。」

又過了一年，到了齊桓公四十二年的時候，小白在鮑叔牙的輔政之下，過得還算滋潤。一日，邊吏發來消息，說晉國流亡公子重耳一行已經到了齊界。小白知道重耳有些名望，於是遣使從郊外接重耳入齊都，並設下酒宴，好生款待，一同暢飲。

席間，小白看重耳一行都是男子，笑著問道：「莫非沒帶家眷？」

重耳不好意思地回答：「流亡之人，安能有家？」

小白大笑，自豪地說：「寡人獨處一宵，如度一年！男人身邊怎能沒有女人？」

重耳看著白髮蒼蒼的齊桓公，知那時小白已經七十二歲，御女之術還如此純熟，心中著實佩服。不禁嘆息道：「是啊是啊。想來自己那次在火車上看A書竟然被罰款，在家看A片

重耳。

還被拘留了。現在倒好，連飯島愛都死了。」

小白酣然大笑，讓重耳不要心灰意冷，一切都由他安排，並馬上擇宗室中適齡之女嫁於重耳。

晉公子重耳大喜，遂留在齊國。

看著重耳一行幾人有說有笑，小白油然而生一種孤獨感。是啊，會幹活的甯戚、管仲、隰朋死去了，會說話的易牙、豎刁、開方禁言了，身邊就留下兒子爭位較勁和老婆爭風吃醋。漸漸地，齊桓公食不甘味，夜不安寢。

一日，長衛姬勸他：「不如找那三個能哄人的回來，都這麼大年紀了，何以自苦？」

小白想了想，特別是易牙，他在的時候燒的菜多好吃！現在苦得連頓順心的飯菜都沒有。越想越饞之後，小白終於發令：「那就找他們回來吧。官復原職，伴我左右！」

這三個人是連跑帶跳地回來了。哪知，鮑叔牙卻忽然得病，不久亡故。離好哥兒們管仲之死也僅僅相隔一年而已。

小白默然無語。這下又要找誰做相國呢？不過，這回他也沒時間去考慮人選了。因為只過了一年，他也要怳然而去。

齊國的霸業就此轟然倒塌。

小人造反，老大慘死

時間走到齊桓公四十三年，幫他實現首霸的老臣們幾乎死絕之後，齊桓公突然一病不起。他已經七十三歲。如此想來，一切也都不算突然了。不過，中原武林首霸之死亡過程，卻是淒慘之至。

所謂「一朝疾臥牙刁狂」，說的便是齊桓公重病在床之際，易牙、豎刁陰通長衛姬、公子無虧，緊閉宮門，高懸通告。通告的大致意思是：「寡人之疾，惡聞人聲。豎刁持劍守門，易牙掌兵巡邏。眾子群臣，不許入宮。非詔勿擾，詔亦勿擾！」

當時，三位正房夫人中，王姬、徐嬴早卒，蔡姬也已經退貨，嫁作楚王婦。長衛姬儼然成了後宮之主。宮門關閉之後，眾公子中唯有公子無虧留在老媽長衛姬處，其餘各人都被擋在宮外。

眾星捧月的第一位武林盟主就這樣剎那間變得孤苦伶仃。更慘的是，易牙、豎刁不想落下弒主的罪證，所以雖然很想弄死桓公，卻一不下毒，二不動刀，三不安樂，決心採用自然死亡法。換句話說——活活餓死！

一直過了三天，牙刁發現老小白還沒死！他倆懷疑是不是有人偷偷送吃的。於是，把桓公的所有侍從趕出寢宮，並在寢宮周圍築起三丈高的大牆，牆腳留一個狗洞，專為打探齊侯死活之用。沒人知道一世英名的姜小白的最後一刻是怎麼度過的。要是有碗粥喝該多好？昏迷中，小白停止了心跳。他也許會想，生命終止之後，但願屍體能得到善待吧。可惜連這個都是奢望。

小侍從狗洞中探出一頭來，易牙、豎刁沒等他出來就忍不住問道：「情況如何？」得知老大終於被餓死了，豎刁開心得差點勃起。可惜已經沒那玩意兒了。沖昏頭腦的他提議：「那就發喪吧。」

易牙白了他一眼，說道：「先定位要緊。必須保證公子無虧繼位！」

「如何保證？」

「殺世子昭！」

只要殺掉世子，齊侯的繼承問題自然要重新安排，而身為大公子的公子無虧即位也理所應當。不過，餓死小白是自然死亡，謀殺世子可是以下犯上，這個黑鍋不能輕易背。

於是豎刁易牙跑去找長衛姬，說：「現在只要殺了世子，你兒子就能即位，怎麼樣，搏一把？」

要說起來，齊桓公也是在長衛姬的無作為之下才活活餓死的。老公一死，殺傳人、奪家產也是順理成章的事情。不過，做了那麼久「第一夫人」的長衛姬心眼也不會少，她當然知道牙刁的嫁禍之計，於是裝腔作勢地說：「我不過一個婦人，你們看著辦吧。」

易牙、豎刁見狀也頗為無奈。

事已至此，不殺掉世子昭也不行。他倆只好自帶宮內甲兵，連夜趕往太子東宮，想就地斬殺。

不過，天下沒有不透風的牆。看看股票市場就知道，重大利多或重大利空的消息總能被知情者先行了解。這回知道內幕消息的則是守國兩卿之一的高家現任當家人高虎。高虎搶先一步敲開世子昭的大門，讓姜昭趕緊跑路，去宋國找宋襄公。「現在城門緊閉，幸虧有一人姓崔名夭，屬我門下，掌管東門，此人思想覺悟高，我已囑咐他放你走。我守國有責，不能跟你同去宋國。不過我會遣心腹相隨。公子一路保重！」

世子昭一聽如此可靠內幕，當即換裝、收拾行囊。正要出宮，消息傳來，反賊已來圍宮！世子大驚，飛奔到東門。高虎心腹去找崔夭。

崔夭趕緊安排車馬，打開東門。

世子正待撒腿開跑，只聽崔夭大呼：「世子且慢！」

姜昭這些天的心理本來就極度脆弱。以前雖然被眾兄弟排擠，可好歹也有老爸欽點、老臣支持。怎料，沒幾年，挺昭派的老臣幾乎死絕；沒幾天，風雲突變，老爸也一命嗚呼。姜昭一聽崔夭喊停，以為他臨場變卦，臨陣倒戈，不禁嚇出一身冷汗。

崔夭看出姜昭眼中的疑惑，趕緊躬身說到：「樓主放心，我只為頂帖而來。守城之責，私放太子，罪不得免。太子不棄，願同奔宋，一路伺候。」

姜昭轉驚為喜，讓崔夭上車，望宋國急急而去。

再說牙刁領著小弟去東宮抓人未果，懷疑小白的死訊已經曝光。現在世子逃跑也算國中無主，必須趁機讓無虧繼位，否則其餘公子起來鬧事，就不好收場了。於是二人提兵折返，回到宮中。但見宮門洞開，裡頭紛紛擾擾。原來是高氏、國氏、管氏、鮑氏、隰氏等等朝中大臣聽聞小白已死，東宮被圍，便要強行入宮，一探究竟，最後確定果然是奸臣作亂。

眼下老大已死，太子要再有個三長兩短，做臣子的就真成吃白食的了。眾人正在紛紛商議如何救世子的時候，恰好趕上牙刁帶著小弟回宮。大臣們一擁上前，七嘴八舌、義憤填膺。

「老大怎麼死的？」

「自然死亡，不信可以驗屍。」

「世子現在何處？」

「世子無虧就在宮中，諸位正好一起見新主，定大位。」

「公子昭才是齊國世子！」

「老大死前有遺囑，改立無虧為世子。公子昭已被逐出齊國。有不從者，劍下誅之！」

眾大臣心中不平，口中大罵：「奸佞小人，害死老大，趕跑世子，擅權廢立！無虧為君，無人為臣！」大夫管平帶頭喊道：「房價下跌，股市慘綠！齊侯上天，小人亂政！先打死這幫吃裡爬外的狗奴才，再作商議！」

入朝覲見的官員都會手持朝笏，就是電視劇中常見的朝官手上的小木片，所以又稱手板。一者用於禮制，二者用於記事，把想奏請君王的事情記在手板上，以免忘記。不過也只能記關鍵詞。

不過，滿清官員無需持笏。因為他們面見皇帝就得左右手拍打馬蹄袖。啪啪兩聲，尊嚴立刻掃清，俯身跪地，萬歲萬萬歲。因此想拿著朝笏發表點個人意見也沒法子了。

不知還是不是因為中央集權最高化的清朝皇帝擔心朝官拿手板行兇，反正管平登高一呼之後，的確把朝笏當做凶器，直接望豎刁腦門上招呼。太監身的豎刁急忙間拿劍抵擋。其餘官員見狀躍躍欲試。

深知食材營養的大廚易牙急中生智，對甲兵大呼：「養兵千日，用兵一時，快快動手，不然罰你們喝三鹿！」

等在一旁的眾兵將一聽急紅了眼，也不管什麼朝堂禁地，各挺軍械，大開殺戒。百官如何是他們的對手？要待逃跑，卻無奈穿的是朝服不是運動裝，最後死亡率高達三成。受傷掛彩的就更多了。

老爹沒人管，兒子搶家產

牙刁原本是趁夜兵圍東宮，現在殺退朝官，已然天明。見局面已經控制，牙刁喊住小弟，倉促辦理無虧的即位儀式。牙刁從長衛姬的寢室中接來公子無虧，端坐齊侯大位，內侍鳴鐘擊鼓，招呼眾臣入朝參見。沒料，等了許久也就牙刁二人而已。

公子無虧又羞又惱。

易牙安慰道：「只要請來國高二卿，不愁群臣不服。」

無虧准奏，速派內侍前往叫人。

國家當家是國懿仲，高家當家是前面提到的高虎。兩人得報，一同合計了一下，覺得且不論新君立誰，先給小白發喪要緊。於是不穿朝服，披麻戴孝，來到宮門口。牙刁二人一聽幫忙的來了，趕緊跑到門口接待，一看國高二人穿著喪服，疑竇叢生，勸道：「今日新君即位，二位權且從吉。」

國懿仲、高虎搖搖頭，凝重地回答：「未殯舊君，先拜新主，非禮也。」

牙刁一聽，心中失望，怎麼，白高興半天了？牙刁心中開始犯嘀咕。據查姜昭是從東門逃走，掌東門鑰匙的崔夭又是高虎門下，莫非是高虎指使？

就在思忖間，只見國高二人望宮中再拜，大哭而歸。

牙刁對這兩位超級元老級人物不敢用強，只得回稟公子無虧。無虧無奈，苦求危機公關的良策。豎刁表示：「今日之事，如同搏虎。勝得功名，敗喪性命。唯力敵耳！現在眾大臣心中不服，群公子蠢蠢欲動，不如先發制人，以武力占據宮中正殿，力保君主大位。要是有人要來奪，就看有沒有本事！」

無虧發覺這個太監身還能迸發如此濃厚的雄性荷爾蒙，實在非同凡響。於是士氣大振，誇了句「超屌」，壯其言，遂聽之。

牙刁二人四處拉兵。

關鍵時刻，長衛姬為表支持，把自己宮中的侍衛、跟班甚至強壯點的宮女悉數調配到正殿，穿甲持戟，聽由牙刁指揮。牙刁各領一半，分守兩邊。

沒多久，預料之事終於發生。

公子開方慫恿公子潘，帶著兩家的家兵，還有臨時發帖招來的死士，迅速占據了右殿。

曾經說過，先秦時右比左尊貴，所以開方不會傻乎乎地去搶左殿。不過，左殿也不會閒置太久。一直在關注事態發展的其餘公子早在摩拳擦掌。公子商人跑去找公子元，說：「現在正殿和右殿已被無虧和潘軍事占領了。大家都不是世子，憑什麼他倆就能搞特殊，如此猖狂？我倆也領兵去占個位。要是世子昭回來，咱就讓國；要是昭不回來，咱就把財產一分為四，共分齊國！」於是公子潘占了左殿，公子商人占了宮門，說是比為同盟，互為犄角，協同作戰。不過商人就是商人，要是真打將起來，他完全可以把住宮門，任由裡頭混戰，自己坐收漁人之利。如果情況不妙，不用「奪門」就可第一個撒腿開跑。

齊國百姓一看中央鬧得如此離譜，料想近期必有地面軍事衝突，於是關門閉戶，躲禍在家。至於眾大臣，大多還在療傷呢。

活人打著如意算盤，死人等著蓋棺收屍。

只可惜，小白至今還沒享受到。

小白終下葬，高家忙斡旋

四位公子在宮中割據一方，玩起了四國軍棋。一晃兩個月過去了，大有看誰耗得過誰的意思。首霸之齊國群龍無首，政治、經濟、軍事、外交各項活動幾乎停滯。方伯大業如同姜小白的屍體一般，一天天地腐爛。

大盤崩壞之下，高家父子急壞了。

兒子是高虎，老爸是高傒。

高虎去找國懿仲商議：「現在諸公子只知奪位，不知治喪，無心治國。這樣下去，如何對得起先君之身、先君之業！吾當以死諫之！」

國懿仲心中也急，只是沒有高虎那般勇氣。現在聽到高虎的忠義之言，不禁熱血沸騰，表示：「國高兩家世食君祿，月拿薪資。你去我也去，一起死諫，同捨一命，以報君恩！」

高虎頭腦比他冷靜，搖了搖頭，接著說：「只我二人，勢單力薄。不如發動眾官，一同入朝。老大的位子已經空了兩個月，且定君位，重啟國家機器運轉，恢復人民生產生活，如何？」

「定誰為君？」

「無虧！」

「無虧？也行！立子以長，況且昭已出奔，立無虧不算無名。」

“Done!”

於是，國高兩人分頭行動，挨家挨戶地去找大臣。大臣們一看是兩位元老親自來請，也拂不了面子，相約一起入朝。

公子商人看到國高帶領著眾大臣要求入宮，心中一樂：「又多一撥人鬧事。」於是馬上放行。

等一行人想要上正殿時卻被豎刁一把攔住。被打怕了的大臣們有些害怕，國懿仲也猶豫不前。這時，還是高虎一步當先，站了出來。

豎刁本來就懷疑高虎是反對黨黨魁，一見高虎要說話，倒要聽聽他想說什麼。

高虎誠懇地表示：「此來別無他意，只是群公子相持日久，了了無期。先君未殯，請公子主喪。」

豎刁一聽原來不是來奪宮的，長舒一口氣，同意放行。

高虎大步直入。走著走著，猛回頭一看，國懿仲與眾大臣竟然沒敢跟進來。高虎只好回頭大手招呼。眾人一見，壯著膽子咬著牙，進了正殿。

一行人等披麻戴孝，不乇拄著枴、掛著彩的。進了正殿之後，齊刷刷地跪下痛哭。

高虎先開口，對公子無虧哭訴道：「老大已死六十七日，尚未入殮。為人之子，雖奪正殿，於心何忍吶！」

公子無虧也哭了起來，抹著鼻涕眼淚說自己實在是被逼無奈，誰讓公子元、公子潘、公子商人跟自己對峙呢。不然早抽身去給老爸辦後事了。

高虎心中大罵：「你騙誰啊？」不過嘴上卻不能有絲毫不敬。

剛想再開口，國懿仲搶先表態：「太子已出奔，現在公子中屬您最長。若能抓緊給先君辦理後事，給眾公子做個表率，那我們就擁戴您做齊侯！他人不服，我來責之。」

群臣附和。

高虎瞥了國懿仲一眼，心說：「這下你倒積極了。剛才怎麼連個門都不敢進？」

公子無虧一聽，樂了，馬上表態：「此孤之願也。」他讓牙刁二人速速安排喪禮，高虎知道牙刁一直防著自己，於是特意套交情，改善關係。

高虎奏明無虧，說這牙刁兩位大能人不能一起離場。建議易牙大人留下繼續提防其他公子：「如果有人喪服而來，則納之；若提兵硬闖，則拘之。放心，正義在我們這一邊，群臣會支持你的執法行為。至於豎刁，他對先君服侍日久、辦事細緻，讓他全權辦理先君後事為宜。」

公子無虧准允。

牙刁二人偷樂。

三人心中琢磨：「看上去，高虎還滿不錯的嘛。」

不過，後事有證，這「滿不錯」也就「看上去」而已。這是後話。

且說，桓公死後屍體一直沒能處理，早已臭爛不堪，蛆蟲滿身。豎刁一行人連連作嘔，最後只能稍作處理，抬屍入殮。然後安排儀式，公子無虧立主喪之位，群臣個個哀服入見，依次進行遺體告別。是夜，公子無虧與眾人守靈。

就這樣，偉大而傑出的政治家、軍事家、泡妞專家齊桓公姜小白同志，在死後第六十七天，終於被草草地收屍了。

可公子元、公子潘、公子商人三個親兒子還立營於外，直到第二天，眼瞧著群臣白衣入殿，耳聽著陣陣呼天搶地，三人心中生疑，派人打探，方知老爸已經入殮，眾臣擁立無虧。三人嘆了口氣，感慨事已至此，不能再與無虧爭。於是解甲著喪，欲入正殿。

易牙一見群公子如此打扮，也知他們心中認命，於是放入。

三人但見老爸華衣錦帶卻容顏俱毀，也聽聞實際早已皮肉俱腐，不禁痛哭流涕。大哥無虧見了三個弟弟，不免心中有愧。四兄弟最後抱頭痛哭，發誓既往不咎，相約共同為齊國建設而努力奮鬥。

那時，姜昭早從齊都臨淄（今山東淄博）一路狂奔到了宋都睢陽（今河南商丘）。宋襄公接見姜昭，為其壓驚，安慰道：「這年頭買張火車票不容易，你還能自駕出行，已經幸福之至了。」

次日，宋襄公大會群臣，表態道：「十年前，齊侯託付世子昭於寡人，要寡人異日扶立君位。現在齊侯已死，牙刁亂政，太子見逐。寡人正欲大會諸侯，起兵納昭，以報齊侯之託。此舉若成，必定名揚諸侯，寡人可繼齊桓公方伯之業！眾卿以為如何？」

堂下無語。

正待宋襄公再開口，一人出列，大聲言道：「宋不如齊，焉能圖伯？」

20 傻B宋襄公的痛苦生活

高家做內應，宋襄公出兵

齊國核心領導層的瞬間幻滅與動盪，直接葬送了方伯大業。

小白喪禮那些日子，臨淄沒有雷雨。不是老天不配合，實在是眼淚早已哭乾了吧。首霸的光輝漸漸隕落，再次群龍無首的諸夏們需要尋找新的武林盟主。這個盟主應該是「華」，所以諸侯們不願主動屈服於楚國。

然而，同樣蠢蠢欲動的宋國就能以齊桓公的生前囑託，搖身一變，成為盟主嗎？搖身不行，搖頭罷了。宋國國力不濟，原罪不輕。商裔之宋，嚴格來說，依舊是周之大敵，也跟孤竹國一般，算是「夷」吧。

剛才宋襄公的提議一出，便有人出來反對。敢說這話的原來是哥哥公子目夷，那時已經官拜上卿。

公子目夷站出來反對，大抵理由也是如此。目夷心想，這個弟弟怎麼這麼傻呢？宋不如齊，自顧不暇。國內沒溫飽，還想搞國際救援。再說，自古一姓唯有一興。子姓已經建立過大商，風水輪流轉，再難回來了。現在周朝封咱一個公國，就已經大恩大德了。

宋襄公卻一副正氣凜然的樣子。齊桓公以德服人，他也要施行仁義。不救遺孤，是為不仁；不守所託，是為不義。不仁不義之事自然與宋國的精神文明建設背道而馳。所以，他打死不聽目夷言，非要傳檄四方，來年開春，約會伐齊！

檄文傳到衛國。衛文公召集百官商議。甯速勸道：「公子無虧當年領兵來救，於我有恩。況且無虧年長，立君有名。我看還是別插手了。」文公搖搖頭：「昭立為世子早已天下皆知。無虧之救，是私恩。世子之位，是公義。不能因私廢公，寡人決定出兵。」

通知傳到魯國。魯僖公一看十年前齊桓公竟然把託孤重任交給了宋國，心中甚為不快。齊魯交好，不是一天兩天的事了。竟然還是看不起咱魯國！再說，齊國越亂越好，魯國正好渾水摸魚。宋要廢無虧，魯就救無虧！

一晃到了第二年的陽春三月，宋襄公會集衛曹邾三國於齊國邊界。無虧聽說弟弟姜昭要來搶班奪權，派易牙領兵出戰，豎刁居國調度，國高兩卿上城防守。自己是領導，就在宮中靜候佳音了。

危急關頭，高虎再次拜訪國懿仲。高虎表示：「姜昭畢竟是欽定的世子。去年立無虧，也是無奈之舉。現在世子回國，理應歸位。牙刁專權亂政，其餘公子又覬覦君位。我看，唯有迎立姜昭，方能撥亂反正，名正言順，齊國安寧。」

國懿仲附議，拍著胸脯說此事不難。「現在雍巫易牙領兵在外，豎刁落單在內，只要略施小計，便可擒來殺之！」

高虎願聞其詳。

國懿仲附耳言道：「哥兒們，你忘了當年無知連管之亂了嗎？我們可以約豎刁來參加酒宴，請君入甕，然後……」

高虎點點頭。

可這事誰來動手呢？高虎看了看國懿仲，心中嘆了口氣，求人不如求己，看來只有高家出面了。一絲悲涼劃過心頭，要是此計不成，自己橫豎一條命，可還要連累老父親！宋國南宮長萬之死，最後不是連累了老母親一同受戮嗎？

那年，老父高傒已經八十六歲了。

為社稷，唯一拚。

高虎發簡訊告訴豎刁，說大戰在即，自己擺下酒宴，要好好招待他。吃飽了肚子好打仗。

豎刁原先對高虎有敵意，自從高虎支持無虧之後，豎刁也把高虎當成自己船上的人。再者，高虎怎麼說也是國之二卿，德高望重，要是他開招待會能邀請自己，自然是莫大的榮耀。於是二話不說，赴會而來。

酒過三巡，高虎忽然問豎刁：「有什麼退敵之策？」

豎刁不以為然：「易牙領兵，即日凱旋。」

高虎搖搖頭：「敵兵眾多，料難取勝。」

豎刁大笑：「莫非老大夫有何良策？」

高虎得意一笑：「說起來倒真有一計，可速退敵軍。只是需要你借我一樣東西。」

豎刁不解：「我有什麼寶貝？要能速速退敵，但說無妨！」

高虎哈哈大笑，端著酒樽，站起身來：「我要借的，便是——你的項上人頭。」說罷一飲而盡。等高虎再次放下酒樽時，埋伏的甲兵已經一擁而出，擒殺豎刁。高虎命人拎著豎刁的頭顱，出門大呼：「世子已至城外，奸黨已經被誅，願往迎世子者，隨我出城！」

城中百姓一聽如此利多，紛紛鼓掌擁護支持。不過願意追隨高虎、往迎世子者卻不在多數。高虎坐不住了。現在無虧未死，易牙擁兵，政變未果，自然分秒必爭，不由半途而廢。高虎親自帶人上街，擴音喇叭大呼：「牙刁亂政，裡外勾結，黃牛遍野；世子歸來，澄清宇內，買票不難！」群眾這才感到切膚之痛，夢想美好憧憬，紛紛扔掉棉衣棉被，舉著排隊猝死者的靈位[43]，跟隨高虎，出城迎接姜昭。

望眼一觀，浩浩蕩蕩，何止千人！

高虎含淚稱謝，心中感嘆：「齊國百姓，命何苦哉！」

眼瞧著烏壓壓的一行人趕往宋軍大營，正在軍事對峙的易牙可看傻了，趕緊派人查探。

過了許久，來者彙報，豎刁被高虎擒殺，無虧被群臣戕害！

這裡要交代一下無虧的死亡經過，多少有點意思。

就在高虎率眾出城迎接姜昭的時候，國懿仲跑到宮中，急告無虧，說：「百姓造反，豎刁被殺，臣不能抵擋，君速速躲避！」

國懿仲這一齣戲，有兩個截然相反的可能。

想給自己留條後路。萬一政變失敗，自己還有密告之功。欲學習當年雍稟刺殺無知之事。

不過無論是何種出發點，這兩個都失敗了。無虧只是冷冷地問道：「易牙安在？」

國懿仲如實回答：「還領兵城外。」

無虧長吁一口，眼中一亮，他知道自己實力尚在，對國懿仲發狠道：「國人之亂、豎刁之死，汝安得不知！」說罷命令左右逮捕國懿仲。

懿仲大驚，撒腿便跑，竟然一溜煙跑出了宮門。反應之快，明擺著原先就準備了緊急預案。

無虧當即發動宮廷侍衛，駕車直奔易牙軍中。一者仰仗軍力以求自保，二者討伐逆賊以求復立。哪知，棋差一著。無虧剛出宮不久，竟然冤家路窄，遇上了一班大臣。不是別人，便是先前流血流汗流淚的高氏、國氏、管氏、鮑氏、隰氏等朝中大臣以及遇難者家屬。他們

---

[43] 每逢春節假期，中國大陸民工返鄉人數眾多。二〇〇九年，一名男子為了搶一張火車票回家，在杭州火車站漏夜排隊，竟不幸猝死。

一直心懷怨恨，今日聽說無虧要倒臺，牙刁要喪命，大叫一聲「老天開眼」，便不約而同地領了家丁來宮外圍堵。

無虧這命也太慘，就這樣死在臣子的亂刀之下。

這時，躲在一旁看熱鬧的國懿仲再次「挺身而出」，一邊安慰眾人，放下屠刀，回家歇息；一邊命人收殮無虧屍體，差人速報高虎。

消息最後傳到易牙軍中，易牙始知大勢已去。他知道魯僖公力挺無虧，便帶了親信，連夜飛奔魯國而去。

高虎聽聞易牙竟然棄軍而逃，心中一陣涼意。必須先安撫齊國軍隊才行！不然軍隊自亂，戰力喪失，那齊國自保都難。畢竟現在宋衛曹邾四國大軍在此，要是有個滅齊之心，那就完蛋了。

宋襄公再來，反革命反撲

話說高虎趕緊穩定軍心，列軍於野，聽候號令，多半有點震懾之威，然後再去宋衛曹邾四國軍中請和，就說大局已定，各位可以凱旋了。

宋襄公發現自己兵不血刃就大功告成，於是哈哈一笑，提兵而回。其餘三國不在話下。

眼瞧著四國兵退，高虎頓時心安。一沒趁火打劫，二沒要錢要物，看來桓公和管仲都沒看走眼，這宋襄公的仁義之心還真是日月可鑑！

哪知四國一撤，齊國群公子又開始鬧了。帶頭的便是腦子機靈的公子商人。他對公子元、公子潘憤然表示：「我等在內居喪，姜昭在外逍遙。現在倒好，仰仗外國的軍事干涉回國繼位。奶奶的！齊乃方伯之國，豈能受制於人？我看不如反了，到時候咱幾個選一個當老大，也是堂堂正正、自力更生！」本來就不安分的公子元和公子潘被說得躍躍欲試。

三人合計了一下，跑到長衛姬的宿舍，把造反的目的和方法說了一遍，還把行動上升了到了一個無私無畏的層次——替哥哥無虧報仇。無虧是長衛姬的寶貝兒子，慘死在亂臣之手，焉能就此罷手？

長衛姬一聽，痛哭流涕，表示三位公子有此忠義之心，老婦人也不能袖手旁觀，手下近侍隨從，但凡看得上眼的，帶走便是！給件背心就上場，拚了！

三人又跑到易牙、豎刁的親信處，義憤填膺地打抱不平，最終煽動得牙刁的親信發誓起義。

終於，三撥反革命勢力暗流洶湧，相約某日，或廢或殺，齊國權力，重新分配。

歷史再一次證明了，天下沒有不透風的牆。一日晚上，正在酣睡的世子昭被一把拉起，扔進車中，一路出逃。傻了眼的世子昭定睛一看，死拽著他逃跑的不是別人，還是高虎。不同的是，這回高虎打算和他一起出奔。

一路上，高虎把情報告知姜昭，表示現在權力未振、內亂未平。如果內鬥，勝負難知。不如再去宋國，搬兵來救，重登大寶。姜昭疑惑，怎麼這回高虎同志也要跟自己一路逃走？

高虎沒有回答。那是老爸高傒勸他走的。要他一路護送姜昭，而國內之事，就留給老爸照料了。

姜昭見高虎不說話，看來情勢比自己預料的還要緊急，於是畢恭畢敬地說道：「但聽國老主張！」

聽說姜昭的專車又到宋國，宋襄公有點不明所以。等再聽說姜昭是被人趕下了臺的，宋襄公茲父恨得直跺腳。「這三位公子也太不給面子了！我扶立的齊君都敢碰？這要是傳揚出去，以後在東周圈裡還怎麼混？」

子茲父一生氣，大手一揮，也不發帖招呼他國了，直接把兵力加倍，出發四百乘，再入齊國。

當宋國大軍開到齊國邊境，收費站的戍邊將士一看是姜昭和高虎，不敢伸手要錢，立刻抬欄放入。於是，大軍毫無阻攔地到了臨淄城下。

公子商人等人一聽宋國又來攪局，便想動用軍隊反抗。

可是，這軍權哪是他們說動就能動的。特別是他們把替無虧報仇掛在嘴邊，又聯合牙刁舊部，明擺著把群臣推到了對立面。群臣之首便是高國兩家。高虎走後，國懿仲一看苗頭不對，閉門謝客。只有高傒出面號令群臣。有道是，薑還是老的辣。那年高傒已是耄耋老人，真可謂德高望重，不服不行。

再說，公子商人一夥又不是法定的國家領導人，憑什麼動用國家軍隊呢？

反革命勢力無奈之餘，打算拚死一搏。商人提議，既然明爭不行，咱們就暗鬥；既然正攻不行，咱們就偷襲！

於是，長衛姬內侍、三公子家甲、牙刁舊部相約集合完畢，事不宜遲，摸黑出城。

宋國這四百乘分為前中後三軍。公子蕩率前軍做先鋒，華御事領後軍做接應，宋襄公親居中軍做主力。

齊國的幾路叛軍乘其不備，先殺向公子蕩的前軍。黑暗中竟然殺了公子蕩一個措手不及，害得他連連拔寨而逃。消息傳到中軍大營，宋襄公氣得趕忙派出中軍大將公孫固迎上去接住廝殺，又速傳後軍華御事領兵增援。

宋國大軍全體一動，齊國的一小撮叛軍漸漸力不能支，畢竟一幫散兵游勇、街頭混混，怎麼抵擋得了正規集團軍呢？沒幾下，敗了。

公子元逃奔衛國。公子潘和公子商人退回城中。

宋軍趁機入城，被壓迫許久的齊國大臣們終於又站起來了！國懿仲帶領群臣出迎姜昭，待城內清理路障之後，由崔夭駕車，高虎相伴，公子昭挺然入城登基，是為齊孝公。

這回，宋襄公沒有立馬走人，而是駐防五日，一為歇腳，二為震懾。見齊國已然太平，外敵已然退卻，方才凱旋。

所謂的「齊國太平」，指的是齊孝公定位之後，例行賞罰。

公子商人串通公子潘，把反叛之事統統推到了已經逃亡的公子元身上，都怪自己「不懂法」，以後一定悔過自新學法律，做好人。

高傒自然對國中之事瞭如指掌，不過他附耳告訴兒子：「冤家宜解不宜結，既然已經有了替死鬼，就別再得理不饒人了。齊國現在最缺的是什麼？和諧！」

高虎把老爸的意思轉達給了齊孝公，孝公點點頭。於是所有罪過，點明了全在無虧、子元二位兄弟以及易牙、豎刁二位大臣身上。大罪一明，牙刁二人同族同黨，盡皆剿滅。齊桓公被重新發喪，從厚下葬，並將無虧與子元之母大小衛姬的宮中侍衛婢女悉數陪葬，共計數百人之多。

再說所謂的「外敵退卻」，說的便是不服齊桓公託孤於宋的魯僖公。

在宋襄公二次出兵的時候，魯僖公在易牙的慫恿下也要兵發齊國。結果，行軍途中得知宋軍已勝，孝公已立，只好中道折返，回國從長計議。

好想當老大

宋襄公眼瞧著自己僅憑一己之力，便拿下齊國，嚇退魯軍，不禁躊躇滿志。回國之後，宋襄公便打算主盟稱霸。雖說不差錢，又擔心大國的出場費太貴，於是還是從小國開始熱熱身。

檄文已成，約會滕曹邾繒四國，相聚曹國之南。務必準時赴約，不然後果自負！

宋襄公之心，路人皆知。四國得命，不敢怠慢，掐算好時間便來赴會。哪知，時任子爵的繒國國主繒子還是遲到了兩天。宋襄公大怒，以考勤不佳為由緝拿了繒子。本來以為「後果自負」不過是扣點薪資，怎料公子蕩提議，要殺了繒子！

公子蕩殺人的理由如下：

第一，宋公號令在前，繒子違約在後，殺之有名！殺人立威，諸侯膽寒，必然聽命。

第二，昔日繒國在河南申國附近，故而串通申國聯合犬戎滅了西周。周室東遷之後，委派繒國遷國至山東蒼山，用於對抗東夷的進攻。歷代繒子倒也兢兢業業，最後成了東夷的世仇。所以，如果可以當著東夷之面殺了繒子，便可交結夷人。讓夷人明白，當今天下，以宋為尊，生殺予奪，唯宋是聽！

第三，現任繒子是魯僖公的女婿。既然魯僖公不服宋襄公，那就殺他個親戚解解氣。

宋襄公一聽公子蕩的三大理由，既可內服諸侯，又可外威夷狄，還可報仇解氣，不禁拍手稱快，一拍腦袋就要通過判決，立即執行。

又是公子目夷站出來勸道：「齊桓公主盟四十年，存亡絕繼，以德服人，尊王攘夷。既然咱們要圖霸，怎能一開始就殺諸侯媚夷狄呢？天下寒心，安成伯業？」

宋襄公剛想反駁，卻無話可說。誰讓自己仗著受到齊桓公的欽點，方才聯合諸侯出兵齊國；誰讓自己一直把仁義道德、華夷之辨掛在嘴邊呢？

這時，本案的第一策劃人公子蕩挺身而出，幫老大解釋道：「宋之圖伯與齊國不同。咱們要走有宋國特色的崛起之路。大家想想，齊桓公混個正版方伯的認證花了二十多年，難道咱們也要用二十年嗎？時不我待啊。咱們恨不得用兩年時間取得人家二十年，乃至兩百年才能取得的成就。昔日身為諸侯的武王斬大商紂王之頭，懸之於太白旗下。商乃滅，周乃興。諸侯對君王尚且刀兵相見，咱們弄死個諸侯小國，殺雞儆猴，又算什麼？老大，別猶豫了，下令吧！」

宋襄公很得意地朝目夷看去，目夷不敢再說話了。原來貌似忠良的弟弟竟然也有如此陰暗的心理。想來還真可怕，要是當初茲父讓國時，自己真的同意了，是不是早就話音未落、人頭落地了呢？

於是，宋襄公讓公子蕩全權辦理此事。不久，可憐的繒子被扔到熱鍋中煮了。死前留下遺言：上班千萬不要遲到！

不過，短時間內，繒子之死能不能真的威服諸侯還不好說。單說宋襄公原本邀請了東夷人士蒞臨刑場，觀看死刑過程。怎料，東夷藉口黃牛太多，火車票不好買，竟然無人赴會響應。

宋襄公的臉面有點掛不住了。當然東夷各國無需害怕，宋國哪有遠征的實力。第一批要害怕的卻是已經赴會的滕曹邾三國國君。沒什麼大不了的原因，無非是運氣不好，容易被當成出氣筒罷了。

眼瞧著東夷未至，宋公發怒，餘下的三國國君有點自保不暇，誰知道會不會成為下一個繒子，變成儆猴的雞呢？

最先有了退意的便是東道主曹國。曹國大夫僖負羈對老大曹共公曹襄說，這宋襄公「辦事毛躁、暴虐無道、好大喜功，一定成不了氣候，不如藉口國中有事，辭歸若何」？

短短一席話，直接與老大曹襄產生共鳴。事不宜遲，當機立斷，收拾細軟，馬上撤走。其餘二國正好趁著東道主撤兵的東風，也回家去了。

宋襄公剛被東夷刺激，又被小弟鄙視，不禁氣上加氣。打不了外國人難道還欺壓不了自己人嗎？宋襄公速命公子蕩率軍三百乘，兵圍曹國。哪知，這一圍不要緊，曹國久久不能下，竟然圍了三個月。

這三月間，「後齊桓公時代」的政治格局又在悄然發生變化。兵家必爭的鄭國國主鄭文公再次倒向楚國，率先對楚國成王拋媚眼，還約了陳蔡齊魯，要一起在齊境內與楚國會盟。宋襄公聞言大驚，擔心會盟一旦成功，新任方伯非齊即魯。當然啦，他沒把楚國放在眼裡。楚國再強，也不過是蠻夷罷了。華夷之辨下，楚國怎能做盟主？

想稱霸的宋國竟然三個月沒能拿下小弟曹國，宋襄公的臉面何在？如今局勢有變，必須趕緊讓公子蕩撤軍回國，再作商議，免得日久生事，敗仗而歸，那就更加丟臉了。還好，曹共公擔心宋國懷恨報復，待宋軍撤退之後，立馬派人出使宋國，要修舊好。宋襄公一看曹共公給足自己面子，也就既往不咎，兩國復交如舊。

接著，宋襄公找公子蕩商量如何應對齊魯的搶班奪權行為。公子蕩建議既然他們有意仰仗楚國之力，那咱們不如先下手為強，聯合楚國，壓制諸侯，力圖稱霸。

宋襄公點點頭。早已不說話的公子目夷忍不住站出來說：「楚國乃蠻夷之國、虎狼之師，既然要尊王攘夷，焉能與楚國串通一氣，不然最後引狼入室，悔之晚矣！」

襄公冷笑一下，說道：「蠻夷為中原霸主，豈能服眾？你以為混個中原戶口這麼容易？」

於是不聽目夷的勸導，派遣公子蕩出使楚國。楚成王早聽說宋襄公的稱霸野心，斷定此次宋楚會盟，不過是宋襄公借雞生蛋的美夢罷了。

楚成王心中暗笑，自己扎根南方，苦等了那麼久，終於等到揚眉吐氣的機會了。

楚成王和宋襄公約定，在齊國的鹿上之地開會。這樣一來，齊國就得被迫參加。天下各國便會知道齊宋楚三國會盟於鹿上。齊是舊版方伯，宋楚到底誰是新版本，就都有可能了。

宋襄公無奈，只好去通知齊孝公開會。

齊孝公本來就是託宋襄公的洪福方才得位，也不好推辭。

就在次年正月，三國相聚於鹿上。

這只是一場遊戲一場夢

按理，齊國是主辦國，要盡地主之誼。結果宋襄公越俎代庖，早早去了鹿上，搭棚子，擺音響，設禮儀，專候齊楚二國國君。約期一到，齊孝公的車馬就趕到了鹿上。兩君閒聊扯淡，又等了二十天，楚成王才來。宋襄公求人在先，也不好生氣。

三君登臺簽到，鳴鑼開場。

會議在友好熱烈的氣氛中開始。

宋襄公起身發言，洋洋灑灑，大體意思無非是現在這個世道如何不濟，自己雖然不才，但總要挺身而出，力挽狂瀾，替周王分憂，為百姓效力。如果可以，今年八月，召集天下諸侯會盟於宋都睢陽附近的盂地。效法齊桓公，本次會盟不帶甲兵，只做衣裳之會。若諸君不棄，願世為兄弟之好！

齊孝公和楚成王一聽，雖然心中不快，但是齊孝公拿人恩惠，楚成王心懷鬼胎，所以嘴上也都不說什麼。

最後，先宋公，再齊侯，後楚子，三國依次歃血為盟，指天誓日，誰不守信誰就是王八蛋云云。

會盟結束，各自回家。楚成王把會議經過告訴令尹子文。子文大怒，說這宋襄公太過分了。宋國若有能力，自己去召集諸侯好了，還要借助楚國之力為何？既然有求於人，憑什麼把楚國排行第三？

楚成王呵呵一笑，說道：「排行榜這種東西沒必要計較，大不了花點錢買榜不也一樣？現在關鍵的是，這個傻Ｂ竟然學小白搞什麼衣裳之會。」

說到這兒，楚成王不禁大笑起來。身邊的大夫成得臣馬上附言：「他去搞他的衣裳之會，我們暗地派遣甲兵，然後抓了宋公！」

楚成王點點頭：「寡人意正如此。」

這時，子文站出來勸道：「咱們會盟而去，劫盟而歸，豈不是失信於人？不講誠信，如何服人？」

成得臣反駁：「宋公妄想稱霸諸侯，然諸侯未服之。楚若能劫走宋公，便是宋國無能。無能之主，焉能號令諸侯？楚先劫之，再釋之。恩威並用，天下哪有不服楚國的道理！」

子文嘆服。

楚王遂下令，成得臣、鬥勃各選五百精兵，細心彩排，就等秋日約期。

而宋國這邊，宋襄公傻Ｂ一個，還在忙活著準備秋日之約。公子目夷實在忍不住插嘴道：「楚，蠻夷也，哪會講什麼仁義道德，跟他搞衣裳之會，不得不防啊。」

宋襄公滿不在乎，表示：「宋，祖德[44]也。我們稱霸，靠的是祖上的榮光。如今我等身為道德楷模，忠信待人，他人又怎會忍心下手呢？」

---

[44] 暗引中國著名娛樂界人士宋祖德之名。

盂地之會，來者宋楚陳蔡鄭許曹，共計七國。

本次七國會議，最先到達的自然是對本次會議期望最高的宋國。就在宋襄公臨行前，公子目夷再次勸說：「別搞衣裳之會了，起碼安插一些甲兵，偽裝一點兵車，只為保險也好啊！」

宋襄公不許，下令：使團只准開轎車，不准用軍車。

目夷無奈之下再建議：「那我領百乘之軍埋伏在會場三里之外，以作接應，如何？」

宋襄公還不許，表示：「人無信不立，說了盂地之會是衣裳之會，就只能當成一場時裝秀。所謂化干戈為玉帛，既然我是倡導者，哪有自毀己約的道理！」

目夷默然無語。宋襄公又擔心目夷趁他不在，私自調兵，毀了他的聲譽，於是又把目夷叫上車，一同奔往盂地而去。

最晚到達會場的自然還是趾高氣揚的楚國使團。楚成王也是坐著豪華轎車，奔馳而來。這讓宋襄公得意不已，語重心長地勸公子目夷：「瞧！楚國都能守信，也沒用軍車。多虧宋國沒有食言吶！」

不過，宋襄公得意之餘卻也發現少了兩撥人，那便是齊國和魯國。要說魯國，本來關係就不好，不來也沒什麼好驚訝的。可齊國，那是自己兩次出兵才扶上去的呀。齊孝公就這麼不給面子？

其實齊孝公是有先見之明。在鹿上之盟的時候，齊孝公就覺得宋襄公不惜拉攏楚成王成就霸業的想法有些前衛，做法有點草率。如同過分背離現實的衍生性金融產品一樣，弄不好就是次貸危機，剎那間一貧如洗。破產的破產，倒閉的倒閉，躲債的一夜蒸發，跳樓的整日排隊。所以，齊孝公就沒來盂地開會。

更厲害的是，他早在鹿上會議時就給自己留了一手。話說鹿上會議閉幕時，宋襄公發起一個關於盂地開會、宋國稱伯的聯合聲明。結果，齊孝公託言自己剛剛被宋老大抬舉上侯位不久，哪有臉面和宋襄公、楚成王一起簽字呢，所以就沒上手。最後這個聯合聲明上也就只有了宋楚兩國領導人的署名。換句話說，齊孝公對同意宋國稱伯之事可以打死不承認，同時，如果楚成王不講信用，撒潑耍賴，那聲明就真成了一紙空文。

事實還真是如此。

就在盂地會議開到高潮之時，宋襄公起身發言，表示現在齊桓公已亡故，群龍不可一日無首，今日一定要推選一位，就任中原新盟主。話說到此，宋襄公馬上給楚成王使眼色，意思就是該他出來表態了。不是之前早有鹿上聯合聲明嗎？現在你就該站起來表示堅決擁護我，這樣諸侯各國肯定不敢反對。那就水到渠成了。

哪知，楚成王就在下頭自顧自地聽MP3，壓根不答理宋襄公。

隔了許久，臺下鴉雀無聲。宋襄公實在忍不住了，再次朗聲曰：「寡人欲修先伯主之故業，尊王安民，罷兵息戰，與天下同享太平。諸君以為若何？」

這時，楚成王猛然一抬頭，大聲問道：「此言甚善，不知今屬何人？」

宋襄公長舒一口氣，看來這南方的哥兒們知道自己來幹嘛了。於是笑著說道：「有功論功，無功論爵。」

話音未落，只見楚成王驟然而起，說道：「那好，那好！眼前七國，唯楚為王爵，這個新盟主非我莫屬了！」

宋襄公一聽，這有約在先的楚成王竟然臨場倒戈一擊，不禁大怒。正待發飆，卻被一旁的公子目夷拉住衣袖，示意他別怕進不了單，要嚴防套牢，權且忍耐，再作商議。

一心想著一夜暴富的宋襄公哪忍得住，一把甩開哥哥目夷，就要和楚成王論理。

其實真要論理，宋襄公當然是占優勢的。不過，這裡本來就不是論理的地方，有理自然也說不清了。宋襄公說：「宋乃周天子欽點的公爵，你楚國的王爵那是自封的。山寨橘子敢跟蘋果作對，還有理了你！」

只聽楚成王意味深長地說了句：「橘子，紅了！」

宋襄公越聽越氣，忍不住把鹿上之約也抬了出來，「這事，之前不是說好的嗎？」

楚成王哈哈一笑：「既然你認定我只是假王，鹿上約我幹嘛？盂地約我又幹嘛？」

這時，在場的成得臣站出來對著眾位諸侯大喊：「你們說，今日為宋來乎？為楚來乎？要橘子乎？要蘋果乎？」

諸侯本來就畏懼楚國，不屑宋國，於是回答：「奉楚命而來！要橘子而去！」

這下，宋襄公沒臉沒皮了。尷尬之餘，宋襄公還在想如何找臺階下。哪知成得臣、鬥勃一下子脫去禮服，露出鎧甲，腰間各現一面小紅旗。二人朝臺下用力一揮，臺下楚國隨從紛紛脫衣露甲，擁上臺來。

和平集會遇上恐怖攻擊，剎那間，臺上臺下各路諸侯亂作一團。

宋襄公對哥哥目夷嘆息道：「悔不聽子言。寡人雖死無憾，汝等速歸宋國，嚴防死守，勿以寡人為念！」

話音未落，早被成得臣一把揪住。

公子目夷見狀，也知無力回天，趕緊逃跑。也怪楚人貪心不足。鬥勃等人不抓宋人，先搶禮品。把宋國原先預備用來祝賀和平稱霸用的玉帛器皿錢糧美女一一搜刮，裝上馬車。公子目夷竟然全身而退，得以回國報信。

會場雞飛狗跳了許久之後，終於恢復平靜。只是七國會議變成了六國公審大會。被批鬥的當然是孤苦無助的宋襄公。楚成王命人取來早就準備好的發言稿，歷數宋襄公之罪。最後宣判，要統兵千乘，踏平睢陽。

宋襄公呆若木雞，無能為力。

其餘諸侯也不敢說話相勸。

楚成王讓成得臣和鬥勃安排出兵事宜，外加埋伏在周邊的蔿國、鬥般的軍馬，合計五百乘，假冒千乘大軍朝宋都睢陽進發。臨行前，成王對諸侯言道：「諸君在此稍候，待寡人取宋而回，再與諸君痛飲十日方休！」

陳蔡鄭許曹五國老大唯唯諾諾，點頭稱好，目送楚軍而去。沒有一個敢先開溜回家的。

至於宋襄公，則被扔在楚國的軍車之中，隨著伐宋大軍，踏上了回家之路。

一番折騰，兩行淚珠，三聲長嘆，四面楚歌。

這不過是一場遊戲一場夢而已。

宋楚小弟各為其主的計謀

再說公子目夷馬不停蹄地逃回宋都睢陽之後，趕緊叫來司馬，也就是國防部長公孫固，備述會議突變、老大被擒之經過。

公孫固表示：「國不可以一日無君，目夷同志還是暫且攝政為好。」

目夷對此也不反對，因為他心中自有一計，可保宋襄公無恙歸來。要想實施這個計謀，必須先自立為新老大，然後裝出一副對宋襄公毫不關心的樣子，讓楚人以為宋襄公沒有任何利用價值，猶如一塊用過的手帕，扔了也就扔了。

不過，對目夷而言，這種做法的風險指數超高。可以想見，如果之後宋襄公真的毫髮無損地回到宋國，目夷就算主動讓位也不一定能打消弟弟的懷疑，而這種懷疑極有可能會讓自己人頭落地。事到如今，為了宋國的社稷存亡，也唯有一搏了。

好在公子目夷在宋國臣民之間的口碑超好，外加宋襄公即位時本來就有讓國於他的故事，所以，目夷毫無阻攔地南面攝政，發號施令。

第一號老大令便是嚴守城池，準備打仗。

宋兵準備停當，須臾，楚國大軍殺到城下。大將鬥勃上前喊話，傲慢地表示：「你們老大現在被我們抓了。是死是活全在我們掌握。還不快點開門請降！」

哪知，公孫固在城樓上回答：「實在不好意思，你們來晚了一步。我國已立新君。生殺隨你便，開門不可能！」

毫無心理準備的鬥勃頓時無語，故作鎮靜地詰問：「汝君尚在我軍中，汝等安能擅自新立？」

公孫固回答：「立君者，為社稷。舊主見擒，社稷無人，安得不立？」

鬥勃心想，都說我楚國人自認蠻夷，不講宗法。沒想到天天把美德掛在嘴邊的中原宋人也敢自廢自立。無奈之餘，鬥勃對公孫固試探性地提議：「我看你也不用裝腔作勢，我現在把舊主無恙歸還，你如何謝我？」

哪知公孫固嚴詞拒絕，表示：「商業賄賂不可取，禮品回扣收不得。要殺便殺，要打便打。你要是繼續在城下講廢話，回頭被我抓了，給你幾罐三鹿喝喝！」

話說到這分上，鬥勃才覺得真是沒商量了。於是回報楚王。籌劃許久的楚王勃然大怒，下令攻城。可是，一者宋國新君攝政，軍令通達，準備妥當；二者楚軍本想拿宋襄公當擋箭牌，奇兵取勝，哪有打攻堅戰的準備。三天攻城戰，損兵折將。楚成王急了，問計群臣：

「既然宋國鐵了心不要自己的老大，殺之如何？」

成得臣趕緊勸說：「當年宋國殺繒子，諸侯怨聲載道。如今楚要稱霸，先殺諸侯，豈不是重蹈覆轍？況且，殺之無益，不如放之。」

楚成王氣急敗壞地說道：「本來說好的也是放。可現在攻城不下，又釋其君，怕被人認為是示弱之舉。」

成得臣回答，臣有一計，可一舉兩得。

楚成王聽聞其詳，不禁鼓掌大讚：「妙計！妙計！」

說罷傳令，退軍於宋國亳地（舊商都）駐紮，再命宜申為使，前往魯國。

成得臣的計謀如下：

中原諸國中，宋國之外，齊魯最強。

齊者，舊版方伯，並且早就和楚王有了鹿上之會，卑躬屈膝，臣服於楚不在話下。此次宋國招齊而齊不至，分明是齊國打算和宋國劃清界限，也早預見不祥，不想蹚這灘渾水。

既然齊國已經服楚，咱強人所難也沒什麼意義。

但是，魯國自命中原禮儀之邦，既不服宋也不服楚。如今蔑視楚國的宋君被擒，魯君必然心虛不已。老大不妨修書一封，叫魯侯來亳地開會，商討對宋君的處理方法。所謂兔死狐悲，魯君肯定會說楚王要以德服人，放其回家為妙云云。

如此一來，我楚國既可釋放宋君，得一個賢名，又可威加魯國，壯三分霸氣，豈不是一舉兩得？

果然，宜申當了一回快遞人員，把郵件直送魯國。魯僖公打開一看，著實嚇了一跳。麻煩已經找上了門，那躲也來不及了。於是趕緊安排出訪行程，由大夫仲遂同行，火速趕往亳地。

宜申在魯國出差期間得了魯君不少好處，面見楚王之前，仲遂就趕緊託宜申的關係找到了成得臣，給錢送禮，讓他在楚王面前說點好話，行些方便。

成得臣拿人錢財替人消災，當即把注意事項和潛規則一一告知。不久，成得臣把魯僖公引見給楚成王。得人指點的魯僖公和楚成王交談甚歡。剎那間，華夷敵對氛圍煙消雲散，魯楚新關係的曙光就此到來。

楚成王又把還在盂地候旨的陳蔡鄭許曹五位老大叫來亳地開會，就這樣湊齊了七國人馬，新七國會議召開，討論新任武林盟主的人選與宋襄公的生死去留問題。

會議前夕魯陳蔡鄭許曹六國為求統一立場，保持口徑，先召開了會前會議。會上，鄭文公率先發言，大呼：「我們要以楚為盟主，緊密團結，與時俱進，開拓進取，勵精圖治，團結奮鬥！」

其餘諸侯也不置可否。

突然，一個反對聲響起。

眾人看去，原來是魯僖公。

僖公憤然表示：「楚王這次假裝參加時裝秀，卻懷揣利器，摻雜軍士。就憑這種方法擒住主持人宋公同志。盟主者，仁義布於海內，以德信服天下。始終代表先進文化的發展方向、始終代表最廣大諸侯的根本利益。楚王光靠威壓諸侯豈能為盟主？倘若楚王能不計前嫌，釋放宋公，顯示其高尚德行和寬廣胸懷，我等敢不心悅誠服？倘若楚王恃強凌弱，我等唯唯諾諾，豈不為天下豪傑恥笑！」

在場諸侯鼓掌不息。

唯鄭文公汗顏不已。

會後，仲遂將會議紀要透露給成得臣。成得臣又透風給楚成王。成王雖然不喜歡魯僖公看透自己耍賴，但是既然各國都用盟主之義要求自己盡義務，豈不是美事一樁。

最後，楚成王對著成得臣相視一笑，看來一箭雙鵰的計謀就此成功了！

泓水大敗，夢碎沙場

楚成王終於要當「盟主」了。

如此令人銘記的重要時刻，自然不能草率為之。楚成王安排下去，會期延遲到當年十二月舉行。這段準備時間內，毫地全城大搞創建文明衛生城市的活動，大興土木，築臺植樹，擺花插旗，同時力保攤販歇業，遊商絕跡。

折騰了一陣之後，會議即將召開。楚成王在會期之前就釋放了宋襄公，還有宋國隨從中大難不死的一干人等，勉強湊成了宋國代表團，與其餘七國一起，召開了後齊桓公時代的第一次八國會議。

會議氛圍其樂融融。

宋襄公心中有怒，自己搞衣裳之會，竟然最後為他人作嫁衣裳。嘴上卻萬萬不敢支吾了。鄭文公尤為積極，又第一個倡議：「這次歃血，楚王優先。」

諸侯附議。成王狂樂。

就這樣，楚成王執牛耳，歃血起誓。手指老天，一頓慷慨激昂的說詞之後，宋公、魯侯等人依次登臺，一同歃血。

大會在一片掌聲中閉幕。

會後，八國代表團各自回家。

唯獨宋襄公，因為哥哥目夷新任老大，不敢貿然歸宋，逃到了衛國。此刻的宋襄公子茲父同志的內心是極其淒涼的。圖方伯沒圖上，連宋君之位都給丟了。寄人籬下，一貧如洗，叫天天不應，叫地地不靈。

忽一日，轉機乍現。公子目夷遣使到了衛國，修書一封，要接老大回家。mail內容為：昔日所以攝位者，為君守國也。國為君之國，為何不入？法架齊備，特迎君歸。

子茲父一把鼻涕一把淚地上了專車，回到老家。公子目夷退居臣位，不在話下。萬幸萬幸，目夷沒有被弟弟追究攝政之舉，最後得到善終。因為目夷欽羨祖宗微子，所以死後與微子墓葬在同一個島——微山島上。

微山島位於山東微山湖上，是中國最大的內陸島。島上有三賢之墓，除了微子、目夷之外，還有漢之張良。

「西邊的太陽就要落山了，微山湖上靜悄悄。」可以想像，春秋那年沒有經過旅遊開發的微山湖是何等的「靜悄悄」，不過，宋襄公的心中可是怒火中燒，萬萬靜不下來。

宋襄公要報復。

第一個倒楣的就是在楚成王面前哈著臉的鄭文公。

不過，可惜，最後倒楣的卻還是宋襄公自己。

就此，史上知名的泓水之戰即將拉開序幕。

出兵之前，公子目夷當然又是勸誡好久。宋襄公根本不聽，還讓哥哥目夷和兒子王臣守國。目夷放心不下，決意要同往。

宋襄公隨後找來司馬公孫固商量出兵事宜，沒想到這位國防部長也反對興兵。大體意見和目夷一樣，表示，楚鄭兩國現在正處於友好關係的蜜月期，宋國伐鄭，楚必救之。到頭來還不是要和楚國交鋒。中原諸國，就算齊桓公在世也沒敢真的跟楚國交手，咱此去沒啥勝算。宋國還是別做第三世界老大了，不如埋頭搞發展，韜光養晦為妙。

這下宋襄公怒了。他又不是不知道，正是公孫固建議目夷攝政為君，現在又跟目夷站一邊反對自己。襄公心中叛逆，發飆道：「司馬不去，寡人獨往！」

公孫固不敢再多嘴，趕緊開始拉兵動員。

不久，宋襄公親征，公孫固為副將，目夷、公子蕩、樂僕伊、華秀老、向訾守諸人隨同出發，殺向鄭國。

鄭文公聽說宋襄公要來找自己算帳，二話不說，遣使入楚告急。表示：「打狗看主人，伐鄭就是攻楚，楚老大該出手時就出手啊。」

楚成王聞訊當即做出重要批示，表示：「鄭國事楚如父，速救之！」

成得臣建議：「救鄭不如伐宋。」

楚成王會意一笑，馬上下令，成得臣為大將，鬥勃副之，伐宋救鄭。

周襄王十四年，也就是西元前六三八年，宋國將士跑了半天路，剛跟鄭國交上手，還沒占上便宜，吃著豆腐，就聽到最新指示，說要全軍撤退，急行軍，趕回宋國。

嘩啦啦地大軍往回趕，一口氣跑到了河南商丘和柘城間的泓水之北，修碉堡，挖壕溝，安營紮寨，阻擊楚軍。

宋軍還沒怎麼歇息，楚軍就開到了泓水對岸。不久，成得臣向宋襄公下了戰書，表明態度，宋楚兩軍是敵不是友，擇日開戰！

公子目夷又和公孫固一起勸宋襄公：「楚救鄭而來。現在宋國已經解了鄭國之圍，只要跟楚軍坐下來好好談談，楚國必然恃功而歸。如果真要開打，幾乎沒有勝算吶。」

宋襄公本來看著他倆就煩。擺擺手，表示：「人家楚國都下了戰書，咱按理就要接戰。兵來將擋，安能示弱？再說，昔日齊桓公伐楚，寡人要繼桓公之業，哪能恐楚！」

公子目夷二人心中那個囧啊。當年桓公拉上大把的諸侯最後也沒真動手，現在宋國要以一己之力去搏荊楚之師，這不是自討苦吃嗎？

公孫固不敢說話了，公子目夷忍不住又說上一句：「一姓不再興。在好久好久以前，上天就拋棄了殷商。君必欲興之，怎麼可能？宋甲不如楚堅，宋兵不如楚利，宋人不如楚強。人人恐楚，君何以勝？」

宋襄公聽罷，氣得嚷了起來。大聲呵斥道：「昔日武王伐紂，三千虎賁，破滅大商。為何？廣播仁義，替天行道也！何以勝？楚國甲兵有餘而仁義不足！寡人甲兵不足而仁義有餘！以有道之君避無道之君，寡人雖死不為！」

說罷，宋襄公怒視一言不發的公孫固。

公孫固趕緊無奈表態：「一切聽君號令，鄙人只是打醬油的[45]。」

於是，襄公在戰書底下寫上批覆，下月朔日，也就是十一月初一，約戰於泓水之陽。山之陽為南，水之陽為北。泓水之陽便是在泓水的北岸，也就是說，楚軍需要渡河來會。

「渡河」之於古代行軍打仗，很形象地留存於中國象棋之中。楚河漢界兩側，小卒要想過河，首先就不能被人在對岸頂著。所謂「搶灘登陸」，不搶灘就別想登陸成功；其次，「小卒過河，有去無回」，說的便是渡河作戰的危險。諾曼第登陸如此，曹孟德赤壁渡江也是如此。渡江中被敵軍進攻，反抗能力較弱，唯有冒死向前而已。所以，宋襄公把作戰地點約在自己所在的北岸，也不算傻到家。另外，還有幾分豪氣。本來就是「宋守楚攻」，宋襄公大筆一揮，貌似一種「儘管放馬過來」的革命樂觀主義的態度。

㊺ 中國大陸網路用語，表示網路上不談敏感政治話題，自己只是路過看熱鬧的之意。

可惜，樂觀也就只是一種態度。「態度決定一切」，那是米盧[46]說的。雖然很多人也信奉，但畢竟淪為唯心主義而已。米盧一走，態度也沒了。制度沒解決，國足便還是國足。

且說約期一到，鬥勃建議成得臣，渡河有風險，行軍需謹慎。不如出其不意，趁夜渡河。成得臣不以為然，表示那個宋襄公自命不凡又腦子秀逗。說好了衣裳之會，他真的就穿比基尼。說好了渡河來戰，「看著吧，我們就算白天渡河，他也不會攔咱們。」

鬥勃將信將疑，權且安排下去，明日吃完早飯，做完早操，上完早自習之後，全軍渡河！

成得臣所料極是。雖然目夷和公孫固都勸宋襄公，宋不如楚，倘若半渡而擊，多少還有些勝算。不過宋襄公哪裡肯聽，命屬下製作了一面中軍大旗，上書「仁義」二字，同時下令全軍待命，看著楚軍游泳渡河，恨不得當啦啦隊，大呼「楚國加油」、「楚國加油」，方能彰顯國際主義的偉大胸懷。

等楚軍渡河完畢，目夷和公孫二人又勸老大：「你看，楚軍這河也渡了，現在打不算不仁義了吧。現在他們立足未穩，咱們一鼓作氣，還有拿下的可能。」

宋襄公又搖搖頭，表示：「你們還不明白嗎？咱們現在高舉著『仁義』的偉大旗幟，自己列陣已久，楚軍陣形未成。現在攻擊，豈不是趁虛而入嗎？如此不仁不義的做法，只貪一時之利，不顧萬世之名！」

手下聽罷，暗自叫苦。能活過今日就不錯了，還想著萬世那麼遠。

就這樣，宋軍眼瞧著楚軍一切準備停當。瞧著對面人強馬壯，漫山遍野，宋兵心裡發虛，手上發顫。

襄公滿不在乎，命人擊鼓，準備衝鋒。

楚軍毫不示弱，隨即擊鼓，準備幹架。

---

[46] 前中國足球國家隊總教練。

泓水之戰——開打！

處於守勢的宋軍竟然率先發起進攻。宋襄公自挺長戈，領著公子蕩、向訾守，帶著手下的禁衛軍衝鋒在前。宋軍上下一見老大如此拚命，個個忘記恐懼，拚命向前。

成得臣一夥本來不把中原軍隊放在眼裡。當年堂堂的伐楚大軍都見過，何況宋國這點小兵。不過，看到宋襄公如此發狠，成得臣心中一驚，趕忙命人虛開陣門，放襄公進來，以圖圍困。然後命副將鬥勃親自上前，擋住公孫固等宋國後軍。

看著公孫固被鬥勃攔住，宋將樂僕伊趕緊拿著磚頭就往鬥勃頭上招呼。鬥勃一打二，有些力不從心。手上正忙的時候，楚將蔿呂臣趕來相助。公孫固趁亂，甩開鬥勃，殺入陣中。鬥勃把樂僕伊交給蔿呂臣，正要逕自去追公孫固，卻又被宋將華秀老纏住，非要分個勝負。

公孫固算是自由了。

可惜，宋襄公早已衝入茫茫楚軍，不見了。

慢慢冷靜下來的成得臣，完美實踐著「擒賊先擒王」的軍事思想。

雖然宋襄公發揚了難得的領導人「吃苦在前，享受在後」的親民精神，雖然宋襄公身先士卒的表率作用極大地激發了宋國軍隊的鬥志，可是，最後還是淪為匹夫之勇。這可把公孫固急壞了。他張目四望，發現東北角戰況慘烈，估計就是主公被圍之處。於是策馬揚鞭，帶著所部軍馬，殺向東北。途中遇到一名宋將，滿臉血跡。不是別人，正是跟著宋襄公殺進楚軍陣中的向訾守。

向訾守見了公孫固，大呼：「司馬速救我主！」

公孫固趕緊跟著他殺進人群。兩位大將救主心切，左砍右刺，衝擊力極強，楚軍不敢近身。反正圍都圍住了，也不怕你跑，想躲也躲不了。更何況這年頭，「躲貓貓」都會死人的[47]。

---

[47] 二〇〇九年二月十三日，雲南一名男子在拘留所內突然顱內出血死亡。所方表示該男子是與同監犯人玩躲貓貓時不慎撞到頭部致死。

公孫固看到禁衛軍兄弟個個掛彩，人人帶傷，所剩無幾。不過，依舊奮勇殺敵，以圓形陣法固守待援。而宋襄公則被公子蕩護在圓心。這時的宋老大已經身負多處創傷，右腿中箭，無法站立，只能縮在戰車之中。公子蕩以身為盾，護著主公。他早已傷及要害，大限將至。只圖著看到宋軍來救，主公脫險，方才死撐至今。當公子蕩瞧見公孫固帶兵前來，突然睜大雙眼，對公孫固留下最後一句遺言：「司馬扶好主公，吾死於此矣！」言罷氣絕。

公孫固傷感不已。想當年，正是公子蕩一意力挺襄公稱霸。如今公子蕩命隕沙場，其餘人等是死是活還得看造化了。至於那面「仁義」大旗，早被楚軍搶走，踩在腳下。

霸業，對宋國而言，不過是一廂情願罷了。

傷心無用。突圍吧！

公孫固把老大扶上自己的戰車，學公子蕩以身為盾，命全軍殺出重圍！

話雖如此，談何容易！

公孫固率軍在前，禁衛軍主動斷後。多虧禁衛軍異常勇敢，楚軍竟然占不了便宜。可惜，好容易殺出重圍，禁衛軍幾乎死絕。多虧樂僕伊、華秀老等人一見主公出陣，便擁去救駕。宋軍且戰且退，終於逃回宋都睢陽。大門一關，眾人心安。檢點人數，十剩一二而已。

泓水之戰，宋國大敗。

股市有漲有跌，楚軍見好就收，落袋為安，全軍凱旋。

損兵折將、大難不死的宋襄公哀嘆之餘，還在戰後總結報告中申辯道：「君子不重傷，不擒二毛[48]。」也就是說，自己是堂堂正人君子，就要時刻保持先進性，就要學君子做法，作君子之戰。不去傷害已經受傷的人，也不去俘虜那些上了年紀的老兵。

眾人看罷，苦笑不已。

---

[48] 指人髮黑白相間，頭有二色。

後世點評，說起泓水之戰時，把宋襄公鑑定為「蠢豬式的仁義道德」。說這話的便是毛澤東。

血的教訓也感慨出一句話——兵者，詭道也！

不過就個人品格而言，全盤否定宋襄公倒也不行。要他真是「蠢豬」，目夷、公孫固、公子蕩等人忠心為主豈不成了無意義的「愚忠」？力戰而亡、灑血疆場的禁衛軍們豈不為了一個白痴白白丟了性命？有讓國之美，對屬下待遇頗好的宋襄公，雖然曾被稱霸沖昏過頭腦，不過就德智體群美中的「德」來說，在當時的君主中也算是上上之人了。只不過，「識時務者為俊傑」，世道變了，墨守成規只會自取其辱。《淮南子》就可惜地寫道：「古之伐國，不殺黃口，不獲二毛，於古為義，於今為笑，古之所以為榮者，今之所以為辱也。」

最後，過於迂腐的君子終於沒能實現稱霸中原的夢想。雖然他心中憤憤，卻只落得個「傻B」的名號。

宋襄公鬱悶了。

楚成王開心了。

宋襄公鬱悶得有點自知之明。昔日的傻B，終於知道天下還是有賊的。

楚成王開心得有些自娛自樂。春秋五霸的名單上，壓根就沒他的名字。

一雄斃，一雄興，歌舞變刀兵，何時見太平？

第一碗見底了

記在後頭

當人們開始講歷史的時候，歷史就不再是歷史了。

我始終持有如上觀點，因為一旦要講述某件事情，總難免摻雜個人色彩，甚至因為史料缺失、記錄有誤，以至於人云亦云，以訛傳訛。貌似說得津津有味，講得頭頭是道，細細一琢磨，竟然有可能只是照本宣科，廢話連篇而已。所以從某種意義上講，歷史有些虛幻。所謂的「以史為鏡」，那也只是照照模樣而已。往後的路該怎麼走，是萬萬無法從歷史中搬出某種模式來的。

不過要說歷史無用就有點愣頭青了。這好比人總喜歡回憶曾經的過往，無論愛情親情友情寵物情，好事壞事囧事雷人事，無論是真的發生過，還是記性不好搞錯了，起碼，人在回憶的時候會發現自己的確活過。只不過，有些人活得輕鬆點，因為他雖然回憶，卻始終目視前方。有些人活得就累了點，因為他總是回憶，甚至活在回憶裡。把這種情結抬高到國家和民族的範疇也是差不多的。

歷史短暫的民族就一定能輕裝上陣嗎？歷史悠長的民族就一定會老態龍鍾嗎？

關鍵還是心態。

話說回到東周，先秦史料的缺失實在是拜了始皇帝焚書運動所賜。另外自古君王的讀書習慣不太好，看的時候拿枝筆畫出個重點來倒也沒什麼，可就有些人喜歡改書，簡單說兩個字——「篡改」。自己改改相對還好些，上升為國家重點工程就不一樣了。史上最出色的一次名為保護、實為毀壞的篡改活動就是大清朝乾隆年間《四庫全書》的成書過程，據說毀書三千一百多種、十五萬部以上。乾隆爺發話搞運動，牽頭幹活的是紀昀，也就是鐵齒銅牙紀曉嵐。

我沒紀大煙袋那副好牙口，雖然三十未滿，現在吃東西竟也常常塞牙。家常話不說了，說到「吃」，多災多難的中華民族自古就是把「吃」放在第一位。諸位看客應該不乏北漂[49]、外漂之人，背井離鄉就是為了能混口好飯吃吃。獨在異鄉為異客，一群人在異鄉也還是異客，畢竟暫住證始終是要辦的。轉念一想，本書網絡連載的原名是《東周列國大白話》，出版時改為現名《東周列國那鍋粥》，終究也沒逃出個「吃」字。

掐指算來，本人暫住他鄉，四年讀書四年工作，一晃八個年頭矣。有多少人能在畢業四年後買房買車娶妻生子呢？牛人還是有的，可惜不是我。二〇〇八年六月某日，股票虧得腰斬腰斬再腰斬的我鬱悶之極。都說虧本事常有，投資須謹慎，轉念一想，賺什麼錢可以無本萬利呢？刷地一下眼前一亮，「可以寫書嘛！」

自古文人不沾銅臭，起碼表面如此。既然社會上還有不少人對八〇後有所偏見，我就破罐子破摔，對寫書的初衷直言不諱了。孔方兄還是多點好。不過，寫著寫著，慢慢地明白一句總被人提醒的話——書到用時方恨少。想想，這話好像老師和家長都說過，再想想，看來寫書也不是空手套白狼的事，除了費點腦細胞，之前讀書生涯交的學費雜費XX費可都算是前期投資了。不禁又想起了一個被唾棄已久的詞——「價值投資」。不得不「嗯」一下，點點頭，還的確如此。

既然網路已經開始連載，挖了一個大坑就跑實在不是我的風格，在不少頂帖的網友們不懈鼓勵、大力支持下，我終於放棄了「揮刀自宮」的想法，繼續寫啊寫，發啊發。雖也斷斷續續，終於還是過了二十萬字的大關，可以成書了。與鳳凰出版集團的簽約一切順利，要是

[49] 指外地人到北京工作打拚。

早幾日看到論壇留言，估計還能再早點出版。不過，千里馬常有，伯樂不常有，「從網路照進紙張」實在不是一件容易的事情，所以已經萬幸萬幸萬萬幸了。

可能是因為立意不那麼高大，志向不那麼宏遠，我總覺得諸位看了書後能記住些人名，知道個大概，笑呵呵圖個樂就挺好。現如今的人們白天上班太累，晚上上床也不輕鬆，閒時能端本書翻翻已然不錯，要是能在幽默的語言中感悟出點東西來，起到拋磚引玉的作用就很滿足了。反正大中國最不缺的就是專家，具體怎麼回事就還是請專家開個門診，講經布道吧。

有人說，寫作是一種發洩。在下申明，我不是發洩，因為拿發洩出來的東西給別人看有點太不尊重人，拿來賣錢就更加不像話了。本書新鮮出爐的草稿先在網上傳播，其後左改右改，落實史實，調整段落，第一部二十萬字好不容易終於在二〇〇九年五一勞動節前交稿。

第一部的主要內容是首鬧東周的鄭莊公、首霸東周的齊桓公、稱霸失意的宋襄公等等角色，交代了一些神話故事、夏商舊事、西周往事，除了忠肝義膽、智慧美貌之外，還有數不盡的陰謀陽謀、篡權奪位、父子反目、兄弟成仇、妻妾爭寵、臣子叛逆。順道點了些現實百態，贊者有之，貶者有之，喜者有之，怒者有之，令網友感慨本人碼的字到底還是不是在講歷史了。草根說史，插科打諢，時而歷史，時而現實，天馬行空，胡思亂想。回到開頭說的，為讀歷史而讀歷史著實有些乏味。所以，小可不才就熬製出自家的一鍋冬（東）瓜粥（周）來，合您胃口，您就多喝幾碗，不合胃口，您儘管走好您的路。

說話間，廚房的粥都快糊了。

天際孤鴻於二〇〇九年六月一日